Agatha Christie

Passageiro para Frankfurt

Tradução de Rodrigo Breunig

www.lpm.com.br

L&PM POCKET

Coleção **L&PM** POCKET, vol. 1118

Texto de acordo com a nova ortografia.
Título original: *Passenger to Frankfurt*

Primeira edição na Coleção **L&PM** POCKET: setembro de 2013
Esta reimpressão: outubro de 2020

Tradução: Rodrigo Breunig
Capa: designedbydavid.co.uk © HarperCollins/Agatha Christie Ltd. 2008
Preparação: Patrícia Yurgel
Revisão: Marianne Scholze

CIP-Brasil. Catalogação na Fonte
Sindicato Nacional dos Editores de Livros, RJ.

C479p

Christie, Agatha, 1890-1976
Passageiro para Frankfurt / Agatha Christie; tradução Rodrigo Breunig. – Porto Alegre, RS: L&PM, 2020.
304 p. ; 18 cm (L&PM POCKET; v. 1118)

Tradução de: *Passenger to Frankfurt*
ISBN 978.85.254.2958-2

1. Ficção inglesa. I. Breunig, Rodrigo. II. Título. III. Série.

13-02648 CDD: 823
CDU: 821.111-3

Rua Comendador Coruja, 314, loja 9 – Floresta – 90.220-180
Porto Alegre – RS – Brasil / Fone: 51.3225.5777

Pedidos & Depto. Comercial: vendas@lpm.com.br
Fale conosco: info@lpm.com.br
www.lpm.com.br

Impresso no Brasil
Primavera de 2020

Para Margaret Guillaume

Agatha Christie
(1890-1976)

Agatha Christie é a autora mais publicada de todos os tempos, superada apenas por Shakespeare e pela Bíblia. Em uma carreira que durou mais de cinquenta anos, escreveu 66 romances de mistério, 163 contos, dezenove peças, uma série de poemas, dois livros autobiográficos, além de seis romances sob o pseudônimo de Mary Westmacott. Dois dos personagens que criou, o engenhoso detetive belga Hercule Poirot e a irrepreensível e implacável Miss Jane Marple, tornaram-se mundialmente famosos. Os livros da autora venderam mais de dois bilhões de exemplares em inglês, e sua obra foi traduzida para mais de cinquenta línguas. Grande parte da sua produção literária foi adaptada com sucesso para o teatro, o cinema e a tevê. *A ratoeira*, de sua autoria, é a peça que mais tempo ficou em cartaz, desde sua estreia, em Londres, em 1952. A autora colecionou diversos prêmios ainda em vida, e sua obra conquistou uma imensa legião de fãs. Ela é a única escritora de mistério a alcançar também fama internacional como dramaturga e foi a primeira pessoa a ser homenageada com o Grandmaster Award, em 1954, concedido pela prestigiosa associação Mystery Writers of America. Em 1971, recebeu o título de Dama da Ordem do Império Britânico.

Agatha Mary Clarissa Miller nasceu em 15 de setembro de 1890 em Torquay, Inglaterra. Seu pai, Frederick, era um americano extrovertido que trabalhava como corretor da Bolsa, e sua mãe, Clara, era uma inglesa tímida. Agatha, a caçula de três irmãos, estudou basicamente em casa, com tutores. Também teve aulas de canto e piano, mas devido ao temperamento introvertido não seguiu carreira artística. O pai de Agatha morreu quando ela tinha onze anos, o que a aproximou da mãe, com quem fez várias viagens. A paixão por conhecer o mundo acompanharia a escritora até o final da vida.

Em 1912, Agatha conheceu Archibald Christie, seu primeiro esposo, um aviador. Eles se casaram na véspera do Natal de 1914 e tiveram uma única filha, Rosalind, em 1919. A carreira literária de Agatha – uma fã dos livros de suspense do escritor inglês Graham Greene – começou depois que sua irmã a desafiou a escrever um romance. Passaram-se alguns anos até que o primeiro livro da escritora fosse publicado. *O misterioso caso de Styles* (1920), escrito próximo ao fim da Primeira Guerra Mundial, teve uma boa acolhida da crítica. Nesse romance aconteceu a primeira aparição de Hercule Poirot, o detetive que estava destinado a se tornar o personagem mais popular da ficção policial desde Sherlock Holmes. Protagonista de 33 romances e mais de cinquenta contos da autora, o detetive belga foi o único personagem a ter o obituário publicado pelo *The New York Times*.

Em 1926, dois acontecimentos marcaram a vida de Agatha Christie: a sua mãe morreu, e Archie a deixou por outra mulher. É dessa época também um dos fatos mais nebulosos da biografia da autora: logo depois da separação, ela ficou desaparecida durante onze dias. Entre as hipóteses figuram um surto de amnésia, um choque nervoso e até uma grande jogada publicitária. Também em 1926, a autora escreveu sua obra-prima, *O assassinato de Roger Ackroyd*. Este foi seu primeiro livro a ser adaptado para o teatro – sob o nome *Álibi* – e a fazer um estrondoso sucesso nos teatros ingleses. Em 1927, Miss Marple estreou como personagem no conto "O Clube das Terças-Feiras".

Em uma de suas viagens ao Oriente Médio, Agatha conheceu o arqueólogo Max Mallowan, com quem se casou em 1930. A escritora passou a acompanhar o marido em expedições arqueológicas e nessas viagens colheu material para seus livros, muitas vezes ambientados em cenários exóticos. Após uma carreira de sucesso, Agatha Christie morreu em 12 de janeiro de 1976.

Sumário

"A liderança, além de ser uma grande força criativa, pode ser diabólica..."

JAN SMUTS

Introdução

A autora fala:

A primeira pergunta feita para uma autora, pessoalmente ou pelo correio, é:

– De onde a senhora tira as suas ideias?

É grande a tentação de responder: "Eu vou sempre à Harrods", ou "Eu as obtenho quase sempre nas Army & Navy Stores", ou, com mordacidade, "Tente na Marks & Spencer".

A opinião universal, estabelecida e arraigada, parece indicar que existe uma mágica fonte de ideias que os autores aprenderam a explorar.

A pessoa mal consegue remeter seus questionadores ao passado elisabetano, com a indagação de Skakespeare:

Diga, onde nasce a imaginação,
Na cabeça ou no coração?
Como é gerada, nutrida?
Responda, responda.

Você meramente diz com firmeza:

– Da minha própria cabeça.

Isso, é claro, não ajuda ninguém nem um pouco. Se você simpatiza com seu investidor, acaba cedendo e avança na resposta:

– Se uma ideia em particular parece atraente, se você sente que poderia fazer alguma coisa com ela, então você a joga de um lado ao outro, faz alguns truques com ela, vai desenvolvendo e aparando essa ideia, e aos poucos lhe dá uma forma. Aí, é claro, você precisa começar a escrever. Isso não é nem de longe uma boa diversão:

a coisa vira trabalho duro. Uma alternativa é guardar a ideia com cuidado, deixá-la numa gaveta, para talvez usá-la depois de um ou dois anos.

Uma segunda pergunta – ou melhor, uma afirmação – será provavelmente a seguinte:

– Eu imagino que a senhora tire a maioria dos seus personagens da vida real.

Uma negativa indignada para essa sugestão monstruosa:

– Não, não tiro. Eu os invento. Eles são *meus*. Eles só podem ser os *meus* personagens... fazendo aquilo que eu quero que eles façam, sendo aquilo que eu quero que eles sejam... ganhando vida para mim, tendo às vezes suas próprias ideias, mas apenas porque eu os tornei *reais*.

Assim a autora produziu as ideias e os personagens – mas agora vem a terceira necessidade: o cenário. Os dois primeiros itens surgem de fontes internas, mas o terceiro está no lado de fora – precisa estar lá – esperando – já existindo de fato. Você não inventa o cenário – ele está lá – é real.

Você saiu, talvez, para um cruzeiro no Nilo – você se lembra de tudo – exatamente o cenário que você quer para essa história em particular. Você fez uma refeição em um café no Chelsea. Uma briga estava acontecendo – uma garota arrancou um punhado de cabelo de outra garota. Um excelente começo para o livro que você vai escrever a seguir. Você viaja no Expresso Oriente. Que divertido fazer dele o cenário de uma trama que está imaginando! Você vai tomar chá com uma amiga. Quando chega, o irmão dela fecha um livro que está lendo – ele o joga de lado e diz: "Nada mau, mas por que diabos não perguntaram a Evans?".

Então você decide imediatamente que um livro seu a ser escrito em pouco tempo terá o título *Por que não pediram a Evans?*.

Você não sabe ainda quem Evans vai ser. Não importa. Evans virá no devido tempo – o título está definido.

Então, de certa forma, você não inventa os seus cenários. Eles estão fora de você, ao seu redor, existentes – você só precisa estender a mão e escolher. Um trem, um hospital, um hotel de Londres, uma praia do Caribe, um vilarejo rural, uma festa, uma escola para meninas.

Mas uma coisa só se aplica: eles devem estar lá – existentes. Pessoas reais, lugares reais. Um lugar definido no tempo e no espaço. Se vai ser aqui e agora – como é que você obtém a informação completa – além da evidência de seus próprios olhos e ouvidos? A resposta é assustadoramente simples.

É o que a imprensa traz para você a cada dia, em seu jornal matutino, sob o título geral de "notícias". Pegue a primeira página. O que está acontecendo no mundo hoje? O que todo mundo está dizendo, pensando, fazendo? Segure um espelho para refletir o ano de 1970 na Inglaterra.

Olhe essa primeira página todos os dias por um mês, faça anotações, analise e classifique.

Todos os dias há uma morte.

Uma garota estrangulada.

Mulher idosa atacada e roubada de suas parcas economias.

Homens jovens ou meninos – atacando ou atacados.

Edifícios e cabines telefônicas quebrados e destroçados.

Tráfico de drogas.

Roubo e assalto.

Crianças desaparecidas e corpos de crianças assassinadas encontrados não muito longe de suas casas.

A Inglaterra pode ser isso? A Inglaterra é *realmente* assim? A gente sente – não – ainda não, *mas poderia ser.*

O medo desperta – o medo do que pode vir. Não tanto por causa de acontecimentos reais, mas devido às possíveis causas por trás deles. Algumas conhecidas, algumas desconhecidas, mas todas *sentidas*. E não apenas no nosso próprio país. Há parágrafos menores em outras páginas, dando notícias da Europa, da Ásia – das Américas. Notícias mundiais.

Sequestros de aviões.

Sequestros de pessoas.

Violência.

Tumultos.

Ódio.

Anarquia – tudo cada vez mais forte.

Tudo parecendo conduzir à veneração de um prazer destrutivo, cruel.

O que significa tudo isso? Uma frase elisabetana ecoa do passado, falando da Vida:

...é uma história
Contada por um idiota, cheia de som e fúria,
Significando nada.

E no entanto sabemos, por nosso próprio conhecimento, quanta bondade existe neste nosso mundo – os feitos caridosos, a bondade do coração, os atos de compaixão, a bondade de vizinho para com vizinho, as ações úteis de meninas e meninos.

Então, por que essa atmosfera fantástica de notícias diárias – de coisas que acontecem – que são *fatos* reais?

Para escrever uma história neste ano do Nosso Senhor de 1970 – você precisa entrar em acordo com o seu plano de fundo. Se o fundo é fantástico, então a história deve aceitar o seu fundo. Ela, também, deve ser uma fantasia – uma extravagância. A ambientação deve incluir os fatos fantásticos da vida diária.

Podemos conjeturar uma causa fantástica? Uma Campanha Secreta pelo Poder? Pode um desejo maníaco de destruição criar um novo mundo? Podemos ir um pouco mais longe e sugerir a libertação por meios fantásticos, que soam impossíveis?

Nada é impossível, a ciência nos ensinou isso.

Esta história é, em essência, uma fantasia. Não pretende ser nada mais.

Mas a maioria das coisas que acontecem nela estão acontecendo, ou prometendo acontecer, no mundo de hoje.

Não é uma história impossível – é apenas uma história fantástica.

Livro I

Viagem interrompida

CAPÍTULO I

Passageiro para Frankfurt

I

– Coloquem o cinto de segurança, por favor.

Os diversos passageiros no avião obedeceram lentamente. Havia um sentimento geral de que não poderiam estar chegando a Genebra ainda. Os sonolentos gemeram e bocejaram. Os mais do que sonolentos tiveram de ser suavemente despertados por uma aeromoça autoritária.

– Cinto de segurança, por favor.

A voz seca veio pelo sistema de som numa modulação autoritária. Explicou em alemão, em francês e em inglês que atravessariam um pequeno trecho com turbulência. Sir Stafford Nye abriu ao máximo a boca, bocejou e se ajeitou melhor no assento. Ele estivera sonhando com uma feliz pescaria num rio inglês.

Era um homem de 45 anos, de altura mediana, com um rosto suave, moreno e bem barbeado. Nas roupas, gostava de afetar uma aparência bizarra. Homem de excelente família, ele se sentia completamente à vontade satisfazendo esses caprichos de indumentária. Se a circunstância fazia com que seus colegas mais convencionais em vestuário estremecessem, isso era meramente uma fonte de prazer malicioso para ele. Havia nele algo de um janota do século XVIII. Ele gostava de chamar atenção.

Seu particular tipo de afetação quando viajava era uma espécie de manto de bandoleiro que certa vez ele havia comprado na Córsega. Era de um azul-púrpura muito escuro, tinha um forro vermelho e uma espécie de albornoz pendurado atrás que ele podia puxar sobre a cabeça quando quisesse, de modo a se proteger de correntes de ar.

Sir Stafford Nye havia sido uma decepção nos círculos diplomáticos. Marcado nos primeiros tempos da juventude por seus dons para grandes coisas, ele singularmente não tinha cumprido sua promessa inicial. Um peculiar e diabólico senso de humor costumava afligi-lo naquilo que deveriam ter sido os seus momentos mais sérios. Quando se detinha em consideração, Stafford descobria que sempre preferia satisfazer sua malícia delicada e endiabrada antes de entediar a si mesmo. Ele era uma figura bem conhecida na vida pública sem nunca ter alcançado eminência. Sentia-se que Stafford Nye, embora definitivamente brilhante, não era – e, presumivelmente, nunca seria – um homem confiável. Naqueles dias de política confusa e confusas relações exteriores, a confiança, especialmente se fosse para chegar a embaixador, era preferível ao brilho. Sir Stafford Nye foi relegado a mofar na prateleira, embora fosse ocasionalmente incumbido de missões propícias à arte da intriga, mas sem ser de natureza muito importante ou pública. Os jornalistas às vezes se referiam a ele como o azarão da diplomacia.

Se Sir Stafford ficara desapontado com a sua própria carreira, ninguém nunca soube. Provavelmente nem ele mesmo. Era um homem de certa vaidade, mas também gostava muito de satisfazer as suas próprias propensões por atitudes contestadoras.

Stafford Nye estava voltando agora de uma comissão de inquérito na Malásia. Ele a tinha considerado singularmente desprovida de interesse. Seus colegas haviam, em sua opinião, decidido de antemão quais seriam os resultados. Eles viram e ouviram, mas as suas visões preconcebidas não foram afetadas. Sir Stafford tinha tentado algumas sabotagens, mais por diabrura do que por qualquer convicção pronunciada. De toda forma, pensou ele, isso havia deixado as coisas mais animadas. Ele desejava que houvesse mais possibilidades de fazer esse tipo de coisa. Seus colegas integrantes da comissão tinham sido companheiros razoáveis, confiáveis e extremamente aborrecidos. Até mesmo a bem conhecida sra. Nathaniel Edge, única integrante mulher, conhecida por ficar sempre batendo na mesma tecla, não era nada boba no tocante aos fatos puros e simples. Ela via, escutava e jogava para ganhar.

Ele já a encontrara antes, por ocasião de um problema que precisava ser resolvido numa das capitais dos Bálcãs. Foi lá que Sir Stafford Nye não conseguiu se abster de embarcar em algumas sugestões interessantes. No periódico movido a escândalos *Inside News* foi insinuado que a presença de Sir Stafford Nye naquela capital dos Bálcãs estava intimamente conectada com os problemas dos Bálcãs, e que a sua missão era um segredo da maior delicadeza. Um bom amigo enviara para Sir Stafford uma cópia com a passagem relevante marcada. Sir Stafford não ficou desconcertado. Ele leu o texto com um sorriso deliciado. Divertiu-o muito refletir sobre o quanto os jornalistas ficaram ridiculamente longe da verdade nessa ocasião. Sua presença em Sófia se devera inteiramente a um interesse irrepreensível pelas mais raras flores silvestres e às urgências de uma amiga idosa sua, Lady Lucy Cleghorn, que era incansável na sua busca por essas tímidas raridades florais e que a qualquer momento poderia escalar um rochedo ou saltar alegremente num brejo caso enxergasse a menor das florzinhas – cujo comprimento de nome latino fosse inversamente proporcional ao seu tamanho.

Um pequeno grupo de entusiastas já ficara se dedicando a essa pesquisa botânica nas encostas das montanhas por cerca de dez dias quando ocorreu a Sir

Stafford que era uma pena que o parágrafo não fosse verdade. Ele estava um pouco – só um pouco – cansado de flores silvestres e, por mais apegado que fosse à querida Lucy, a capacidade dela (apesar de seus sessenta e tantos anos) para subir correndo as colinas em alta velocidade, ultrapassando facilmente o ritmo dele, às vezes o irritava. Sempre logo à frente ele via o fulgurante fundilho azul-imperial das calças dela, e Lucy, embora fosse magricela o bastante no resto do corpo, era decididamente volumosa demais no traseiro, Deus é testemunha, para usar uma calça de veludo azul-imperial. Uma bela intriguinha internacional, ele havia pensado, na qual mergulhar seus dedos, para brincar um pouco...

No avião, a voz metálica do sistema de som falou de novo. Disse aos passageiros que, devido a um forte nevoeiro em Genebra, o avião seria desviado para o aeroporto de Frankfurt e prosseguiria de lá para Londres. Os passageiros para Genebra seriam reencaminhados de Frankfurt o mais breve possível. Não fazia nenhuma diferença para Sir Stafford Nye. Se houvesse nevoeiro em Londres, ele supôs que iriam redirecionar o avião para Prestwick. Stafford esperava que isso não acontecesse. Ele já estivera em Prestwick mais vezes do que o recomendável. A vida e as viagens por via aérea, ele pensou, eram de fato excessivamente chatas. Se apenas – ele não sabia – se apenas – *o quê*?

II

Fazia calor no Saguão de Trânsito de Passageiros em Frankfurt, portanto Sir Stafford Nye deslizou para trás o seu manto, permitindo ao forro carmesim que ondulasse espetacularmente em volta de seus ombros. Ele estava bebendo um copo de cerveja e ouvindo com atenção negligente os vários avisos que eram feitos.

"Voo 4387. Voando para Moscou. Voo 2381 com destino ao Egito e Calcutá."

Viagens pelo mundo todo. Como deveria ser romântico. Mas havia algo na atmosfera de um saguão de passageiros num aeroporto que esfriava o romance. O lugar era cheio demais de gente, cheio demais de coisas para comprar, cheio demais de assentos igualmente coloridos, cheio demais de plástico, cheio demais de seres humanos, cheio demais de crianças chorando. Ele tentou se lembrar de quem dissera:

Eu gostaria de amar os seres humanos;
Gostaria de amar seus rostos insanos.

Chesterton, talvez? Era sem dúvida verdadeiro. Coloque pessoas suficientes juntas e elas vão parecer tão dolorosamente iguais que mal se pode suportar. Um rosto interessante agora, pensou Sir Stafford. Que diferença isso faria. Ele olhou de maneira depreciativa para duas jovens, esplendidamente maquiadas, vestidas com o uniforme nacional do seu país – a Inglaterra, ele presumia –, de minissaias cada vez mais curtas, e para outra jovem, ainda mais bem maquiada – de fato muito atraente –, que estava usando algo que ele acreditava ser chamado de saia-calça. Ela tinha ido um pouco mais longe na estrada da moda.

Stafford não estava muito interessado por garotas de boa aparência que se pareciam todas umas com as outras. Ele gostaria de ver alguém diferente. Alguém sentou-se ao lado dele no sofá de couro sintético coberto por plástico no qual ele estava acomodado. O rosto dela chamou sua atenção de imediato. Não exatamente porque era diferente; na verdade, ele quase parecia reconhecê-lo como um rosto familiar. Ali estava alguém que ele já tinha visto antes. Sir Stafford não conseguia se lembrar de onde ou quando, mas o rosto era certamente familiar. Vinte e cinco ou vinte e seis anos, ele pensou, era possivelmente a idade. Um delicado nariz aquilino e proeminente, um volumoso cabelo preto caindo até os ombros. Ela tinha uma revista diante dos olhos, mas não a lia. A jovem estava, de fato, olhando para ele com algo que era quase ânsia. De repente, ela falou. Era uma voz de contralto profundo, quase tão profunda quanto a voz de um homem. Tinha um levíssimo sotaque estrangeiro. Ela disse:

– Posso falar com o senhor?

Ele analisou-a por um momento antes de responder. Não – não era o que se poderia pensar – aquilo não era uma cantada. Aquilo era outra coisa.

– Não vejo nenhuma razão – ele disse – para a senhorita não fazê-lo. Nós temos bastante tempo para gastar aqui, ao que parece.

– Nevoeiro – disse a mulher –, nevoeiro em Genebra, nevoeiro em Londres, talvez. Nevoeiro em toda parte. Eu não sei o que fazer.

– Ah, não deve se preocupar – disse ele, tranquilizador –, vai desembarcar em algum lugar com toda certeza. Eles são bastante eficientes, claro. Para onde está indo?

– Eu estava indo para Genebra.

– Bem, eu espero que acabe chegando lá no final.

– Eu preciso chegar lá *agora*. Se eu conseguir chegar a Genebra, vai dar tudo certo. Tem alguém que vai me encontrar lá. Ficarei segura.

– Segura?

Ele sorriu um pouco.

Ela disse:

– Segurança é uma palavra e tanto, mas não é o tipo de palavra pela qual as pessoas se mostram interessadas nos dias de hoje. Mas a segurança pode significar muito. Estar segura significa muito para mim.

Em seguida ela falou:

– Veja, se eu não puder chegar a Genebra, se eu tiver que abandonar este avião aqui, ou ir neste avião para Londres sem fazer certos arranjos, eu vou ser assassinada.

A jovem olhou para ele com vivacidade.

– Imagino que o senhor não esteja acreditando nisso.

– Receio que não.

– É a mais pura verdade. As pessoas podem ser assassinadas. Assassinatos ocorrem todos os dias.

– Quem quer matar a senhorita?

– Será que isso importa?

– Não para mim.

– O senhor pode acreditar em mim, se quiser. Eu estou falando a verdade. Eu preciso de ajuda. Ajuda para chegar a Londres com segurança.

– E por que razão me escolheria para ajudá-la?

– Porque eu acho que o senhor sabe um pouco sobre a morte. O senhor conhece a morte, talvez tenha visto a morte acontecer.

Stafford Nye olhou para ela com interesse e em seguida desviou o olhar.

– Algum outro motivo? – ele perguntou.

– Sim. Isso.

Ela estendeu sua fina mão de pele morena e tocou as dobras do manto volumoso.

– Isso – ela disse.

Pela primeira vez o interesse dele foi despertado.

– Ora, o que é que a senhorita quer dizer com isso?

– É incomum... característico. Não é o que todo mundo usa.

– É verdade. É uma das minhas extravagâncias, digamos assim...

– É uma extravagância que poderia ser útil para mim.

– Como assim?

– Eu estou lhe pedindo uma coisa. Provavelmente o senhor irá recusar, mas pode muito bem não recusar, porque eu acho que o senhor é um homem que está disposto a correr riscos. Assim como eu sou uma mulher que corre riscos.

– Eu vou ouvir qual é o seu plano – ele disse, com um leve sorriso.

– Eu quero vestir o seu manto. Eu quero o seu passaporte. Eu quero o seu bilhete de embarque para o avião. Dentro de pouco tempo, em vinte minutos mais ou menos, digamos, o voo para Londres será chamado. Vou ficar com o seu passaporte, vou usar o seu manto. E desse modo vou viajar para Londres e desembarcar com segurança.

– Quer dizer que a senhorita vai se passar por mim? Minha cara...

A jovem abriu uma bolsa. Tirou um pequeno espelho quadrado.

– Olhe – disse ela. – Olhe para mim e, em seguida, olhe para o seu próprio rosto.

Ele viu então, viu o que estivera vagamente importunando a sua mente. Sua irmã, Pamela, que morrera cerca de vinte anos antes. Os dois sempre tinham sido muito parecidos, ele e Pamela. Uma forte semelhança de família. Ela tinha um tipo de rosto ligeiramente masculino. O rosto dele talvez tivesse sido, por certo no início da vida, de um tipo um pouco efeminado. Possuíam ambos o nariz proeminente, a inclinação das sobrancelhas, o leve sorriso de canto dos lábios. Pamela tinha sido alta, mais de um metro e setenta, e ele tinha quase um metro e oitenta. Stafford olhou para a mulher que lhe oferecera o espelho.

– Existe uma semelhança fisionômica entre nós, isso é o que a senhorita quer dizer, não é? Só que, minha cara, isso não iria enganar ninguém que me conhecesse ou conhecesse a senhorita.

– É claro que não. O senhor não entende? Não é preciso. Eu estou usando calças. O senhor viajou com o capuz do seu manto puxado em volta do rosto. Tudo o que eu preciso fazer é cortar o meu cabelo, embrulhá-lo numa bola de jornal amassado e jogá-lo numa cesta de lixo. Depois, vou colocar o seu albornoz; eu tenho o seu cartão de embarque, o bilhete e o passaporte. A menos que possa existir alguém que o conheça bem nesse avião, e eu presumo que não exista, ou já teriam falado com o senhor, poderei viajar com segurança como se eu fosse o senhor. Mostrando o seu passaporte quando for necessário, mantendo o albornoz com o capuz puxado de modo que somente o nariz e os olhos e a boca sejam visíveis. Eu poderei sair com segurança quando o avião chegar ao seu destino, porque ninguém vai saber que viajei nele. Sair com segurança e desaparecer em meio à multidão da cidade de Londres.

– E eu faço o quê? – perguntou Sir Stafford, com um leve sorriso.

– Posso dar uma sugestão, se o senhor tiver coragem para encará-la.

– Sugira – disse ele. – Eu sempre gosto de ouvir sugestões.

– O senhor se levanta, se afasta e vai comprar uma revista ou um jornal, ou um presente no balcão de presentes. Deixa o seu manto pendurado aqui no assento. Quando voltar com seja lá o que for, o senhor se senta em outro lugar... digamos que na extremidade do banco ali em frente. Haverá um copo diante do senhor, este mesmo copo. Nele haverá algo que vai botar o senhor para dormir. Dormir num canto sossegado.

– O que acontece a seguir?

– O senhor terá sido presumivelmente vítima de um roubo – ela disse. – Alguém vai ter adicionado algumas gotas entorpecedoras na sua bebida e vai ter roubado a sua carteira. Algo desse tipo. O senhor declara a sua identidade, diz que o seu passaporte e seus pertences foram roubados. O senhor pode facilmente confirmar a sua identidade.

– A senhorita sabe quem eu sou? Meu nome, eu quero dizer...

– Ainda não – ela disse. – Não vi o seu passaporte ainda. Não faço a menor ideia de quem seja o senhor.

– E mesmo assim diz que posso confirmar facilmente a minha identidade.

– Eu costumo avaliar com precisão as pessoas. Sei quem é importante ou quem não é. O senhor é uma pessoa importante.

– E por que motivo eu deveria fazer isso tudo?

– Talvez para salvar a vida de uma criatura humana.

– Essa história não parece ser altamente fantasiosa?

– Sem dúvida. É muito fácil não acreditar. O senhor acredita nela?

Stafford Nye olhou para ela, pensativo.

– A senhorita sabe como está falando? Como uma linda espiã num filme de ação.

– Sim, talvez. Mas eu não sou linda.

– E também não é uma espiã?

– Eu poderia ser descrita dessa maneira, talvez. Tenho comigo certas informações. Informações que quero preservar. O senhor vai ter que confiar na minha palavra, são informações que seriam valiosas para o seu país.

– A senhorita não acha que está sendo um tanto absurda?

– Sim, acho. Se isso fosse escrito, iria parecer absurdo. Mas tantas coisas absurdas são verdadeiras, não são?

Stafford olhou para ela de novo. Era muito parecida com Pamela. Sua voz, embora fosse estrangeira na entonação, era semelhante à voz de Pamela. O que estava propondo era ridículo, absurdo, quase impossível, e provavelmente perigoso. Perigoso para ele. Infelizmente, porém, isso era o que o atraía. Ter a coragem de sugerir uma coisa dessas para ele! O que resultaria de tudo isso? Seria interessante, com toda certeza, tentar descobrir.

– O que eu ganho com isso? – ele perguntou. – Isso é o que eu gostaria de saber.

Ela olhou para ele, refletindo.

– Divertimento – ela disse. – Algo estranho em relação aos acontecimentos cotidianos. Um antídoto contra o tédio, talvez. Nós não temos muito tempo. Cabe ao senhor decidir.

– E o que acontece com o *seu* passaporte? Eu preciso comprar uma peruca, se é que eles vendem uma coisa dessas, no balcão? Preciso personificar uma mulher?

– Não. Não há qualquer necessidade para uma troca de papéis. O senhor foi roubado e drogado, mas permanece sendo a mesma pessoa. Tome uma decisão. Não há muito tempo. Os minutos estão passando bem rápido. Eu tenho que fazer a minha própria transformação.

– A senhorita venceu – ele disse. – Não se deve recusar o incomum quando nos oferecem.

– Eu esperava que o senhor pudesse ter essa reação, mas foi um lance de sorte.

Stafford Nye tirou seu passaporte do bolso. Ele o enfiou no bolso exterior do manto que estivera usando. Depois se levantou, bocejou, olhou em volta, olhou o relógio e caminhou até o balcão, onde vários produtos estavam expostos para venda. Não chegou nem mesmo a olhar para trás. Comprou um livro de bolso e manuseou alguns animaizinhos de pelúcia, um presente adequado para uma criança. Por fim escolheu um panda. Ele olhou em volta do saguão, retornou para onde estivera sentado. O manto tinha sumido e a garota também. O copo de cerveja pela metade estava em cima da mesa ainda. Este é o meu momento, ele pensou, de correr o risco. Stafford pegou o copo, afastou-se um pouco e bebeu a cerveja. Não com grande rapidez. Muito lentamente. O gosto era o mesmo que ele tinha sentido antes.

– Agora eu não sei – disse Sir Stafford. – Agora eu não sei.

Ele atravessou o saguão até um canto distante. Havia uma família um tanto barulhenta sentada ali, rindo e conversando. Ele se sentou perto deles, bocejou, deixou sua cabeça cair para trás na borda da almofada. Foi anunciado um voo partindo para Teerã. Um grande número de passageiros se levantou e foi fazer fila junto ao portão do número indicado. O saguão ainda permanecia meio cheio. Stafford abriu o seu livro de bolso. Bocejou novamente. Ele estava realmente sonolento agora, sim, ele estava muito sonolento... Ele só precisava pensar onde seria o melhor lugar para dormir. Algum lugar onde ele pudesse permanecer...

A Trans-European Airways anunciou a saída de seu avião, voo 309 para Londres.

III

Um bom grupo de passageiros se levantou para obedecer à convocação. Àquela altura, entretanto, mais passageiros haviam entrado no saguão de trânsito à espera de outros aviões. Avisos se seguiram dando conta de nevoeiro em Genebra e outros contratempos de viagem. Um homem esbelto e de estatura mediana, vestindo um manto azul escuro com o forro vermelho aparecendo e com um capuz puxado sobre uma cabeça de cabelos bem curtos, não visivelmente mais descuidada do que muitas das cabeças dos rapazes de hoje em dia, atravessou o saguão para pegar o seu lugar na fila do avião. Depois de apresentar o bilhete de embarque, ele saiu pelo portão de número 9.

Mais avisos se seguiram. Swissair voando para Zurique. BEA para Atenas e Chipre – e então um tipo diferente de aviso:

– Srta. Daphne Theodofanous, passageira para Genebra, queira por favor comparecer ao portão de embarque. O avião para Genebra foi adiado devido ao nevoeiro. Os passageiros viajarão com escala em Atenas. A aeronave está prestes a sair.

Outros avisos vieram referindo-se a passageiros para o Japão, para o Egito, para a África do Sul, linhas aéreas abrangendo o mundo todo. O sr. Sidney Cook, passageiro para a África do Sul, foi instado a comparecer ao balcão de voo, onde havia uma mensagem para ele. Daphne Theodofanous foi chamada novamente.

– Esta é a última chamada para o voo 309.

Num canto do saguão, uma menina olhava para um homem num terno escuro que dormia profundamente, sua cabeça encostada na almofada do sofá vermelho. Em sua mão ele segurava um pequeno panda de pelúcia.

A mão da menina se estendeu na direção do panda. Sua mãe disse:

– Ora, Joan, não toque nisso. O pobre cavalheiro está dormindo.

– Onde ele está indo?

– Talvez ele esteja indo para a Austrália também – disse a mãe –, como nós.

– Ele tem uma menininha que nem eu?

– Acho que sim – disse a mãe.

A menina suspirou e olhou para o panda de novo. Sir Stafford Nye continuou a dormir. Ele estava sonhando que tentava atirar num leopardo. Um animal muito perigoso, ele dizia para o guia de safári que o acompanhava.

– Um animal muito perigoso, foi o que eu sempre ouvi. Você não pode confiar num leopardo.

O sonho se transformou naquele momento, como é habitual nos sonhos, e ele estava tomando chá com sua tia-avó Matilda e tentando fazê-la ouvir. Ela estava mais surda do que nunca! Stafford não tinha ouvido nenhum dos avisos a não ser o primeiro, dirigido à srta. Daphne Theodofanous. A mãe da menininha disse:

– Eu sempre fico imaginando o que se passa, sabe, com os passageiros que não aparecem. Quase sempre, quando se vai para qualquer lugar de avião, se ouve isso. Alguém que eles não conseguem encontrar. Alguém que não tenha escutado a chamada ou algo do gênero. Eu sempre fico imaginando quem é essa pessoa e o que ela está fazendo, e *por que* ela não apareceu. Suponho que essa senhorita Não-sei-das-quantas tenha acabado de perder o seu avião. O que é que eles vão fazer com ela, então?

Ninguém foi capaz de responder a essa pergunta, porque ninguém tinha a informação adequada.

Capítulo 2

Londres

O apartamento de Sir Stafford Nye era muito agradável. Tinha vista para o Green Park. Ele ligou a cafeteira e foi ver o que o correio lhe trouxera naquela manhã, mas o correio não parecia ter lhe trazido nada de muito interessante. Ele selecionou as cartas, uma conta ou duas, um recibo e cartas com carimbos bastante desinteressantes. Juntou tudo e depositou o monte na mesa, onde já se encontravam algumas correspondências acumuladas dos últimos dias. Ele logo teria de colocar as coisas em ordem, segundo supôs. Sua secretária chegaria uma hora ou outra naquela tarde.

Sir Stafford voltou à cozinha, despejou o café numa xícara e a trouxe até a mesa. Apanhou as duas ou três cartas que abrira no dia anterior quando chegara, tarde da noite. Deteve-se numa delas e sorriu um pouco enquanto a lia.

– Onze e meia – ele disse. – Um horário bastante apropriado. Não sei... Será melhor pensar bem e me preparar para Chetwynd.

Alguém deixou alguma coisa na caixa do correio. Stafford foi até a entrada e pegou o jornal matutino. Havia pouquíssimas notícias no jornal. Uma crise política, um texto com notícias do exterior que podiam ser inquietantes, mas, no seu entender, não eram. Só um jornalista extravasando e tentando fazer as coisas parecerem mais importantes do que eram. Eles precisavam dar ao público algo para ler. Uma garota tinha sido estrangulada no parque. Garotas estavam sempre sendo estranguladas. Uma por dia, ele pensou de maneira insensível. Nenhuma criança tinha sido sequestrada ou violentada naquela manhã. Essa era uma bela surpresa. Ele preparou uma torrada e bebeu seu café.

Mais tarde ele saiu do apartamento, desceu pela rua e atravessou o parque na direção de Whitehall. Estava sorrindo consigo mesmo. A vida, ele pensou, estava ótima naquela manhã. Ele começou a pensar em Chetwynd. Chetwynd era um bobalhão como poucos que já existiram. Uma boa fachada, com aspecto de importância, e uma mente belamente desconfiada. Ele se divertiria bastante conversando com Chetwynd.

Sir Stafford Nye chegou a Whitehall com sete confortáveis minutos de atraso. Isso somente ocorria por causa de sua própria importância comparada com a de Chetwynd, ele pensou. Stafford entrou na sala. Chetwynd estava sentado atrás de sua mesa e tinha um monte de papéis sobre ela e uma secretária. Ele exibia um ar de homem importantíssimo, como sempre fazia em qualquer oportunidade.

– Olá, Nye – disse Chetwynd, com um sorriso que ocupava todo o seu rosto notavelmente belo. – Contente por estar de volta? Como estava na Malásia?

– Quente – disse Stafford Nye.

– Sim. Bem, eu suponho que sempre deva ser. Você quis dizer atmosfericamente, eu imagino, e não politicamente...

– Ah, só atmosfericamente – disse Stafford Nye.

Ele aceitou um cigarro e se sentou.

– Algum resultado digno de nota?

– Ah, quase nada. Nada que alguém pudesse chamar de resultado. Já encaminhei o meu relatório. Tudo um monte de conversa furada, como de costume. Como está Lazenby?

– Ah, uma chateação como sempre. Ele não vai mudar nunca – disse Chetwynd.

– Não, isso já seria esperar demais. Eu nunca tinha trabalhado com Bascombe antes. Ele consegue ser bastante engraçado quando quer.

– Consegue? Não conheço Bascombe muito bem. É. Talvez ele consiga.

– Pois bem, pois bem. Nenhuma grande novidade, eu imagino.

– Não, nada. Nada que pudesse interessá-lo. Você não explicou direito na sua carta o motivo pelo qual queria me ver.

– Ah, só para repassar algumas coisas, nada de mais. Sabe como é, para o caso de você ter trazido alguma informação confidencial. Algo que nos exigisse alguma preparação. Questões na Câmara. Qualquer coisa do gênero.

– Ah, claro.

– Você veio por via aérea, não foi? Teve alguns problemas, pelo que eu soube.

Stafford Nye apresentou a expressão que determinara de antemão que apresentaria. Ligeiramente pesarosa, com um leve toque de aborrecimento.

– Ah, então você já soube? – ele perguntou. – Um negócio maluco.

– Sim. Sim, deve ter sido.

– Extraordinário – disse Stafford Nye – como essas coisas sempre chegam aos ouvidos da imprensa. Havia um parágrafo nas notícias de última hora nesta manhã.

– Você preferia que não tivesse saído na imprensa, eu imagino...

– Bem, isso me faz parecer um pouco idiota, não? – disse Stafford Nye. – Eu tenho que admitir. Na minha idade, ainda por cima!

– O que foi que houve, exatamente? Imaginei que o relato do jornal pudesse estar exagerando.

– Bem, acho que eles tiraram o melhor proveito possível. Você sabe como são essas viagens. Um tédio maldito. Havia nevoeiro em Genebra, por isso eles tiveram que mudar a rota do avião. Então eu tive umas duas horas de espera em Frankfurt.

– Foi quando aconteceu?

– Foi. A gente fica morto de tédio nesses aeroportos. Aviões chegando, aviões saindo. Sistema de som a todo vapor o tempo inteiro. Voo 302 saindo para Hong Kong, voo 109 indo para a Irlanda. Isso e aquilo e não sei mais o quê. Gente se levantando, gente saindo. E você só fica ali sentado, bocejando.

– O que foi que aconteceu, exatamente? – perguntou Chetwynd.

– Bem, eu tinha uma bebida na minha frente, uma pilsner, na verdade, então pensei que precisava comprar alguma coisa para ler. Já havia lido tudo que tinha comigo, aí fui até o balcão e comprei um livro de bolso. Uma história de detetive, acho que era, e também comprei um bicho de pelúcia para uma das minhas sobrinhas. Então voltei, terminei de beber a minha cerveja, abri o meu livro e peguei no sono.

– Sim, estou entendendo. Você pegou no sono.

– Bem, é uma coisa bastante natural de se fazer, não é? Suponho que eles tenham chamado o meu voo, mas, caso tenham chamado, não ouvi nada. E não ouvi nada, aparentemente, pela melhor das razões. Sou capaz de pegar no sono num aeroporto em qualquer ocasião, mas também sou capaz de ouvir um aviso que me diz respeito. Dessa vez não ouvi. Quando acordei, ou quando recobrei a consciência, seja lá como você preferir, eu estava recebendo atenção médica. Alguém, segundo tudo indicava, tinha colocado algumas gotas de "Boa noite, Cinderela" ou sei lá o que na minha bebida. Deve ter feito isso quando eu estava afastado, comprando o livro.

– Uma coisa um tanto extraordinária de acontecer, não foi? – falou Chetwynd.

– Bem, nunca acontecera comigo antes – disse Stafford Nye. – Espero que nunca aconteça de novo. Isso faz com que o sujeito se sinta um completo idiota. Além de provocar uma ressaca. Havia um médico e uma enfermeira... algo assim. De todo modo, não houve consequências graves, aparentemente. A minha carteira foi afanada com algum dinheiro dentro e o meu passaporte. Foi embaraçoso, é claro. Felizmente eu não estava com muito dinheiro. Os meus cheques de viagem estavam num bolso interno. Tem sempre uma certa burocracia e tudo mais quando você perde o passaporte. De qualquer maneira, eu tinha umas cartas e outras coisas, e a identificação não foi difícil. E no devido tempo as coisas se ajeitaram e retomei a minha viagem.

– Mesmo assim, muito aborrecido para você – disse Chetwynd. – Uma pessoa do seu status, eu quero dizer...

– Sim – disse Stafford Nye. – Não me coloca numa luz muito favorável, não é? Quer dizer, não fico parecendo tão brilhante como deveria ser uma pessoa do meu... hã... status.

A ideia pareceu diverti-lo.

– Isso costuma acontecer com alguma frequência, você tem ideia?

– Não acredito que seja um acontecimento rotineiro. Mas poderia ser. Suponho que qualquer pessoa com alguma propensão para bater carteira poderia perceber um sujeito pegando no sono e enfiar a mão dentro de um bolso, e, se o larápio for talentoso na sua profissão, ele consegue algum dinheiro ou um livro de bolso ou algo assim, sempre contando com a sorte.

– É bem embaraçoso perder um passaporte.

– É, vou precisar encaminhar outro agora. Dar um monte de explicações, suponho. Como eu falei, o negócio todo foi uma maluquice maldita. E vamos falar a verdade, Chetwynd, isso não me coloca numa posição muito agradável, claro...

– Ah, não foi culpa sua, meu caro garoto, não foi culpa sua. Poderia ter acontecido com qualquer um, absolutamente com qualquer um.

– Muito gentil da sua parte dizer isso – falou Stafford Nye, sorrindo amavelmente para ele. – Vai me servir como uma bela lição, não vai?

– Você não imagina que alguém pudesse querer o *seu* passaporte em especial?

– Eu não imaginaria isso – disse Stafford Nye. – Por que alguém iria querer o meu passaporte? A não ser que fosse o caso de alguém querendo me aborrecer, e isso me parece bem pouco provável. Ou alguém que tenha gostado da minha foto no passaporte... e isso parece ser menos provável ainda!

– Você chegou a ver alguém conhecido em... onde foi que você disse que estava... em Frankfurt?

– Não, não. Absolutamente ninguém.

– Falou com alguém?

– Ninguém em particular. Eu disse algo para uma mulher gorda e simpática que estava acompanhada por uma criancinha que ela tentava distrair. Elas vinham de Wigan, eu acho. Indo para a Austrália. Eu não me lembro de ninguém mais.

– Você tem certeza?

– Houve uma certa mulher que queria saber o que fazer para estudar arqueologia no Egito. Eu disse que não sabia nada sobre esse assunto. Falei que o melhor era ela pedir informações ao Museu Britânico. E troquei uma ou duas palavras com um homem que, se não me engano, era um antivivisseccionista. Muito apaixonado pelo assunto.

– A gente sempre sente – disse Chetwynd – que talvez exista algo *por trás* de coisas como essa.

– De quais coisas?

– Bem, coisas como essa que aconteceu com você.

– Eu não consigo imaginar o que pode existir por trás disso – disse Sir Stafford. – Eu me arrisco a dizer que os jornalistas poderiam inventar alguma história, eles são muito espertos nesse tipo de coisa. Mesmo assim, é uma maluquice. Pelo amor de Deus, vamos esquecer esse negócio. Agora que o incidente foi mencionado pela imprensa, eu suponho, todos os meus amigos vão começar a me fazer perguntas. Como vai o velho Leyland? O que é que ele anda fazendo nos últimos tempos? Leyland sempre fala um pouco demais.

Os dois homens conversaram amigavelmente por mais uns dez minutos; então Sir Stafford levantou-se e saiu.

– Tenho várias coisas para fazer nesta manhã – ele disse. – Comprar presentes para os meus parentes. O problema é que, quando você esteve na Malásia, todos os parentes esperam que você lhes traga presentes exóticos. Vou dar uma passada na Liberty. Eles têm um belo estoque de produtos orientais.

Stafford se foi com jovialidade, cumprimentando com a cabeça alguns conhecidos quando passou pelo corredor. Quando ele já tinha se afastado, Chetwynd falou pelo telefone com sua secretária.

– Pergunte ao coronel Munro se ele pode vir ao meu encontro.

O coronel Munro entrou, trazendo consigo outro homem alto de meia-idade.

– Não sei se você conhece Horsham – ele disse –, da Segurança.

– Creio que já nos vimos antes – disse Chetwynd.

– Nye acabou de sair daqui, não foi? – perguntou o coronel Munro. – Alguma novidade nessa história sobre Frankfurt? Isto é, alguma novidade à qual deveríamos prestar atenção?

– Nada de mais, ao que parece – disse Chetwynd. – Ele está um pouco desconcertado por causa do incidente. Acha que faz com que pareça um idiota. E faz mesmo, é claro.

O homem chamado Horsham assentiu com a cabeça.

– É assim que ele encara o negócio?

– Bem, ele tentou enfrentar a situação da melhor maneira possível – disse Chetwynd.

– Mesmo assim – falou Horsham –, ele não é realmente nenhum idiota...

Chetwynd deu de ombros.

– Essas coisas acontecem – ele disse.

– Eu sei – disse o coronel Munro –, sim, sim, eu sei. De qualquer forma, bem, eu sempre senti que Nye era, sob certos aspectos, um pouco imprevisível. Que sob certos aspectos, veja bem, ele poderia não ser realmente *razoável* em seus pontos de vista.

O homem chamado Horsham falou:

– Não temos nada contra ele. Absolutamente nada, até onde *nós* sabemos.

– Ah, eu não quis dizer que havia. De maneira alguma eu quis dizer que havia – falou Chetwynd. – É só que... como eu poderia dizer?... Ele nem sempre é muito sério em relação às coisas.

O sr. Horsham usava um bigode. Ele considerava útil ter um bigode, que lhe fornecia proteção quando era difícil evitar um sorriso.

– Ele não é um imbecil – disse Munro. – É inteligente, claro. Vocês não acham que... Bem, vocês não acham que poderíamos ter algum ponto minimamente duvidoso em tudo isso, acham?

– Da parte dele? Não parece.

– Você já deu uma olhada em tudo, Horsham?

– Bem, nós não tivemos muito tempo ainda. Mas até onde sabemos está tudo certo. O passaporte dele, no entanto, *foi* usado.

– Usado? De que maneira?

– Passou por Heathrow.

– Você quer dizer que alguém se fez passar por Sir Stafford Nye?

– Não, não – disse Horsham –, não exatamente. Aí já seria mais do que poderíamos esperar. Passou com outros passaportes. Não houve nenhum alarme. Ele ainda não tinha nem acordado, naquela altura, da droga ou seja lá o que foi que lhe deram. Ele ainda estava em Frankfurt.

– Mas alguém poderia ter roubado esse passaporte, ter embarcado no avião e ter entrado assim na Inglaterra?

– Sim – disse Munro –, essa é a suposição. Ou alguém pegou uma carteira com dinheiro e passaporte dentro, ou então alguém queria um passaporte e escolheu Sir Stafford Nye como a pessoa mais conveniente para roubar. Havia uma bebida na mesa; bastava colocar algumas gotinhas ali, esperar até que o homem pegasse no sono e levar o passaporte, arriscando a sorte.

– Mas de qualquer modo eles olham os passaportes. Devem ter visto que não era o homem certo – disse Chetwynd.

– Bem, deve ter ocorrido uma certa semelhança, certamente – disse Horsham. – Mas não houve nenhum aviso de que ele estivesse desaparecido, nenhuma atenção especial atraída para esse passaporte específico. Uma multidão aparece num avião que está atrasado. Um homem é razoavelmente parecido com a fotografia do seu passaporte. Basta. Um olhar rápido, passaporte devolvido, vamos em frente. De qualquer maneira, o que eles ficam analisando mesmo são os *estrangeiros* que vão chegando, não os ingleses. Cabelos escuros, olhos azuis escuros, bem barbeado, mais ou menos um metro e oitenta. Isso é tudo o que você quer ver. Ele não iria estar na lista dos estrangeiros indesejáveis ou qualquer coisa desse tipo.

– Eu sei, eu sei. Mesmo assim, se alguém quisesse apenas furtar uma carteira ou algum dinheiro, não iria usar o passaporte, iria? É arriscado demais.

– Sim – disse Horsham. – Sim, essa é a parte interessante. É claro – falou ele – que nós estamos fazendo investigações, fazendo algumas perguntas aqui e ali.

– E qual é a sua opinião pessoal?

– Eu não gostaria de dizer ainda – retrucou Horsham. – Isso leva um certo tempo... Não podemos apressar as coisas.

– São todos iguais – o coronel Munro falou quando Horsham saiu da sala. – Eles nunca nos dizem nada, esses malditos sujeitos da segurança. Se eles acham que estão no rastro de alguma coisa, não admitem de maneira alguma.

– Bem, isso é natural – disse Chetwynd –, porque eles poderiam estar errados.

Essa parecia ser uma visão tipicamente política.

– Horsham é um homem dos bons – disse Munro. – Ele é bastante considerado na sede. Dificilmente estaria errado.

CAPÍTULO 3

O homem da lavanderia

Sir Stafford Nye voltou para o seu apartamento. Uma mulher enorme saltou de dentro da cozinha com palavras de saudação.

– Estou vendo que o senhor chegou bem, no fim das contas. Esses aviões insuportáveis... A gente nunca sabe, não é mesmo?

– É bem verdade, sra. Worrit – disse Sir Stafford Nye. – Duas horas de atraso com aquele avião.

– Não é muito diferente dos carros – disse a sra. Worrit. – Eu quero dizer, a gente nunca sabe, não é mesmo, o que vai acontecer de errado com *eles*. Só que dá mais angústia, por assim dizer, estando lá em cima no ar, não é verdade? Não dá para simplesmente parar no acostamento, não é a mesma coisa, estou certa? Pois veja. Eu não viajaria em um de maneira alguma, nem que me amarrassem.

Ela prosseguiu:

– Eu encomendei umas coisas. Espero que esteja tudo certo. Ovos, manteiga, café, chá... – ela ia derramando as palavras com a loquacidade de um guia do Oriente Próximo mostrando um palácio de faraó. – Pronto – disse a sra. Worrit, fazendo uma pausa para recuperar o fôlego –, acho que isso é tudo de que o senhor vai precisar. Eu encomendei a mostarda francesa.

– Não é a mostarda Dijon, é? Eles sempre tentam vender a Dijon.

– Não sei qual é *essa*, mas é uma Esther Dragon, a mostarda de que o senhor gosta, não é?

– Isso mesmo – disse Sir Stafford. – A senhora é uma maravilha!

A sra. Worrit exibiu uma expressão satisfeita. Ela foi se refugiar na cozinha novamente, ao passo que Sir Stafford colocou a mão na maçaneta da porta do seu quarto.

– Tudo bem eu ter dado as suas roupas para o cavalheiro que veio buscar, senhor? O senhor não tinha dito nada e nem deixado mensagem ou qualquer coisa desse tipo.

– Que roupas? – perguntou Sir Stafford Nye, parando.

– Dois ternos, foi isso, foi o que o cavalheiro veio pedir. Da Twiss and Bonywork, era isso, acho que a mesma que já tinha vindo outra vez. Tivemos um pouco de problema com a lavanderia White Swan, se estou bem lembrada.

– Dois ternos? – perguntou Sir Stafford Nye. – Quais ternos?

– Bem, teve aquele que o senhor chegou da viagem usando. Imaginei que esse seria um deles. Eu não tinha muita certeza sobre o outro, mas tinha o azul com risca de giz sobre o qual o senhor não tinha deixado ordens quando saiu. Ele estava precisando mesmo ser lavado, e também tinha necessidade de um conserto no punho direito, mas não queria dar um jeito eu mesma enquanto o senhor estava fora. Eu nunca gosto de fazer isso – disse a sra. Worrit, com um ar de palpável virtude.

– Então o camarada, seja lá quem for, levou esses dois ternos?

– Espero não ter feito nada de errado, senhor.

A sra. Worrit começou a ficar preocupada.

– Não, eu não me importo com o risca de giz. Foi bom mesmo. Mas o terno com o qual cheguei em casa, bem...

– Ele é um pouco fininho, senhor, para essa época do ano, não é mesmo? Ótimo naqueles lugares quentes onde o senhor andou. E ele estava precisando mesmo de uma limpeza. O cavalheiro disse que o senhor tinha telefonado para falar sobre os ternos. Foi o que ele disse, quando veio buscar.

– Ele entrou no meu quarto para pegá-los?

– Sim, senhor. Achei que era melhor.

– Muito interessante – disse Sir Stafford. – Sim, muito interessante.

Ele foi até o seu quarto e olhou em volta. O quarto estava limpo e arrumado. A cama estava feita, a mão da sra. Worrit era aparente, o barbeador elétrico estava no carregador, as coisas no toucador se mostravam em perfeita organização.

Stafford foi até o roupeiro e observou o seu interior. Olhou as gavetas da cômoda alta junto à parede perto da janela. Não havia nada fora do lugar. Estava tudo mais organizado, inclusive, do que deveria estar. Ele havia tirado alguns objetos das malas na noite anterior, e o pouco que fizera havia sido feito de uma maneira superficial. Tinha jogado roupas de baixo e várias miudezas dentro da gaveta apropriada, mas não arrumara nada com muita ordem. Iria fazer isso pessoalmente hoje ou amanhã. Não teria esperado que a sra. Worrit o tivesse feito por ele. Esperava que ela somente mantivesse as coisas como as encontrasse. Depois, quando voltasse da rua, haveria tempo para rearranjos e reajustes em função do clima e de outras questões. Então alguém tinha procurado algo ali, alguém abrira gavetas, olhara dentro delas rapidamente, às pressas, recolocara certas coisas no lugar, em parte por causa da pressa, com maior organização e cuidado do que ele mesmo teria julgado necessário. Um trabalho rápido e cuidadoso, e depois o homem tinha ido embora com os dois ternos e uma explicação plausível. Um terno obviamente usado por Sir Stafford quando saía em viagem e um terno de tecido fino que poderia ter sido levado para o exterior e trazido para casa. Por quê?

– Porque – disse Sir Stafford consigo mesmo, pensativo – porque alguém estava procurando alguma coisa. Mas o quê? E quem? Mas também por qual motivo?

Sim, aquilo era interessante.

Ele se sentou numa poltrona e ficou pensando nesse mistério. Logo em seguida os seus olhos se desviaram até a mesa junto à cama onde estava sentado, com aspecto um tanto insolente, um pequeno panda peludo. Disso surgiu uma linha de raciocínio. Ele foi até o telefone e discou um número.

– É a senhora, tia Matilda? – ele perguntou. – Stafford falando.

– Ah, meu querido, você já está de volta. Fico tão contente. Eu li no jornal que apareceram casos de cólera na Malásia ontem, pelo menos eu acho que foi na Malásia. Eu sempre me confundo tanto com esses lugares. Espero que você venha me ver logo. Não tente fingir que você está ocupado. Você não pode estar ocupado o tempo inteiro. A gente só aceita realmente essa desculpa de magnatas, de pessoas da indústria, sabe, no meio de fusões e aquisições. Eu nunca sei o que isso tudo realmente quer dizer. Antigamente isso significava fazer o seu trabalho do modo mais adequado, mas agora tem relação com bombas atômicas e fábricas de concreto – disse tia Matilda, num tom bastante agitado. – E esses terríveis computadores que dão os nossos números todos errados, para não falar de quando deformam tudo. Sem sombra de dúvida, eles nos dificultam tanto a vida hoje em dia. Você não acreditaria nas coisas que eles fizeram com a minha conta bancária. E com o meu endereço postal também. Bem, acho que eu já vivi tempo demais.

– Não pense uma coisa dessas! Tudo bem se eu aparecer aí na semana que vem?

– Pode aparecer amanhã, se você quiser. O vigário vem para o jantar, mas posso facilmente desmarcar com ele.

– Ah, por favor, não há necessidade disso.

– Há, sim, há muita necessidade. Ele é um homem muitíssimo irritante, e quer um órgão novo, ainda por cima. O atual está funcionando muito bem. Quero dizer, o problema é com o organista, na verdade, não é com o órgão. Um músico absolutamente abominável. O vigário está com pena do organista porque ele perdeu a mãe, de quem gostava muito. Mas vamos falar a verdade, gostar da sua mãe não faz você tocar órgão muito melhor, faz? Quero dizer, você precisa encarar as coisas como elas são.

– A senhora tem toda razão. Terá que ser na semana que vem... tenho algumas coisas para resolver. Como vai Sybil?

– Querida menina! Muito travessa, mas tão engraçada.

– Eu trouxe um panda de pelúcia para ela – disse Sir Stafford Nye.

– Ora, que gentileza de sua parte, querido.

– Espero que ela goste – disse Sir Stafford, percebendo o olhar do panda e se sentindo ligeiramente nervoso.

– Bem, de qualquer maneira, ela tem modos muito educados – disse tia Matilda, no que pareceu ser uma resposta um tanto duvidosa, cujo significado Sir Stafford não chegou a estimar direito.

Tia Matilda sugeriu os horários mais prováveis dos trens para a semana seguinte, advertindo que com muita frequência eles não saíam, ou mudavam seus planos, e também ordenou que ele trouxesse um queijo Camembert e a metade de um Stilton.

– É impossível arranjar certas coisas por aqui agora. O nosso próprio merceeiro... um homem tão simpático, tão atencioso e com tanto bom gosto em relação a tudo de que a gente gostava... transformou a venda de uma hora para outra num supermercado, seis vezes maior, tudo reconstruído, cestas e carrinhos de arame para levar de um lado a outro e tentar encher com coisas que você não quer, e mães sempre perdendo os seus filhos pequenos, e chorando, e tendo crises histéricas. É muito exaustivo. Bem, estarei esperando você, meu querido garoto.

Ela desligou. O telefone tocou de novo.

– Alô? Stafford? Eric Pugh falando. Eu soube que você voltou da Malásia... Que tal um jantar hoje à noite?

– Eu gostaria muito.

– Ótimo. Limpits Club. Oito e quinze?

A sra. Worrit entrou ofegando no quarto enquanto Sir Stafford recolocava o telefone no gancho.

– Um cavalheiro lá embaixo quer ver o senhor – ela disse. – Isto é, pelo menos eu acho que é um cavalheiro. De qualquer maneira, ele disse que tinha certeza que o senhor não ia se importar.

– Qual é o nome dele?

– Horsham, senhor, como aquele lugar no caminho para Brighton.

– Horsham.

Sir Stafford Nye estava um pouco surpreso. Ele saiu de seu quarto, desceu o meio lance de escadas que levava à sala de estar principal no andar de baixo. A sra. Worrit não cometera nenhum equívoco. Era de fato Horsham, com a mesma aparência de meia hora antes, robusto, digno de confiança, queixo fendido, faces rubicundas, farto bigode cinzento e um certo ar de impassibilidade.

– Espero que o senhor não se importe – ele disse amavelmente, colocando-se de pé.

– Espera que eu não me importe com o quê? – perguntou Sir Stafford Nye.

– De me ver outra vez tão depressa. Nós nos encontramos no corredor na saída do escritório do sr. Gordon Chetwynd... o senhor não lembra?

– Não faço a menor objeção – disse Sir Stafford Nye.

Ele empurrou um maço de cigarros na mesa.

– Sente-se. Faltou alguma coisa, faltou dizer alguma coisa?

– Um homem muito aprazível, o sr. Chetwynd – disse Horsham. – Nós já conseguimos aquietá-lo, eu penso. Ele e o coronel Munro. Eles estão um pouco aborrecidos com tudo isso, claro. Sobre o senhor, eu quero dizer.

– É mesmo?

Sir Stafford Nye se sentou também. Ele sorriu, começou a fumar e ficou olhando de maneira pensativa para Henry Horsham.

– E para onde nós vamos agora? – ele perguntou.

– Eu estava justamente imaginando se poderia perguntar, se não for curiosidade demais, para onde o senhor vai agora...

– Fico encantado em informar – disse Sir Stafford. – Vou passar um tempo na casa de uma tia, Lady Matilda Cleckheaton. Se o senhor quiser, posso lhe dar o endereço.

– Eu sei onde é – disse Henry Horsham. – Bem, acho que é uma ideia excelente. Ela vai ficar contente por ver que o senhor chegou em casa são e salvo. Deve ter escapado por um triz, não?

– Isso é o que o coronel Munro e o sr. Chetwynd pensam?

– Bem, o senhor sabe como é – disse Horsham. – Sabe muito bem. Eles estão sempre num estado de alerta, os cavalheiros naquele departamento. Não têm certeza se devem confiar no senhor ou não.

– Confiar em mim? – falou Sir Stafford Nye, com uma voz ofendida. – O que está querendo dizer com isso, sr. Horsham?

O sr. Horsham não chegou a ficar desconcertado. Apenas sorriu sem jeito.

– Ouça – ele disse –, o senhor tem uma reputação de não levar as coisas muito a sério.

– Ah. Eu pensei que estivesse querendo dizer que eu era um simpatizante ou um convertido para o lado errado. Algo desse gênero.

– Ah, não, senhor, eles apenas não consideram que o senhor seja sério. Eles pensam que o senhor gosta de levar as coisas na brincadeira de vez em quando.

– Não se pode passar a vida levando a si mesmo e os outros a sério – disse Sir Stafford Nye, num tom de desagrado.

– Não. Mas o senhor correu um risco bem grande, como eu já disse antes, não correu?

– Eu estou tentando avaliar se faço alguma ideia do que o senhor está falando.

– Eu vou lhe contar. Às vezes as coisas dão errado, senhor, e nem sempre elas dão errado porque as pessoas as fizeram dar errado. Aquilo que o senhor pode chamar de mão do Todo-poderoso, ou do outro cavalheiro... aquele com um rabo, eu quero dizer.

Sir Stafford Nye pareceu achar a ideia divertida.

– O senhor está se referindo ao nevoeiro em Genebra? – ele perguntou.

– Exatamente, senhor. Havia um nevoeiro em Genebra e isso atrapalhou certos planos. Alguém ficou numa enrascada.

– Conte tudo – disse Sir Stafford Nye. – Eu realmente gostaria de saber.

– Bem, uma passageira estava faltando quando aquele seu avião saiu de Frankfurt ontem. O senhor tinha tomado a sua cerveja e estava sentado num canto, roncando tranquila e confortavelmente sozinho. Uma passageira não se apresentou e eles a chamaram e chamaram de novo. No final, é de se presumir, o avião decolou sem ela.

– Ah. E o que houve com ela?

– Seria interessante saber. Em todo caso, o seu passaporte chegou em Heathrow, mesmo que o senhor não tenha chegado.

– E onde ele está agora? Eu já deveria tê-lo comigo?

– Não. Não creio. Seria rápido demais. Um negócio confiável, aquela droga. Bastante conveniente, se eu posso dizer assim. Deixou o senhor apagado e não produziu nenhum efeito particularmente ruim.

– Aquilo me deu uma ressaca desgraçada – disse Sir Stafford.

– Ah, bem, não dá para evitar. Não nessas circunstâncias.

– O que teria acontecido – perguntou Sir Stafford –, já que o senhor parece saber de todos os detalhes de tudo, se eu tivesse recusado aceitar a proposta que talvez... vou dizer apenas talvez... tivesse sido feita para mim?

– É bem possível que isso representasse o prego no caixão de Mary Ann.

– Mary Ann? Quem é Mary Ann?

– A srta. Daphne Theodofanous.

– É o nome que eu pareço de fato ter ouvido... sendo chamado como uma viajante não localizada?

– Sim, esse era o nome com o qual ela estava viajando. Nós a chamamos de Mary Ann.

– Quem é ela? Apenas por curiosidade...

– Em sua área ela é mais ou menos a principal autoridade.

– E qual é a área dela? Ela é nossa ou deles? Se é que o senhor sabe quem são "eles"... Eu devo dizer que encontro certa dificuldade quando tento chegar a uma conclusão nesse ponto.

– Sim, não é tão fácil, não é mesmo? Com os chineses e os russos e com essa turma um tanto esquisita que está por trás de todos os tumultos dos estudantes e a Nova Máfia e aquele grupo um tanto estranho na América do Sul. E o simpático ninho dos financistas que sempre parecem ter algo escondido embaixo da manga. Não, não é fácil dizer.

– Mary Ann – falou Sir Stafford Nye, pensativo. – Parece ser um nome curioso, se o nome verdadeiro dela é Daphne Theodofanous.

– Bem, a mãe dela é grega, o pai era inglês e o avô era um cidadão austríaco.

– O que teria acontecido se eu não tivesse feito para ela um... um empréstimo de certa vestimenta?

– Ela poderia ter sido assassinada.

– Ora, ora... O senhor não está falando sério.

– Nós estamos preocupados com o aeroporto de Heathrow. Coisas aconteceram ali ultimamente, coisas que precisam de alguma explicação. Se o avião tivesse seguido via Genebra, como planejado, tudo teria corrido bem. Ela teria recebido proteção completa, tudo estava arranjado. Mas por esse outro caminho... não haveria tempo para fazer qualquer arranjo, e a gente não sabe quem é quem, hoje em dia. Todo mundo está sempre fazendo um jogo duplo, ou triplo, ou quádruplo.

– O senhor está me deixando alarmado – disse Sir Stafford Nye. – Mas ela está bem, não está? É isso o que o senhor está me contando?

– Espero que ela esteja bem. Ainda não ouvimos nada em sentido contrário.

– Se lhe servir de alguma ajuda – disse Sir Stafford –, alguém apareceu aqui hoje de manhã, enquanto eu estive fora conversando com os meus parceiros em Whitehall.

O sujeito inventou que eu tinha telefonado para uma lavanderia e levou o terno que eu usei ontem e também outro terno. É claro, pode ter acontecido simplesmente que ele tenha caído de amores pelo outro terno, ou ele pode ter desenvolvido um hábito de colecionar vários trajes de cavalheiros que tenham retornado recentemente do exterior. Ou... bem, talvez o senhor tenha um "ou" para acrescentar?

– Ele poderia estar procurando por alguma coisa.

– Sim, eu creio que ele estava. Alguém andou procurando por alguma coisa. Tudo estava muito bem organizado e arrumado. Não estava do jeito que eu tinha deixado. Certo, ele estava procurando por alguma coisa. O que ele estava procurando?

– Não tenho certeza – disse Horsham, lentamente. – Gostaria de ter essa certeza. Alguma coisa está acontecendo... em algum lugar. O negócio tem pontas aparecendo, sabe, como num embrulho malfeito. A gente consegue dar uma espiada aqui e uma espiada ali. Por um momento você pensa que está acontecendo no Festival de Bayreuth e no minuto seguinte você pensa que surgem sinais numa estância sul-americana e aí descobre um indício nos Estados Unidos. Há uma porção de negócios sórdidos em diferentes lugares, algo está sendo desenvolvido. Talvez seja política, talvez seja algo muito diferente de política. Provavelmente seja dinheiro.

Ele acrescentou:

– Conhece o sr. Robinson, não? Ou o sr. Robinson o conhece, acho que ele me disse isso.

– Robinson? – ponderou Sir Stafford Nye. – Robinson. Um belo nome inglês.

Ele olhou para Horsham.

– Grandão, rosto amarelo? – ele perguntou. – Gordo? Sempre metido em assuntos financeiros? Ele também é um dos anjos mecenas, isso é o que o senhor está querendo me dizer?

– Não sei de nada sobre os anjos – disse Henry Horsham. – Ele nos tirou do buraco neste país mais de uma vez. Pessoas como o sr. Chetwynd não recorrem muito a ele. Pensam que ele é muito caro, eu imagino. Tende a ser um pouco mesquinho, o sr. Chetwynd. Um grande homem para fazer inimigos nos lugares errados.

– As pessoas costumam dizer "pobre mas honesto" – falou Sir Stafford Nye, pensativo. – Acho que poderíamos dizer de maneira diferente. Poderíamos descrever o nosso sr. Robinson como rico mas honesto. Ou talvez pudéssemos dizer: honesto mas rico – Stafford suspirou. – Eu gostaria que o senhor pudesse me dizer qual é o significado disso tudo – ele falou, num tom de lamúria. – Eu estou envolvido em alguma coisa, ao que parece, e não faço a menor ideia do que seja.

Ele olhou para Henry Horsham com uma expressão esperançosa, mas Horsham balançou a cabeça.

– Nenhum de nós sabe. Não exatamente – ele disse.

– O que eu poderia ter escondido aqui, para que alguém venha mexer e procurar?

– Francamente, eu não faço a mínima ideia, Sir Stafford.

– Bem, é uma pena, porque eu também não.

– Até onde *o senhor* sabe, o senhor não ficou com nada. Ninguém lhe deu alguma coisa para guardar, para levar a determinado lugar ou tomar conta?

– Absolutamente nada. Se o senhor está falando de Mary Ann, ela me disse que queria salvar sua vida, isso foi tudo.

– E a não ser que apareça um parágrafo nos jornais vespertinos, o senhor *salvou* a vida dela.

– Parece mais um fim de capítulo, não parece? Uma pena. A minha curiosidade está aumentando. Constato que eu gostaria muito de saber o que é que vai acontecer a seguir. Todos vocês parecem ser muito pessimistas.

– Falando francamente, nós somos. As coisas estão indo de mal a pior neste país. O senhor não fica pensando nisso?

– Eu sei o que o senhor quer dizer. Às vezes eu fico mesmo pensando...

Capítulo 4

Jantar com Eric

I

– Você se importa se eu disser uma coisa, meu velho? – perguntou Eric Pugh.

Sir Stafford Nye olhou para ele. Ele conhecia Eric Pugh havia um bom número de anos. Os dois não tinham chegado a ser amigos íntimos. O velho Eric, assim pensava Sir Stafford, era na verdade um amigo chato. Eric era, por outro lado, fiel. E era o tipo de homem que, embora não fosse divertido, tinha um talento para saber das coisas. As pessoas diziam coisas para Eric e ele se lembrava do que haviam dito e arquivava suas lembranças. Algumas vezes, ele conseguia dar uma informação útil.

– Você voltou daquela conferência na Malásia, não foi?

– Sim – disse Sir Stafford.

– Alguma coisa diferente surgiu por lá?

– Só o de sempre – disse Sir Stafford.

– Ah. Eu imaginei que algo tivesse... Bem, você sabe o que quero dizer. Que algo tivesse acontecido para deixar todo mundo furioso.

– O quê? Na conferência? Não, só tivemos os acontecimentos mais dolorosamente previsíveis. Todos disseram bem aquilo que se pensava que iriam dizer, só que disseram, infelizmente, com muito mais lentidão do que se poderia ter imaginado ser possível. Não sei por que vou a essas coisas.

Eric Pugh fez uma ou duas observações um tanto tediosas sobre aquilo que os chineses estavam realmente aprontando.

– Não acho que eles estejam realmente aprontando alguma coisa – disse Sir Stafford. – Todos os rumores habituais sobre as doenças que o pobre Mao tem, e quem está fazendo intriga contra ele, e por quê.

– E quanto ao negócio árabe-israelense?

– Isso também está avançando de acordo com o plano. Isto é, o plano deles. E, de qualquer forma, o que é que isso tem a ver com a Malásia?

– Bem, eu não estava me referindo exatamente à Malásia.

– Você está parecendo a Tartaruga Falsa – disse Sir Stafford Nye. – "Sopa da noite, bela sopa." De onde vem esse pensamento sombrio?

– Bem, eu só imaginei que você... Você vai me perdoar, não vai? Quer dizer, você não fez nada para manchar o seu currículo de alguma maneira, ou fez?

– Eu? – perguntou Sir Stafford, parecendo ficar muito surpreso.

– Bem, sabe como você é, Staff. Você gosta de dar um susto nas pessoas de vez em quando, não gosta?

– Eu me comportei de maneira impecável nos últimos tempos – disse Sir Stafford. – O que foi que você andou ouvindo falar sobre mim?

– Ouvi dizer que houve certo problema com algo que aconteceu num avião no seu caminho de volta.

– Ah, é? De quem você ouviu isso?

– Bem, você sabe, eu estive com o velho Cartison.

– Um chato terrível. Sempre imaginando coisas que não aconteceram.

– Sim, eu sei. Eu sei que ele é assim. Mas ele só estava dizendo que essa ou aquela pessoa... Winterton, pelo menos... parecia pensar que você estivesse aprontando alguma coisa.

– Aprontando alguma coisa? Bem que eu gostaria – disse Sir Stafford Nye.

– Tem um certo clamor de espionagem não sei onde e ele ficou um pouco preocupado com relação a certas pessoas.

– O que eles pensam que eu sou... um outro Philby, ou algo desse tipo?

– Você sabe que é muito imprudente às vezes nas coisas que diz, nas brincadeiras que faz.

– Às vezes é muito difícil resistir – seu amigo lhe disse. – Todos esses políticos e diplomatas e o resto. São solenes demais. Eu gosto de dar uma chacoalhada na cabeça deles de vez em quando.

– O seu senso de diversão é bastante distorcido, meu garoto. Distorcido mesmo. Às vezes eu fico preocupado com você. Eles queriam lhe fazer umas perguntas sobre algo que aconteceu no voo de volta e parecem achar que você não... bem... que talvez você não tenha falado exatamente a verdade sobre a história toda.

– Ah, isso é o que eles pensam, é? Interessante. Acho que eu preciso tentar dar um jeito nisso.

– Tente não fazer nenhuma coisa precipitada.

– Eu preciso ter os meus momentos de diversão de vez em quando.

– Escute aqui, meu velho, você não vai querer arruinar a sua carreira só para satisfazer o seu senso de humor.

– Eu estou rapidamente chegando à conclusão de que não existe nada mais aborrecido do que ter uma carreira.

– Eu sei, eu sei. Você está sempre inclinado a ter esse ponto de vista, e você não avançou tanto quanto deveria. Você esteve concorrendo para Viena numa certa altura. Não gosto de vê-lo jogar tudo na lama.

– Eu estou me comportando com a máxima sobriedade, com a máxima virtude, posso lhe garantir – disse Sir Stafford. Ele acrescentou: – Alegre-se, Eric. Você é um bom amigo, mas, realmente, eu não sou culpado por gostar de brincadeiras.

Eric balançou a cabeça em dúvida.

Aquela era uma noite bonita. Sir Stafford voltou a pé para casa pelo Green Park. Quando estava cruzando a Birdcage Walk, um carro disparou pela rua e não o pegou por uma questão de centímetros. Sir Stafford era um homem atlético. Seu salto o deixou em segurança na calçada. O carro desapareceu rua abaixo. Ele ficou pensando. Por um breve momento, foi capaz de jurar que o carro havia deliberadamente tentado atropelá-lo. Um pensamento interessante. Primeiro o seu apartamento tinha sido vasculhado, e agora ele mesmo poderia ter virado um alvo. Provavelmente uma mera coincidência. E, no entanto, no decorrer de sua vida, parte da qual tinha sido vivida em bairros e lugares um tanto bárbaros, Sir Stafford Nye estivera em contato com o perigo. Ele conhecia, por assim dizer, o toque e a sensação e o cheiro do perigo. Estava sentindo tudo isso agora. Alguém, em algum lugar, estava apontando para ele. Mas por quê? Por qual razão? Até onde sabia, ele não havia colocado o seu pescoço em risco de nenhuma maneira. Ficou pensando.

Stafford abriu a porta do apartamento e pegou a correspondência que estava no chão no lado de dentro. Nada de mais. Algumas contas e um exemplar do periódico da *Lifeboat*. Ele jogou as contas na sua escrivaninha e enfiou um dedo no invólucro da *Lifeboat*. Era uma causa com a qual contribuía ocasionalmente. Virou as páginas sem grande atenção, porque ainda estava absorvido por aquilo que estava pensando. Então, abruptamente, interrompeu o movimento dos dedos. Havia algo preso entre duas das páginas. Preso com fita adesiva. Ele olhou de perto. Era o seu passaporte, inesperado, devolvido dessa maneira. Ele o arrancou e o examinou. O último carimbo era o carimbo de chegada em Heathrow no dia anterior. Ela usara o seu passaporte, tinha chegado em segurança e escolhera esse modo para devolvê-lo. Onde ela estava agora? Ele gostaria de saber.

Stafford ficou imaginando se algum dia iria vê-la de novo. Quem era ela? Para onde ela tinha ido, e por quê? Era como esperar pelo segundo ato de uma peça. Na verdade, ele sentia que o primeiro ato nem havia sido apresentado direito ainda. O que foi que ele tinha visto? Uma antiquada peça preliminar, talvez. Uma garota que quisera ridiculamente se travestir e atuar como se fosse alguém do sexo masculino, que passara pelo controle de passaportes de Heathrow sem atrair nenhum tipo de suspeita e que agora, tendo saído do aeroporto, havia desaparecido em Londres. Não, provavelmente ele nunca mais a veria. Essa perspectiva o aborreceu. Mas por que razão, ele pensou, por que razão eu quero vê-la? Ela não era particularmente atraente, ela não era nada. Não, isso não era bem a verdade. Ela era algo, ou alguém, ou não teria conseguido induzi-lo, sem nenhuma persuasão especial, sem nenhum estímulo sexual escancarado, nada exceto um simples pedido de ajuda, a fazer o que ela queria. Um pedido de um ser humano para outro ser humano, porque, pelo menos era o que ela tinha insinuado, não precisamente com palavras, mas não obstante fora o que ela *tinha* insinuado, ela conhecia bem as pessoas e reconhecia nele um homem disposto a correr riscos para ajudar outro ser humano. E ele assumira mesmo um risco, pensou Sir Stafford Nye. Ela poderia ter colocado qualquer coisa naquele copo de cerveja. Ele poderia ter sido encontrado, se ela assim tivesse desejado, encontrado como um cadáver num assento, acomodado no canto de um saguão de partida num aeroporto. E se ela tivesse (não restavam dúvidas de que só podia ter) um bom domínio no manejo de drogas, sua morte poderia ter passado como um ataque do coração devido à altitude ou a dificuldades da pressurização... qualquer coisa desse gênero. Ah, ora, pensar nisso para quê? Não era provável que fosse voltar a vê-la, e ele estava aborrecido.

Sim, ele estava aborrecido, e não gostava de ficar aborrecido. Considerou a questão por alguns minutos. Então escreveu um anúncio para ser repetido três vezes. "Passageiro para Frankfurt. Três de novembro. Favor entrar em contato com o companheiro de viagem para Londres." Não mais do que isso. Ou ela entraria em contato ou não. Se aquilo chegasse aos olhos dela em algum momento, ela saberia quem era o responsável pelo anúncio. A jovem estivera com o seu passaporte, sabia o seu nome. Poderia procurá-lo. Ele poderia vir a ter notícias dela. Talvez não as tivesse. Provavelmente não. Se não, a pecinha preliminar seguiria sendo uma pecinha preliminar, uma pequena peça boba que recebia quem chegava ao teatro em cima da hora e os distraía enquanto não começava o verdadeiro espetáculo da noite. Muito útil nos tempos anteriores à guerra. Segundo todas as probabilidades, no entanto, ele nunca mais teria notícias dela, e uma das razões poderia ser a de que ela já tivesse concluído seja lá o que fosse que tinha vindo fazer em Londres e que agora já tivesse saído do país, voando para Genebra, ou para o Oriente Médio, ou para a Rússia, ou para a China, ou para a América do Sul, ou para os Estados Unidos. E por que motivo, pensou Sir Stafford, eu estou incluindo a América do Sul? Tem de haver uma razão. Ela não tinha mencionado a América do Sul. Ninguém tinha mencionado a América do Sul. Exceto Horsham, é verdade. E até mesmo Horsham apenas havia mencionado a América do Sul entre várias outras menções.

Na manhã seguinte, enquanto ele caminhava lentamente na direção de casa depois de entregar o seu anúncio, ao longo da via que atravessa o St. James's Park, seus olhos captaram, enxergando de maneira distraída, as flores de outono. Os crisântemos pareciam estar agora firmes e compridos com suas gemas de ouro e bronze. Seu perfume lhe chegava indistinto, um cheiro um tanto caprino, como ele sempre pensava, um cheiro que o remetia às colinas da Grécia. Ele não podia esquecer de ficar de olho na coluna dos anúncios pessoais. Ainda não. No mínimo dois ou três dias teriam de se passar até que o seu anúncio fosse publicado e até que houvesse tempo para alguém publicar outro em resposta. Ele não poderia esquecer de conferir se havia uma resposta, porque, afinal de contas, era irritante não saber... não ter a menor ideia de qual era o significado daquilo tudo.

Stafford tentou recordar não a garota do aeroporto, mas o rosto de sua irmã Pamela. Um longo tempo desde a morte de Pamela. Ele se lembrava dela. É claro que ele se lembrava dela, mas não conseguia, por algum motivo, visualizar o seu rosto. Irritava-o não ser capaz de visualizá-lo. Ele parou bem no momento em que ia atravessar uma das ruas. Não havia tráfego exceto por um carro que vinha gingando devagar com a solene postura de uma viúva rica. Um carro idoso, ele pensou. Uma limusine Daimler antiquada. Stafford encolheu os ombros. Por que ficar ali parado daquela maneira idiota, perdido em seus pensamentos?

Ele deu um passo abrupto para atravessar a rua e de repente, com um vigor surpreendente, a limusine com aspecto de viúva, como ele a definira em sua mente, acelerou. Acelerou com uma velocidade súbita e atordoante. Arrojou-se para cima dele com tamanha agilidade que ele só teve tempo de dar um salto até a calçada oposta.

A limusine desapareceu como um raio, virando a curva da rua mais adiante.

– Só posso ficar imaginando – disse Sir Stafford consigo mesmo. – Agora eu só posso ficar imaginando. Será possível que *exista* alguém que não goste de mim? Alguém me seguindo, talvez, me vigiando enquanto eu volto para casa, esperando por uma oportunidade?

II

O coronel Pikeaway, com o corpanzil esparramado em sua cadeira na pequena sala em Bloomsbury onde ficava sentado das dez às cinco, com um breve intervalo para o almoço, estava cercado, como de costume, por uma atmosfera de espessa fumaça de charuto; com seus olhos fechados, apenas uma piscadela ocasional mostrava que ele estava acordado, e não adormecido. O homem raras vezes erguia a cabeça. Alguém dissera que ele parecia um cruzamento entre um antigo Buda e um enorme sapo azul, tendo talvez, como um adolescente desbocado poderia ter acrescentado, um leve toque bastardo de hipopótamo em seus antepassados.

O suave zumbido do interfone de sua mesa o despertou. Ele piscou três vezes e abriu os olhos. Estendeu à frente uma mão de aspecto bastante fatigado e levantou o fone.

– Sim? – ele disse.

Era a voz da sua secretária.

– O ministro está aqui, esperando para ver o senhor.

– Não diga – falou o coronel Pikeaway. – E que ministro é esse? O ministro batista da igreja da esquina?

– Não, não, coronel Pikeaway, é Sir George Packham.

– Uma pena – disse o coronel Pikeaway, respirando asmaticamente. – Uma pena mesmo. O reverendo

McGill é muito mais divertido. Há nele um esplêndido toque de fogo do inferno.

– Devo levá-lo até o senhor, coronel Pikeaway?

– Acho que ele espera ser trazido até mim de imediato. Os subsecretários são bem mais suscetíveis de que os secretários de Estado – disse o coronel Pikeaway, num tom sombrio. – Todos esses ministros insistem em entrar e disparar reclamações para todos os lados.

Sir George Packham foi introduzido. Ele tossiu e resfolegou. A maioria das pessoas fazia o mesmo. As janelas da pequena sala estavam completamente fechadas. O coronel Pikeaway reclinou-se na cadeira, coberto dos pés à cabeça por cinzas de charuto. A atmosfera era quase insuportável, e a sala era conhecida nos círculos oficiais como a "casinha do gato".

– Ah, meu caro companheiro – disse Sir George, falando de modo vivaz e jovial, de uma maneira que não combinava com sua aparência ascética e triste. – Faz um bom tempo que não nos encontramos, creio eu.

– Sente-se, sente-se, por favor – disse Pikeaway. – Aceita um charuto?

Sir George estremeceu ligeiramente.

– Não, obrigado – ele disse –, não, muito obrigado.

Ele olhou de modo ostensivo para as janelas. O coronel Pikeaway não captou a insinuação. Sir George limpou a garganta e tossiu outra vez antes de dizer:

– Bem... acredito que Horsham tenha vindo ver você.

– Sim, Horsham veio e fez o seu discurso – disse o coronel Pikeaway, lentamente permitindo a seus olhos que se fechassem de novo.

– Penso que tenha sido o melhor procedimento. Isto é: que ele viesse aqui lhe fazer uma visita. É muitíssimo importante que as coisas não comecem a circular por aí.

– Ah – disse o coronel Pikeaway –, mas elas vão circular, não vão?

– Perdão?

– Elas vão circular – disse o coronel Pikeaway.

– Eu não sei o quanto você... hã... bem, o quanto você sabe sobre esse negócio recente.

– Nós sabemos de tudo aqui – disse o coronel Pikeaway. – É para isso que nós servimos.

– Ah... claro, claro, sem dúvida. É sobre Sir S. N., você sabe o que quero dizer?

– Passageiro para Frankfurt – disse o coronel Pikeaway.

– Um assunto muitíssimo extraordinário. Muitíssimo extraordinário. Fica-se especulando... Não há como saber, não se consegue chegar a imaginar...

O coronel Pikeaway o escutava de modo atencioso.

– O que devemos pensar? – insistiu Sir George. – Você o conhece pessoalmente?

– Já topei com ele uma ou duas vezes – disse o coronel Pikeaway.

– Não se pode deixar de especular...

O coronel Pikeaway abafou um bocejo com alguma dificuldade. Ele já estava um tanto cansado dos pensamentos, das especulações e das imaginações de Sir George. De qualquer maneira, sua opinião sobre o poder de raciocínio de Sir George não era nada boa. Um homem cauteloso, um homem que inspirava confiança na administração cautelosa de seu departamento. Não era um homem de intelecto fulgurante. Talvez, pensou o coronel Pikeaway, fosse até melhor assim. De todo modo, aqueles que pensam e especulam e não têm muita certeza de nada estão razoavelmente seguros no lugar em que Deus e os eleitores os colocaram.

– Não podemos nos esquecer – continuou Sir George – das desilusões que sofremos no passado.

O coronel Pikeaway sorriu gentilmente.

– Charleston, Conway e Courtfold – ele disse. – Confiança total, aprovação total. Todos começando com C, todos eles traidores.

– Às vezes eu fico imaginando se nós podemos confiar em alguém – disse Sir George, com tristeza na voz.

– Essa é fácil – disse o coronel Pikeaway. – Não podemos.

– Pegue o caso de Stafford Nye – disse Sir George. – Boa família, excelente família, eu conheci o pai dele, conheci o avô.

– É bem comum uma falha na terceira geração – disse o coronel Pikeaway.

O comentário não ajudou Sir George.

– Eu não consigo deixar de ficar com uma dúvida... Isto é, às vezes ele não parece ser realmente sério.

– Levei minhas duas sobrinhas para ver os castelos do Loire na minha mocidade – disse de forma inesperada o coronel Pikeaway. – Havia um homem pescando na margem do rio. Eu também tinha comigo a minha vara de pescar. Ele disse para mim: "*Vous n'êtes pas un pêcheur sérieux. Vous avez des femmes avec vous*".

– Ou seja, você pensa que Sir Stafford...

– Não, não, nunca se envolveu muito com mulheres. A ironia é o problema dele. Ele gosta de surpreender as pessoas. Ele não consegue evitar: gosta de levar a melhor sobre as pessoas.

– Bem, isso não é muito satisfatório, é?

– Por que não? – rebateu o coronel Pikeaway.

– Gostar de uma piada interna é muito melhor do que ter algum acordo com um desertor.

– Se pudéssemos sentir que ele é realmente sólido... O que você diria? A sua opinião pessoal?

– Sólido como um sino – disse o coronel Pikeaway. – Os sinos são sólidos, mas isso é diferente, não? – ele sorriu amavelmente. – Eu não me preocuparia, se fosse você – disse.

III

Sir Stafford Nye empurrou para o lado a sua xícara de café. Pegou o jornal, passando os olhos pelas manchetes, e então o abriu cuidadosamente na página que publicava os anúncios pessoais. Ele já estava acompanhando essa coluna específica por sete dias. Era frustrante, mas não surpreendente. Por que diabos ele esperava encontrar uma resposta? Seu olhar percorreu lentamente a miscelânea de peculiaridades que sempre havia tornado aquela página um tanto fascinante aos olhos dele. Os anúncios não eram estritamente pessoais. A metade ou até mesmo mais do que a metade eram apenas anúncios disfarçados ou ofertas de coisas para vender ou por comprar. Talvez devessem ter sido colocados numa seção diferente, mas tinham ido parar ali considerando que daquela maneira provavelmente saltariam aos olhos com mais facilidade. Incluíam um ou dois anúncios de caráter esperançoso.

"Homem jovem que se opõe ao trabalho pesado e que gostaria de uma vida tranquila ficaria contente em assumir um emprego que lhe fosse conveniente."

"Garota quer viajar para o Camboja. Recusa-se a cuidar de crianças."

"Arma de fogo usada em Waterloo. Aguardando ofertas."

"Casaco de pele magnífico. Precisa ser vendido imediatamente. Dona viajando para o exterior."

"Você conhece Jenny Capstan? Seus bolos são soberbos. Venha à Lizzard Street, n° 14, S.W.3."

Por um instante o dedo de Stafford Nye se deteve. Jenny Capstan. Ele gostou do nome. Existia alguma

Lizzard Street? Ele supunha que sim. Nunca ouvira falar. Com um suspiro, seu dedo desceu pela coluna e quase de imediato se deteve mais uma vez.

"Passageiro para Frankfurt. Quinta-feira, 11 de novembro. Hungerford Bridge, 7h20."

Quinta-feira, 11 de novembro. Era... sim, era hoje. Sir Stafford Nye se recostou em sua cadeira e bebeu mais café. Estava excitado, empolgado. Hungerford. Hungerford Bridge. Ele se levantou e foi até a cozinha. A sra. Worrit estava cortando batatas em tiras e jogando-as dentro de uma grande tigela com água. A mulher levantou o rosto com certa surpresa.

– Quer alguma coisa, senhor?

– Sim – disse Sir Stafford Nye. – Se alguém lhe dissesse "Hungerford Bridge", aonde a senhora iria?

– Aonde eu iria? – a sra. Worrit considerou. – O senhor quer dizer: se eu quisesse ir, é isso?

– Façamos essa suposição.

– Bem, então eu acho que iria até a Hungerford Bridge, não é isso mesmo?

– A senhora quer dizer que iria para Hungerford em Berkshire?

– Onde fica isso? – perguntou a sra. Worrit.

– Treze quilômetros depois de Newbury.

– Eu já ouvi falar em Newbury. O meu velho jogou num cavalo lá no ano passado. Se deu bem.

– Então a senhora iria para Hungerford perto de Newbury?

– Não, é claro que não – disse a sra. Worrit. – Ir até lá para quê? Eu iria para a Hungerford Bridge, é claro.

– Ou seja...

– Bem, fica perto de Charing Cross. O senhor sabe onde é. A ponte sobre o Tâmisa.

– Sim – disse Sir Stafford Nye. – Sim, eu sei muito bem onde fica. Obrigado, sra. Worrit.

Tinha sido, ele sentia, como jogar cara ou coroa com uma moeda. Um anúncio num jornal matutino de Londres devia significar a Hungerford Railway Bridge em Londres. Presumivelmente, portanto, isso era o que o anúncio queria dizer, muito embora Sir Stafford Nye não pudesse absolutamente ter qualquer certeza sobre essa específica anunciante. Suas ideias, pela breve experiência que tivera com ela, eram originais. Não eram as respostas normais que alguém poderia esperar. Mesmo assim, o que mais restaria fazer? Além disso, provavelmente existiam outras Hungerfords, e era possível que elas tivessem também outras pontes, em várias partes da Inglaterra. Mas hoje, bem, hoje ele veria.

IV

Era um anoitecer frio e ventoso, com rajadas ocasionais de chuva fina e nebulosa. Sir Stafford Nye levantou a gola de sua capa de chuva e avançou com esforço. Ele não estava atravessando a Hungerford Bridge pela primeira vez, mas aquele nunca lhe parecera ser um passeio prazeroso para se fazer. Embaixo dele havia o rio, e atravessando a ponte havia uma enorme quantidade de figuras apressadas como ele. Suas capas de chuva puxadas em torno do corpo, seus chapéus abaixados e, em todos e cada um deles, o fervoroso desejo de chegar em casa e fugir do vento e da chuva o mais depressa possível. Seria muito difícil reconhecer alguém, pensou Sir Stafford Nye, naquela multidão em correria. 7h20. Não era um bom momento para marcar um encontro de qualquer tipo. Talvez fosse a Hungerford Bridge em Berkshire. De todo modo, aquilo parecia muito estranho.

Ele continuou avançando com esforço. Manteve um ritmo regular, sem ultrapassar os que estavam à frente, passando com certa dificuldade pelos que vinham no sentido oposto. Andava depressa o bastante para não ser ultrapassado pelos demais que estavam atrás, muito embora isso lhes fosse possível, caso quisessem. Uma brincadeira, talvez, pensou Stafford Nye. Não era exatamente o seu tipo de brincadeira, mas um gracejo de outra pessoa.

No entanto... não seria também um humor característico dela, ele diria. Figuras apressadas passavam por Stafford de novo, empurrando-o ligeiramente para o lado. Uma mulher com capa de chuva vinha se aproximando, caminhando com passos pesados. A mulher colidiu com ele, caindo de joelhos. Stafford Nye lhe deu ajuda para levantar.

– Tudo bem?

– Sim, obrigada.

Ela tratou de seguir em frente com pressa, mas, tendo topado com ele, sua mão molhada, pela qual ele a fizera levantar do chão, tinha escorregado algo na palma da mão dele, fechando-lhe os dedos por cima. Então ela se afastou, desaparecendo atrás dele, misturando-se com a multidão. Stafford Nye seguiu seu caminho. Não teria como alcançá-la. Ela também não queria ser alcançada. Ele avançou mais depressa, e sua mão segurava algo com firmeza. Por fim, depois de um longo tempo, como lhe pareceu, ele chegou à extremidade da ponte no lado de Surrey.

Alguns minutos depois Stafford entrou num pequeno café, sentando-se a uma mesa e pedindo um café. Então ele observou o que estava em sua mão. Era um envelope muito fino de oleado. Dentro havia um envelope branco de baixa qualidade. Ele abriu este também. O que havia em seu interior o surpreendeu. Era uma entrada.

Uma entrada para o Festival Hall na noite seguinte.

Capítulo 5

Motivo wagneriano

Sir Stafford Nye se ajeitou com mais conforto no seu assento e ouviu o persistente martelar do *Nibelungo*, com o qual começava o programa.

Apesar de gostar das óperas wagnerianas, *Siegfried* não era, de maneira alguma, a sua favorita entre as óperas que compunham o *Anel. Rheingold* e *Götterdämmerung* eram as suas duas preferências. A música do jovem Siegfried ouvindo as canções dos pássaros por alguma estranha razão sempre o irritara em vez de enchê-lo de satisfação melódica. Talvez isso acontecesse porque ele tinha visto uma apresentação em Munique, nos seus dias de juventude, que fizera uso de um magnífico tenor com proporções infelizmente magníficas em excesso, e na época ele era jovem demais para conseguir divorciar o júbilo musical do júbilo visual de ver um jovem Siegfried que parecesse minimamente jovem. O fato de haver um tenor grandalhão rolando pelo chão num acesso de meninice o revoltara. Ele também não era particularmente afeiçoado por passarinhos e murmúrios de florestas. Não, que lhe dessem as donzelas do Reno todas as vezes, se bem que até mesmo as donzelas do Reno, naquele tempo, tinham sido caracterizadas por sólidas proporções. Mas isso não importava tanto. Arrebatado pelo melodioso fluxo da água e pela jubilosa canção impessoal, ele não permitira que uma apreciação visual tivesse importância.

De tempos em tempos, com ar despreocupado, Stafford olhava em volta. Ele pagara o seu assento com bastante antecedência. A casa estava cheia, como de costume. Veio o intervalo. Sir Stafford se levantou e olhou em volta. O assento ao seu lado continuava vazio. Alguém que já deveria ter chegado ainda não chegara. Seria essa a resposta? Ou era aquele um mero caso de exclusão porque alguém chegara tarde? Essa prática era comum ainda nas ocasiões em que se ouvia música wagneriana.

Ele saiu, deu uma volta, bebeu uma xícara de café, fumou um cigarro e retornou quando tocou a campainha. Dessa vez, enquanto se aproximava, ele viu que o assento ao lado do seu estava ocupado. Imediatamente a sua excitação retornou. Stafford chegou ao seu lugar e se sentou. Sim, tratava-se da mulher do aeroporto de Frankfurt. A jovem não olhou para ele, manteve o olhar fixo na direção do palco. O perfil de seu rosto era tão bem-talhado e puro quanto ele lembrava. A cabeça dela se voltou num movimento suave; seus olhos passaram por ele, mas sem demonstrar reconhecimento. Esse não reconhecimento era tão intencional que valia por uma palavra dita. Aquele encontro não deveria ser assumido. Não agora, de qualquer modo. As luzes começaram a diminuir. A mulher ao lado dele se voltou.

– Com licença, eu poderia dar uma olhada no seu programa? Receio ter deixado o meu cair enquanto chegava ao meu lugar.

– É claro – ele disse.

Stafford estendeu-lhe o programa e ela o pegou. Ela o abriu, estudou os itens. As luzes ficaram mais fracas ainda. Começou a segunda metade do programa, iniciando com a abertura de *Lohengrin*. Ao final ela lhe devolveu o programa, com algumas palavras de agradecimento.

– Muito obrigada. Foi bastante gentil da sua parte.

O item musical seguinte eram os murmúrios da floresta de Siegfried. Ele consultou o programa que ela lhe devolvera. Foi então que percebeu algo escrito a lápis, quase indistinto, ao pé da página. Não tentou ler a inscrição naquele momento. Na verdade, a luz não teria sido suficiente. Ele simplesmente fechou o programa e o segurou. Tinha certeza de que ele mesmo não escrevera nada ali. Nada, isto é, em seu próprio programa. Ela trouxera, ele pensou, um programa pronto, dobrado talvez em sua bolsa, já tendo escrito alguma mensagem para lhe passar. Tudo ainda parecia estar marcado por aquela mesma atmosfera de segredo, de perigo. O encontro na Hungerford Bridge e o envelope com a entrada forçado em sua mão. E agora a mulher silenciosa sentada ao seu lado. Ele a observou uma ou duas vezes com o olhar rápido e despreocupado que damos a um estranho sentado ao nosso lado. Ela se recostou no assento; seu vestido de gola alta era de um opaco crepe preto, um antigo colar de ouro envolvia o pescoço. Os cabelos escuros se mostravam bem curtos, no formato de sua cabeça. Ela não o olhou e tampouco devolveu qualquer olhar. Ele ficou especulando. Será que havia alguém, num dos assentos do Festival Hall, observando-a? Ou observando-o? Tentando ver se os dois se olhavam ou conversavam? Provavelmente havia, ou pelo menos havia uma possibilidade de algo assim. Ela respondera ao seu apelo no anúncio de jornal. Isso era suficiente para ele. Sua curiosidade se mantinha intacta, mas ao menos ele agora sabia que Daphne Theodofanous – codinome Mary Ann – estava em Londres. Existiam possibilidades futuras de saber mais sobre o que estava se passando. Mas o plano de campanha devia ser deixado para ela. Stafford precisava seguir as orientações da jovem. Assim como lhe obedecera no aeroporto, agora também lhe obedeceria, e – era preciso admitir – a vida de súbito se tornara mais interessante. Aquilo era melhor do que as tediosas conferências de sua vida política. Será que um carro tentara realmente atropelá-lo naquela noite? Ele pensava que sim. Duas tentativas – não apenas uma. É bem fácil pensar que somos alvo de um ataque, as pessoas dirigem com tamanha imprudência hoje em dia que facilmente podemos imaginar uma maldade premeditada quando na verdade não é isso. Stafford dobrou o seu programa e não olhou mais para ele. A música chegou ao fim. A mulher ao seu lado falou. Ela não virou a cabeça ou pareceu falar com ele, mas falou em voz alta, com um pequeno suspiro entre as palavras como se estivesse conversando consigo mesma ou possivelmente com o vizinho do outro lado.

– O jovem Siegfried – ela disse, e suspirou de novo.

O programa terminou com a marcha dos *Meistersinger.* Depois dos entusiasmados aplausos, as pessoas começaram a deixar os seus assentos. Ele esperou para ver se ela lhe dava alguma orientação, mas ela não deu. A jovem pegou o seu xale, saiu da fila de cadeiras e, com passos ligeiramente acelerados, avançou com as demais pessoas e desapareceu na multidão.

Stafford Nye voltou até o seu carro e foi para casa. Chegando lá, abriu o programa do Festival Hall sobre a sua escrivaninha e o examinou cuidadosamente, depois de colocar um café para coar.

O programa se revelou decepcionante, para dizer o mínimo. Não parecia conter nenhuma mensagem em seu interior. Apenas numa página, acima do índice, apareciam as marcas de lápis que ele vagamente observara. Mas não eram palavras, não eram letras e nem mesmo números. Pareciam ser meramente uma notação musical. Era como se alguém tivesse rabiscado uma frase musical com um lápis mais ou menos inadequado. Por um momento ocorreu a Stafford Nye que talvez houvesse uma mensagem secreta que ele poderia fazer aparecer com alguma aplicação de calor. Com bastante cautela e de certa forma envergonhado por sua fantasia melodramática, ele segurou o programa junto à barra do aquecedor elétrico, mas nada resultou. Com um suspiro, atirou o programa de volta na mesa. Mas se sentiu justificadamente aborrecido. Toda aquela complicação inexplicável, um encontro numa ponte ventosa e chuvosa com vista para o rio! Sentado durante um concerto ao lado de uma mulher para quem ansiava fazer pelo menos uma dúzia de perguntas... E no final? Nada! Nenhum progresso. Mesmo assim, ela *tinha* desejado encontrá-lo. Mas por quê? Se não queria falar com ele para fazer maiores combinações, por que viera então?

Seus olhos cruzaram ociosamente a sala, pousando na estante que ele reservava para diversos livros de suspense, romances policiais e um ocasional volume de ficção científica. Stafford balançou a cabeça. A ficção, ele pensou, era infinitamente superior à vida real. Cadáveres, chamadas telefônicas misteriosas, lindas espiãs estrangeiras em profusão! Entretanto, aquela específica dama elusiva talvez ainda não estivesse excluída de sua vida. Da próxima vez, segundo pensou, ele faria certos arranjos por conta própria. Dois poderiam disputar o jogo que ela estava jogando.

Sir Stafford Nye empurrou o programa para o lado, bebeu outra xícara de café e foi até a janela. Ainda estava com o programa na mão. Enquanto ficou ali parado, contemplando a rua, seus olhos recaíram no programa aberto e ele cantarolou para si mesmo, de modo quase inconsciente. Ele tinha um bom ouvido musical e foi capaz de cantarolar as notas rabiscadas com bastante facilidade. Elas lhe soaram vagamente familiares enquanto as cantarolava. Stafford aumentou um pouco a voz. O que era mesmo aquilo? Tum, tum, tum tum ti-tum. Tum. Sim, aquilo era definitivamente familiar.

Ele começou a abrir sua correspondência.

As cartas eram quase todas desinteressantes. Alguns convites, um da embaixada americana, outro de Lady Athelhampton, um espetáculo de caridade que teria presença da Realeza e para o qual se sugeria que cinco guinéus não seria um preço exorbitante por um assento. Ele os empurrou um pouco para um lado. Duvidava muito que quisesse aceitar qualquer um. Decidiu que em vez de permanecer em Londres ele partiria sem maiores delongas para ver sua tia Matilda, como prometera. Gostava muito de sua tia Matilda, embora não a visitasse com frequência. Ela morava no interior, num apartamento reformado, formado por uma série de aposentos numa das alas de um enorme solar georgiano e herdado do avô de Stafford. Ela tinha uma imensa e lindamente proporcionada sala de estar, uma pequena sala de jantar oval, uma nova cozinha montada no antigo quarto da governanta, dois quartos para hóspedes, um imenso e confortável quarto para ela com banheiro adjacente e adequados aposentos para uma paciente dama de companhia que compartilhava de sua vida diária. Os empregados remanescentes de uma fiel equipe doméstica eram bem providos e bem alojados. O resto da casa permanecia resguardado sob capas de móveis, com limpezas periódicas. Stafford Nye gostava muito do lugar, tendo passado férias ali quando menino. A casa era sempre alegre nas suas lembranças. Seu tio mais velho vivera nela com a esposa e os dois filhos. Sim, as lembranças da casa eram agradáveis. Havia dinheiro e uma razoável equipe de empregados para cuidar de tudo. Ele nunca tinha prestado muita atenção, naqueles dias, nos quadros e nos retratos. Havia exemplares de arte vitoriana em grandes dimensões ocupando os lugares de honra, superlotando as paredes, mas também havia outros mestres de uma época mais antiga. Sim, havia bons retratos na casa. Um

Raeburn, dois Lawrences, um Gainsborough, um Lely, dois Vandykes um tanto duvidosos. Turners também. Alguns tiveram de ser vendidos para garantir dinheiro à família. Stafford ainda gostava, em suas visitas à tia, de circular pela casa e estudar os retratos da família.

Tia Matilda era uma grande tagarela, mas adorava suas visitas. O apego de Stafford por ela era manifestado de uma maneira inconstante, mas ele não tinha plena certeza do motivo que o levara subitamente a querer visitá-la bem naquele momento. E por que razão os retratos da família tinham entrado em sua mente? Teria sido porque existia um retrato de sua irmã Pamela com autoria de um dos artistas mais renomados de vinte anos atrás? Ele gostaria de ver aquele retrato de Pamela e analisá-lo mais de perto. Verificar se tinha sido considerável a semelhança entre sua irmã e a estranha que havia perturbado sua vida de maneira um tanto ultrajante.

Ele pegou o programa do Festival Hall novamente, com certa irritação, e começou a cantarolar as notas rabiscadas. Tum, tum, ti tum... Então a iluminação lhe veio, ele descobriu o que era. Era o motivo de Siegfried. *A trompa de Siegfried.* O motivo do jovem Siegfried. Fora isso o que a mulher dissera na noite passada. Não aparentemente para ele, não aparentemente para ninguém. Mas tinha sido a mensagem, uma mensagem que não teria significado nada para quem quer que estivesse lá, pois teria parecido referir-se à música que acabara de ser executada. E o motivo tinha sido escrito no programa em termos musicais. O jovem Siegfried. Devia significar alguma coisa. Bem, talvez acabassem surgindo novos esclarecimentos. O jovem Siegfried. Que diabos aquilo *queria* dizer? Por que e como e quando e o quê? Ridículo! Todas essas palavras de questionamento.

Stafford Nye pegou o telefone e discou para a tia Matilda.

– Mas é claro, querido Staffy, vai ser adorável ter você aqui. Pegue o trem das quatro e meia. Esse horário ainda existe, sabe, mas o trem chega aqui uma hora e meia depois. E sai de Paddington mais tarde: cinco e quinze. Isso é o que eles nos dão com os aprimoramentos nas ferrovias, eu suponho. O trem fica parando nas mais absurdas estações pelo caminho. Pois bem. Horace vai buscá-lo em King's Marston.

– Ele ainda está com a senhora?

– É claro que sim.

– Claro – disse Sir Stafford Nye.

Horace, primeiro cavalariço, depois cocheiro, sobrevivera como motorista, e aparentemente seguia sobrevivendo.

– Ele deve ter no mínimo oitenta anos – disse Sir Stafford, sorrindo consigo mesmo.

Capítulo 6

Retrato de uma senhora

I

– Você está bem bonito e bronzeado, meu querido – disse tia Matilda, inspecionando-o de modo apreciativo. – Deve ter sido a Malásia, eu suponho. *Foi* na Malásia mesmo que você esteve? Ou foi no Sião ou na Tailândia? Eles trocam os nomes de todos esses lugares e a coisa realmente fica muito difícil. De qualquer maneira, não foi no Vietnã, foi? Você sabe, eu não gosto *nem um pouco* de como soa *Vietnã*. É tudo muito confuso, Vietnã do Norte e Vietnã do Sul e o Vietcongue e o Viet qualquer outra coisa e todos querendo brigar com os outros e ninguém querendo parar. Eles não são capazes de ir para Paris ou seja lá onde for de modo que se sentem em volta de mesas e conversem de maneira sensata. Você não acha que realmente, meu querido... eu andei pensando nisso e achei que seria uma bela solução... nós poderíamos fazer um monte de campos de futebol e todos eles poderiam ficar lá brigando entre si, só que com armas menos mortíferas. Nada daquele negócio sórdido queimando as palmeiras. Você sabe. Eles só iam se bater e dar socos uns nos outros e coisas assim. Eles achariam o máximo, todos achariam o máximo, e nós ainda poderíamos cobrar entradas para que as pessoas fossem vê-los nessa briga. Acho que nós não sabemos dar às pessoas aquilo que elas realmente querem.

– É uma ideia excelente, tia Matilda – disse Sir Stafford Nye enquanto beijava um rosto rosado, enrugado e agradavelmente perfumado. – E como vai a senhora, minha querida?

– Bem, eu estou velha – disse Lady Matilda Cleckheaton. – Sim, eu estou velha. É claro que você não sabe o que é ser velho. Se não é uma coisa, é outra. Reumatismo ou artrite ou um sórdido ataque de asma ou uma dor de garganta ou um tornozelo que você torceu. Sempre *alguma coisa*, sabe? Nada de muito importante. Mas não há como escapar. Por que foi que você veio me ver, querido?

Sir Stafford ficou ligeiramente desconcertado pela objetividade do questionamento.

– Eu habitualmente venho vê-la quando volto de uma viagem ao exterior.

– Você precisa se sentar numa cadeira mais próxima – disse tia Matilda. – Estou um tantinho mais surda desde que você me viu pela última vez. Você me parece estar diferente... Por que você parece diferente?

– Porque estou mais queimado de sol. A senhora mesma já disse isso.

– Bobagem, não foi isso o que eu quis dizer em absoluto. Não vá me dizer que é uma garota, finalmente.

– Uma garota?

– Bem, eu sempre senti que haveria de surgir uma um dia. O problema é que você tem um senso de humor que é excessivo.

– Ora, por que motivo a senhora pensaria isso?

– Bem, é o que as pessoas de fato pensam sobre você. Sim, pensam mesmo. O seu senso de humor é um obstáculo na sua carreira também. Você está sempre misturado com toda essa gente. Diplomatas e políticos. O que eles chamam de estadistas jovens e estadistas velhos e estadistas de meia-idade também. E todos esses partidos diferentes. Francamente, eu acho uma idiotice essa quantidade exagerada de partidos. Primeiro todas aquelas pessoas horrorosas, aqueles trabalhistas horrorosos.

Ela ergueu o seu nariz conservador e prosseguiu:

– Veja só, quando eu era menina não existia essa coisa de Partido *Trabalhista.* Ninguém saberia o que alguém quereria dizer com isso. Todos teriam dito: "Que bobagem". Pena que não tenha sido uma bobagem mesmo. E depois há os liberais, é claro, mas eles são terrivelmente tolos. E depois os tories, ou os conservadores, como eles chamam a si mesmos agora de novo.

– E qual é o problema com eles? – perguntou Stafford Nye, sorrindo ligeiramente.

– Uma quantidade excessiva de mulheres sérias. Isso tira um pouco a graça, não?

– Ah, bem, hoje em dia nenhum partido político se preocupa muito em ter graça.

– Isso mesmo – disse tia Matilda. – E aí, lógico, é nisso que as coisas não vão bem. Seria bom alegrar as coisas um pouco. Seria bom ter um pouco de diversão e você poder brincar um pouco com as pessoas, mas as pessoas, é claro, não gostam disso. Elas dizem: "*Ce n'est pas un garçon sérieux...*", como aquele homem na pescaria.

Sir Stafford Nye riu. Seus olhos vagueavam pela sala.

– O que você está olhando? – perguntou tia Matilda.

– Os seus quadros.

– Você não quer que eu venda os meus quadros, quer? Parece que todo mundo anda vendendo seus quadros hoje em dia. O velho Lord Grampion, por exemplo. Vendeu seus Turners e vendeu alguns dos seus antepassados também. E Geoffrey Gouldman. Todos aqueles adoráveis cavalos que ele tinha. Eram obras de Stubbs, não eram? Algo assim. Realmente, os preços que eles conseguem! Mas eu não quero vender os meus quadros. Eu gosto deles. Os que estão nesta sala, na maioria, têm um interesse verdadeiro para mim porque são antepassados. Eu sei que ninguém mais quer saber de antepassados hoje em dia, mas, ora, eu sou antiquada. Gosto de antepassados. Dos meus antepassados, quero dizer. Para qual deles você está olhando? Pamela?

– Sim. Eu andei pensando nela outro dia.

– É impressionante o quanto vocês dois são parecidos. Quero dizer, não é bem como se vocês fossem gêmeos, muito embora todos digam que gêmeos de sexos diferentes, mesmo que sejam gêmeos, não podem ser idênticos... você entende o que eu quero dizer.

– Então Shakespeare deve ter cometido um engano com Viola e Sebastião.

– Bem, irmãos e irmãs comuns podem ser parecidos, não podem? Você e Pamela sempre foram muito parecidos... em termos de aparência, quero dizer.

– E não em outro aspecto? A senhora não acha que nós éramos iguais em personalidade?

– Não, nem um pouco. Essa é a parte engraçada. Mas é claro que você e Pamela possuem o que eu chamo de rosto da família. Não o rosto dos Nye. Estou me referindo ao rosto dos Baldwen-White.

Sir Stafford Nye nunca tinha sido totalmente capaz de competir com sua tia-avó quando a conversa descambava numa questão de genealogia.

– Eu sempre achei que você e Pamela tinham puxado Alexa – ela continuou.

– Alexa era quem?

– Sua trisavó... acho que tataravó. Húngara. Uma condessa ou baronesa húngara, não sei direito. O seu tataravô se apaixonou por ela quando estava em Viena na embaixada. Sim. Húngara. Ela era húngara mesmo. Muito esportiva também. Eles são muito esportivos, sabe, os húngaros. Ela caçava com cães, montava magnificamente.

– Ela está na galeria dos retratos?

– Está no primeiro patamar. Logo depois das escadas, um pouco à direita.

– Preciso olhar o retrato dela quando eu for dormir.

– Por que você não vai vê-lo agora? Aí você volta e nós conversarmos sobre ela.

– Pode ser, se a senhora quiser.

Sir Stafford Nye sorriu para ela.

Ele saiu da sala e subiu a escadaria num instante. Sim, ela tinha um olho vivo, a velha Matilda. Esse era o rosto. Esse era o rosto que ele vira e do qual se lembrava. Não se lembrava por sua semelhança consigo, nem mesmo por sua semelhança com Pamela, mas por uma semelhança ainda mais acentuada com esse retrato. Uma garota bonita trazida para casa pelo trisavô embaixador, ou até tataravô. Tia Matilda nunca ficava satisfeita com a antiguidade dos antepassados. Ela devia ter mais ou menos vinte anos. Ela viera para cá e era muito espirituosa e montava cavalos magnificamente e dançava de maneira divina e vários homens haviam se apaixonado por ela. Mas ela tinha sido fiel, era o que todos sempre diziam, ao tataravô, um integrante muito respeitável e sério do serviço diplomático. Ela o acompanhara em visitas a embaixadas estrangeiras e voltara para cá e tivera filhos – três ou quatro, ele acreditava. Através de uma dessas crianças a herança do rosto dela, de seu nariz, da curva de seu pescoço, havia passado para ele e para sua irmã Pamela. Sir Stafford Nye ficou imaginando se aquela jovem que dopara sua cerveja e o forçara a emprestar o manto e que dissera estar correndo perigo de vida a menos que ele fizesse o que ela pedia não poderia ser de alguma forma uma prima distante num quinto ou sexto grau, uma descendente dessa mulher retratada na parede que ele estava observando. Bem, poderia ser esse o caso. Talvez elas tivessem a mesma nacionalidade. Ela se sentara tão empertigada na ópera, como era harmônico o seu perfil, o nariz fino, aquilino e ligeiramente arqueado. E a atmosfera que pairava em volta dela.

II

– Encontrou o retrato? – perguntou Lady Matilda quando seu sobrinho voltou até a sala de visitas branca, como costumava ser chamada sua sala de estar. – Um rosto interessante, não é mesmo?

– Sim, e muito bonito, também.

– É muito melhor ser interessante do que ser bonito. Mas você não esteve na Hungria ou na Áustria, esteve? Você não iria encontrar uma mulher parecida com ela na Malásia. Ela não estaria sentada junto de uma mesa, fazendo pequenas anotações ou corrigindo discursos ou coisas assim. Ela era uma criatura selvagem, segundo todos os relatos. Maneiras adoráveis e tudo mais. Só que selvagem. Selvagem como uma ave selvagem. Não sabia o que significava o perigo.

– Como a senhora sabe tanto sobre ela?

– Ah, reconheço que eu não fui contemporânea dela, só nasci vários anos depois de sua morte. Mesmo assim, sempre tive muito interesse por ela. Ela era aventureira, sabe? Muito aventureira. Histórias muito esquisitas eram contadas sobre ela, sobre coisas nas quais ela se metia.

– E como é que o meu tataravô reagia diante disso?

– Imagino que tenha morrido de preocupação – disse Lady Matilda. – Dizem que ele tinha grande devoção pela esposa, no entanto. Por falar nisto, Staffy, você alguma vez leu *O prisioneiro de Zenda*?

– *O prisioneiro de Zenda*? Me soa bastante familiar.

– Bem, é claro que é familiar, é um livro.

– Sim, sim, eu entendi que é um livro.

– Você não deve saber muito a respeito dele, eu imagino. Não é do seu tempo. Mas quando eu era menina... essa era a primeira amostra de romance que a gente ganhava. Nada de cantores pop ou Beatles. Somente um livro romântico. Nós não tínhamos autorização para ler romances quando eu era jovem. Não de manhã, pelo menos. Só podíamos lê-los no período da tarde.

– Que regras extraordinárias – disse Sir Stafford. – Por que motivo era errado ler romances de manhã e não à tarde?

– Bem, nas manhãs, veja, todo mundo esperava que as meninas estivessem fazendo alguma coisa útil. Você sabe, arrumando as flores ou limpando as molduras de prata das fotografias. Coisas que meninas como nós faziam. Estudando um pouco com a preceptora... essas coisas. À tarde nós tínhamos autorização para sentar e ler livros de histórias, e *O prisioneiro de Zenda* era geralmente um dos primeiros que nos caía nas mãos.

– Uma história muito bonita e admirável, não era? Parece que eu me lembro de algo a respeito. Talvez eu tenha lido mesmo. Tudo muito puro, eu suponho. Não era ousado demais?

– Certamente que não. Nós não tínhamos livros ousados. Tínhamos livros românticos. *O prisioneiro de Zenda* era muito romântico. Todas as garotas se apaixonavam, geralmente, pelo herói, Rudolf Rassendyll.

– Parece que eu me lembro desse nome também. Um pouco floreado, não?

– Bem, eu ainda penso que era um nome muito romântico. Eu devia ter doze anos. Você me fez lembrar do livro, sabe? Quando subiu a escada e foi olhar o retrato. A princesa Flávia – acrescentou Lady Matilda.

Stafford Nye estava sorrindo para ela.

– A senhora está parecendo jovem e corada e muito sentimental – ele disse.

– Bem, é assim que eu estou me sentindo. As garotas não são mais capazes de se sentir assim hoje em dia. Elas ficam desmaiando por amor, ou desfalecem quando alguém toca violão ou canta numa voz muito espalhafatosa, mas não são sentimentais. Mas eu não era apaixonada por Rudolf Rassendyll. Eu era apaixonada pelo outro... pelo sósia dele.

– Ele tinha um sósia?

– Ah, sim, um rei. O rei da Ruritânia.

– Ah, é claro, agora eu me lembro. É daí que vem a palavra Ruritânia... não é raro ouvir essa palavra. Sim, acho que eu de fato li esse livro. O rei da Ruritânia, e Rudolf Rassendyll era o substituto do rei e se apaixonou pela princesa Flávia, de quem o rei estava oficialmente noivo.

Lady Matilda soltou mais alguns suspiros profundos.

– Sim, Rudolf Rassendyll tinha herdado seus cabelos ruivos de uma antepassada, e numa determinada parte do livro ele faz uma reverência diante do retrato e diz alguma coisa sobre a... não consigo me lembrar do nome agora... a condessa Amelia ou algo assim, de quem ele herdara sua aparência e tudo mais. Então olhei para você e me lembrei de Rudolf Rassendyll e você saiu e foi olhar o retrato de alguém que podia ter sido uma antepassada sua para ver se ela se parecia com alguém. De modo que você está metido num romance de algum tipo, não está?

– Por que raios a senhora pensa isso?

– Bem, não existem muitos padrões diferentes na vida, ora. A gente reconhece os padrões na medida em que eles vão aparecendo. É como um livro de tricô. Mais ou menos uns 65 tipos diferentes de pontos fantasia. Bem, a gente reconhece um ponto particular quando põe os olhos nele. O seu ponto neste momento, eu diria, é a aventura romântica – ela suspirou. – Mas você não vai me contar nada, eu suponho.

– Não há nada para contar – disse Sir Stafford.

– Você sempre foi um mentiroso talentosíssimo. Bem, não importa. Traga sua amiga para me ver uma hora dessas. Isso é tudo de que eu gostaria, antes que os médicos consigam me matar com mais algum tipo novo de antibiótico que tenham acabado de descobrir. As diferentes cores das pílulas que eu já tive que tomar a essa altura! Você não acreditaria.

– Não sei por que motivo a senhora diz "ela"...

– Não sabe? Ah, pois bem, eu reconheço uma "ela" quando uma me cruza o caminho. Existe alguma "ela" se esquivando na sua vida. O que me deixa intrigada é como você a encontrou. Na Malásia, na mesa de conferências? Filha de embaixador ou filha de ministro? Uma secretária bonita na piscina da embaixada? Não, nenhuma probabilidade parece se encaixar... No navio voltando para casa? Não, vocês não usam mais navios hoje em dia. No avião, talvez.

– A senhora está chegando mais perto – Sir Stafford Nye não conseguiu deixar de dizer.

– Ah! – arremeteu Lady Matilda. – Aeromoça?

Ele balançou a cabeça.

– Pois bem. Guarde o seu segredo. Eu hei de descobrir, não se preocupe. Sempre tive um ótimo faro para coisas que acontecem com você. Para coisas em geral também. É claro que eu estou por fora de tudo hoje em dia, mas eu me encontro com os meus velhos camaradas de tempos em tempos e é bastante fácil, fique sabendo, obter uma ou outra dica da parte deles. As pessoas estão preocupadas. Em toda parte... elas estão preocupadas.

– A senhora quer dizer que existe uma espécie de descontentamento geral... um distúrbio?

– Não, eu não quis dizer isso em absoluto. Eu quero dizer que os altos escalões estão preocupados. Os nossos horríveis governos estão preocupados. O estimado e sonolento Ministério das Relações Exteriores está preocupado. Temos coisas que estão acontecendo, coisas que não deveriam existir. Agitação.

– Agitações estudantis?

– Ah, as agitações estudantis são apenas uma das flores dessa árvore. E ela está florescendo em todos os cantos e em todos os países, ou pelo menos é o que parece. Eu tenho uma ótima garota que vem aqui e lê os jornais para mim de manhã. Eu mesma não consigo mais ler com proveito. Ela tem uma ótima voz. Escreve as cartas para mim e lê trechos dos jornais e é uma garota boa e amável. Ela lê as coisas que eu quero saber, não as coisas que pensa que são adequadas para mim. Sim, todos estão preocupados, até onde eu consigo entender, e isso, fique sabendo, veio mais ou menos de um amigo muito antigo meu.

– Um dos seus velhos camaradas militares?

– Ele é major-general, se é isso que você quer dizer, se aposentou muitos anos atrás mas ainda está por dentro de tudo. A juventude é o que você pode denominar como a ponta de lança de tudo. Mas não é isso o que é tão preocupante. Eles... quem quer que sejam *eles*... trabalham através da juventude. Da juventude de todos os países. A juventude incitada. A juventude cantando suas palavras de ordem, palavras de ordem que soam como emocionantes embora eles nem sempre saibam o que querem dizer. É tão fácil começar uma revolução. É algo natural aos olhos da juventude. Todos os jovens sempre se rebelaram. Você se rebela, você sai por aí derrubando tudo, você quer que o mundo seja diferente do que é. Mas você também está cego. Existem vendas nos olhos dos jovens. Eles não conseguem ver para onde estão sendo levados pela situação. O que virá depois? O que há na frente deles? E quem é que está por trás deles, os incitando? Isso é o que é assustador nessa questão. Você sabe, tem alguém que vai mostrando a cenoura para fazer o burro avançar e ao mesmo tempo tem alguém por trás incitando o burro com uma vara.

– A senhora tem algumas fantasias extraordinárias.

– Não são apenas ideias fantasiosas, meu caro garoto. Isso era o que as pessoas diziam sobre Hitler. Hitler e a juventude de Hitler. Mas foi uma preparação longa e cuidadosa. Foi uma guerra planejada em detalhes. Era uma quinta-coluna sendo plantada em diferentes países, já esperando os super-homens. Os super-homens seriam a flor da nação alemã. Isso eles pensavam e nisso eles acreditavam apaixonadamente. Talvez alguém esteja acreditando em algo parecido com isso agora. É um credo que eles estarão dispostos a aceitar... se lhes for oferecido de maneira inteligente o bastante.

– De quem a senhora está falando? Está se referindo aos chineses ou aos russos? A senhora está querendo dizer o quê?

– Eu não sei. Não faço a menor ideia. Mas existe alguma coisa em algum lugar, um sistema que segue essa mesma linha. O padrão outra vez, veja. O padrão! Os russos? Atolados no comunismo, eu diria que eles são considerados antiquados. Os chineses? Acho que se perderam no caminho. Uma dose excessiva de camarada Mao, talvez. Eu não sei quem são essas pessoas que estão fazendo o planejamento. Como eu já disse antes, é o porquê e o onde e o quando e o *quem*.

– Muito interessante.

– É tão assustadora, essa mesma ideia que sempre retorna. A história se repetindo. O jovem herói, o super-homem dourado que todos precisam seguir.

Ela fez uma pausa e depois falou:

– A mesma ideia, não é mesmo? O jovem Siegfried.

CAPÍTULO 7

Conselhos da tia-avó Matilda

A tia-avó Matilda ficou olhando para ele. Ela tinha um olhar sagaz e muito penetrante. Stafford Nye já tinha percebido isso antes. Ele o percebeu em especial naquele momento.

– Então você já ouviu esse termo antes – ela disse. – Estou vendo.

– O que ele quer dizer?

– Você não sabe? – ela ergueu suas sobrancelhas.

– Juro pela minha vida – disse Sir Stafford, como se fosse uma criança.

– Sim, a gente costumava dizer isso, não era mesmo? – disse Lady Matilda. – Você está realmente falando sério?

– Não sei nada sobre isso.

– Mas já ouviu o termo antes.

– Sim. Alguém me disse.

– Alguma pessoa importante?

– Pode ser que sim. Imagino que poderia ser importante. O que a senhora quer dizer com "alguma pessoa importante"?

– Bem, você esteve envolvido em várias missões governamentais nos últimos tempos, não? Você representou este infeliz e pobre país da melhor maneira possível, o que, suponho, não deve ter sido muito melhor do que vários outros poderiam fazer, sentando-se em volta de uma mesa e conversando. Não sei se alguma coisa saiu disso tudo.

– Provavelmente não – disse Stafford Nye. – Afinal de contas, a gente não fica otimista quando entra nessas coisas.

– Cada um deve fazer o seu melhor – disse Lady Matilda, num tom de correção.

– Um princípio muito cristão. Hoje em dia, se a pessoa faz o seu pior, muitas vezes ela consegue se sair um tanto melhor. O que quer dizer tudo isso, tia Matilda?

– Não creio que *eu* saiba – disse a tia.

– Bem, a senhora sabe de certas coisas com muita frequência.

– Não exatamente. Eu apenas apanho as coisas aqui e ali.

– Sim?

– Ainda me restaram alguns velhos amigos. Amigos que estão por dentro das coisas. É claro, quase todos eles estão ou praticamente surdos como uma porta ou meio cegos ou um pouco desfalcados no arquivo das memórias, ou então incapazes de andar direito. Mas algo ainda funciona. Algo, digamos assim, aqui em cima – ela bateu no topo de sua cabeça branca e perfeitamente penteada. – Há uma tremenda dose de alarme e de desânimo por aí. Mais do que o habitual. Essa é uma das coisas que eu percebi.

– Não é sempre assim?

– Sim, sim, mas agora é um pouco mais do que isso. Algo ativo em vez de passivo, como poderíamos dizer. Desde muito tempo, como eu venho percebendo na perspectiva de fora, e você, sem dúvida, na perspectiva de dentro, nós estamos sentindo que as coisas estão bagunçadas. Uma bagunça bastante ruim. Mas agora nós chegamos a um ponto em que sentimos que talvez algo possa ter sido feito em relação à bagunça. Há um elemento de perigo nela. Alguma coisa está acontecendo... algo está sendo fermentado. Não apenas num único país. Em diversos países. Eles recrutaram um exército particular e o perigo em torno disso é que é um exército de jovens. E é o tipo de gente que se dispõe a ir para qualquer lugar, a fazer qualquer coisa, a infelizmente acreditar em tudo, e, contanto que lhes prometam uma certa quantidade de derrubadas, de demolição, de sabotagem das engrenagens, aí eles pensam que a causa só pode ser boa e que o mundo será um lugar diferente. Eles não são criativos, esse é o problema... são apenas destrutivos. Os jovens criativos escrevem poemas, escrevem livros, provavelmente compõem música e pintam quadros como sempre fizeram. Eles vão ficar bem... Mas uma vez que as pessoas aprendem a gostar da destruição pela destruição em si, aí a liderança maligna obtém a sua oportunidade.

– A senhora diz "eles" . A quem a senhora está se referindo?

– Bem que eu gostaria de saber – disse Lady Matilda. – Sim, bem que eu gostaria de saber. Gostaria muito. Se ouvir qualquer coisa de útil eu conto para você. Então você poderá fazer algo a respeito.

– Infelizmente, *eu* não tenho ninguém para contar, quero dizer, ninguém para passar adiante.

– Sim, não passe adiante para qualquer um. Não podemos confiar nas pessoas. Não passe adiante para nenhum daqueles idiotas do governo ou qualquer pessoa que tenha conexão com o governo ou tenha esperança de participar do governo quando o grupo atual sair. Os políticos não têm tempo de olhar para o mundo no qual estão vivendo. Eles enxergam o país no qual vivem como uma vasta plataforma eleitoral. Isso é mais do que suficiente para eles por enquanto. Eles fazem coisas que, segundo honestamente acreditam, vão tornar a situação melhor, e depois ficam surpresos quando não conseguiram melhorar a situação porque aquela não é a situação que as pessoas queriam ter. E não podemos deixar de chegar à conclusão de que os políticos sentem que têm uma espécie de direito divino para contar mentiras em nome de uma boa causa.

Não faz tanto tempo assim que o sr. Baldwin fez o seu famoso comentário: “Se eu tivesse falado a verdade, teria perdido a eleição”. Os primeiros-ministros ainda pensam assim. De vez em quando nós ganhamos um grande homem, graças a Deus. Mas é raro.

– Bem, o que a senhora sugere que seja feito?

– Você está pedindo o meu conselho? O meu? Você sabe quantos anos eu tenho?

– A senhora está chegando perto dos noventa – sugeriu seu sobrinho.

– Não sou assim tão velha – disse Lady Matilda, ligeiramente ofendida. – Eu pareço ter quase noventa, meu querido garoto?

– Não, minha querida. A senhora parece ter a tranquila idade de 66 anos.

– Assim fica melhor – disse Lady Matilda. – Não é nem um pouco verdade. Mas é melhor. Se eu conseguir um palpite de qualquer tipo da parte de algum dos meus queridos almirantes ou de um velho general ou até mesmo de um marechal do ar... eles ouvem muitas coisas por aí, você sabe... eles ainda têm camaradas e os velhos rapazes se juntam e conversam. E assim a informação circula. O boca a boca sempre existiu e sempre vai existir, por mais idosas que as pessoas sejam. O jovem Siegfried. Só precisamos de uma pista para saber o que quer dizer isso... não sei se ele é uma pessoa ou uma senha ou o nome de um clube ou um novo messias ou um cantor pop. Mas esse termo encobre *alguma coisa.* E há o tema musical, também. Eu quase já me esqueci dos meus dias wagnerianos – e sua voz envelhecida grasnou uma melodia parcialmente reconhecível. – O chamado da trompa de Siegfried, não é isso? Arranje para nós uma flauta, pode ser? Uma flauta simples mesmo. Não uma daquelas flautas transversas que você sopra de lado... Estou me referindo àquela que as crianças aprendem a tocar na escola. A flauta doce. Eu fui outro dia numa palestra promovida pelo nosso vigário. Bem interessante. Traçando a história da flauta doce, dos tipos de flautas que existiram desde a era elisabetana em diante. Algumas grandes, outras pequenas, todos os diferentes sons e notas. Muito interessante. Interessante de ouvir em dois sentidos. As flautas em si. Algumas delas produzem ruídos adoráveis. E a história. Sim. Bem, o que é que eu estava dizendo?

– A senhora me pediu para arranjar um desses instrumentos, pelo que eu entendi.

– Sim. Arranje uma flauta e aprenda a soprar o chamado da trompa de Siegfried. Você é musical, você sempre foi. Consegue fazer isso, não?

– Bom, esse parece ser um papel muito pequeno para desempenhar na salvação do mundo, mas ouso dizer que consigo dar um jeito.

– E tenha o seu papel preparado. Porque, veja – ela bateu na mesa com a caixa de seus óculos –, você poderá querer impressionar as pessoas erradas uma hora dessas. Poderia ser útil. Elas o receberiam de braços abertos e aí você poderia descobrir alguma coisa.

– A senhora certamente tem ideias mirabolantes – disse Sir Stafford, com admiração.

– O que mais se pode ter com a minha idade? – perguntou sua tia-avó. – Você não pode sair por aí. Não pode interagir com as pessoas, não pode praticar jardinagem. Tudo que você *pode* fazer é sentar na sua poltrona e ter ideias. Lembre-se disso quando tiver quarenta anos a mais.

– Uma das observações que a senhora fez me interessou.

– Só uma? – perguntou Lady Matilda. – É uma parcela bastante pequena, considerando-se que eu falei por tanto tempo. O que foi?

– A senhora sugeriu que eu poderia ser capaz de impressionar as pessoas erradas com a minha flauta... a senhora quis dizer isso mesmo?

– Bem, é uma maneira de agir, não é? As pessoas certas não importam. Mas as pessoas erradas... Bem, nós precisamos descobrir as coisas, não? Nós precisamos nos infiltrar. Bem como um inseto fazendo vigília na parede – ela disse, com ar pensativo.

– Então eu deveria ficar imóvel na parede durante a noite?

– Bem, esse tipo de coisa, sim. Tivemos insetos intrometidos aqui na ala leste da casa certa vez. Foi muito caro dar um jeito neles. Eu me atrevo a dizer que seria também muito caro dar um jeito no mundo.

– Na verdade, um pouco mais caro do que isso – disse Stafford Nye.

– Não tem importância – disse Lady Matilda. – As pessoas nunca dão importância se você quer gastar uma grande quantidade de dinheiro. Isso as impressiona. É quando você quer fazer as coisas de maneira econômica que elas se negam a participar do jogo. Neste país, eu digo. Nós somos as mesmas pessoas que sempre fomos.

– O que a senhora quer dizer com isso?

– Nós somos capazes de fazer grandes realizações. Nós fomos bons em administrar um império. Não fomos bons em *manter* um império funcionando, mas, pensando bem, não precisávamos mais de um império. E reconhecemos isso. Difícil demais conservá-lo. Robbie me fez ver isso – acrescentou ela.

– Robbie?

O nome era vagamente familiar.

– Robbie Shoreham. Robert Shoreham. É um amigo meu bem antigo. Paralisado no lado esquerdo todo. Mas ele ainda consegue falar e tem um aparelho auditivo razoavelmente bom.

– Além de ser um dos físicos mais famosos do mundo – disse Sir Stafford. – Então ele também é um dos seus velhos camaradas?

– Conheço Robbie desde que ele era um menino – disse Lady Matilda. – Suponho que lhe cause surpresa que nós sejamos amigos, tenhamos muito em comum e gostemos de nos encontrar para conversar...

– Bem, eu nunca teria pensado...

– Que tivéssemos tanto assunto para conversar? É verdade que eu nunca me dei bem com a matemática. Felizmente, quando eu era pequena, as meninas nem precisavam tentar. A matemática chegou com facilidade para Robbie quando ele tinha uns quatro anos de idade, eu acredito. Hoje em dia dizem que isso é bastante natural. Ele tem assuntos de sobra para conversar. Gostava de mim porque eu era frívola e o fazia rir. E eu sou uma boa ouvinte também. E, realmente, ele diz coisas muito interessantes às vezes.

– É de se supor – Stafford Nye disse com secura.

– Ora, não seja esnobe. Molière se casou com sua empregada, não se casou? E obteve com isso um grande sucesso... se *for* mesmo Molière, eu quero dizer. Se um homem tem um cérebro privilegiado ele não vai realmente querer uma mulher que tenha também um cérebro privilegiado para conversar. Isso seria exaustivo. Ele vai preferir muito antes uma encantadora bobinha que consiga fazê-lo rir. Eu não tinha uma aparência tão ruim na minha juventude – disse Lady Matilda, complacente. – Sei que eu não tenho nenhuma distinção acadêmica, que eu não sou nem um pouco intelectual. Mas Robert sempre diz que eu tenho uma bela quantidade de bom senso e de inteligência.

– A senhora é uma pessoa encantadora – disse Sir Stafford Nye. – Eu gosto muito de vê-la e vou partir tendo em mente todas as coisas que a senhora me disse.

Há muito mais coisas, eu imagino, que a senhora poderia me contar, mas obviamente não vai.

– Só quando chegar o momento certo – disse Lady Matilda –, mas eu sempre vou zelar pelos seus interesses. Me deixe informada sobre o que você anda fazendo de tempos em tempos. Você vai jantar na embaixada americana na semana que vem, não é?

– Como a senhora sabia disso? Eu fui convidado.

– E aceitou o convite, pelo que eu sei.

– Bem, isso diz respeito ao cumprimento do dever – e Stafford Nye olhou para ela com curiosidade. – Como a senhora consegue se manter tão bem informada?

– Ah, Milly me contou.

– Milly?

– Milly Jean Cortman. A esposa do embaixador americano. Uma criatura muitíssimo atraente, fique sabendo. Pequena e com feições um tanto perfeitas.

– Ah, a senhora quer dizer Mildred Cortman.

– Ela foi batizada como Mildred mas preferiu Milly Jean. Eu estive conversando com ela ao telefone sobre uma certa matinê de caridade... Ela é o que nós costumávamos chamar de uma Vênus de bolso.

– Um termo muitíssimo atraente – disse Stafford Nye.

Capítulo 8

Um jantar de embaixada

I

Quando a sra. Cortman veio recebê-lo com a mão estendida, Stafford Nye lembrou-se do termo que sua tia-avó havia usado. Milly Jean Cortman era uma mulher entre os trinta e cinco e os quarenta anos. Tinha feições delicadas, grandes olhos de um azul cinzento e uma cabeça de formato perfeito com cabelos azulados e cinzentos tingidos num tom particularmente atraente que lhe caía muito bem numa perfeição de penteado. Ela era muito popular em Londres. Seu marido, Sam Cortman, era um homem pesado e grande, ligeiramente enfadonho. Ele sentia muito orgulho de sua esposa e, no que lhe dizia respeito, era um desses falantes lentos e enfáticos demais. As pessoas acabavam ocasionalmente dispersando suas atenções quando ele elucidava, durante algum tempo, uma questão que mal precisava ser exposta.

– De volta da Malásia, é isso, Sir Stafford? Deve ter sido bem interessante ir até lá, muito embora não seja a época do ano que eu teria escolhido. Mas tenho certeza de que estamos todos muito alegres com a sua volta. Deixe-me ver agora... O senhor conhece Lady Aldborough e Sir John, e Herr von Roken, Frau von Roken. O sr. e a sra. Staggenham.

Todos eles eram pessoas conhecidas por Stafford Nye em maior ou menor grau. Havia um holandês e sua esposa que ele ainda não conhecia, visto que tinham acabado de assumir suas nomeações. Os Staggenham eram o ministro da Seguridade Social e sua esposa. Um casal particularmente desinteressante, ele sempre pensara.

– E a condessa Renata Zerkowski. Creio que ela me afirmou já ter encontrado antes o senhor.

– Deve ter sido mais ou menos um ano atrás. Quando estive pela última vez na Inglaterra – disse a condessa.

E ali estava ela, a passageira de Frankfurt outra vez. Controlada, à vontade, lindamente vestida num azul cinzento leve com um toque de chinchila. Seus cabelos presos no alto (uma peruca?) e uma cruz de rubi de desenho antigo em volta do pescoço.

– Signor Gasparo, conde Reitner, sr. e sra. Arbuthnot.

Cerca de 26 ao todo. No jantar, Stafford Nye sentou-se entre a tenebrosa sra. Staggenham e a Signora Gasparo. Renata Zerkowski se sentou exatamente na frente dele.

Um jantar de embaixada. Um jantar como tantos outros aos quais ele costumava comparecer, oferecendo em grande medida o mesmo tipo de convidados. Vários membros do corpo diplomático, ministros assistentes, um ou dois industriais, um punhado de figuras da sociedade, geralmente incluídas porque eram boas de conversa ou porque eram pessoas agradáveis e interessantes para encontrar, embora uma ou duas, pensou Stafford Nye, uma ou duas talvez fossem diferentes. Mesmo enquanto esteve ocupado mantendo uma conversa com a Signora Gasparo, uma pessoa encantadora com a qual conversar, uma tagarela, ligeiramente galanteadora, mesmo nessa situação a sua mente se detinha no mesmo ponto no qual seus olhos também se detinham vez por outra, embora o movimento destes últimos não fosse muito perceptível. Julgando por esse movimento ao longo da mesa de jantar, não se diria que ele estava angariando conclusões em sua própria mente. Ele fora convidado a comparecer. Por quê? Por qualquer razão, ou por nenhuma razão em particular. Porque seu nome tinha aparecido automaticamente na lista que os secretários produziam de tempos em tempos com asteriscos naqueles que deveriam ser convidados no evento seguinte. Ou como um homem extra ou uma mulher extra requisitados para o equilíbrio da mesa. Ele sempre tinha sido requisitado quando um extra era necessário. "Ah, sim", diria uma anfitriã diplomática, "Stafford Nye nos serve de maneira esplêndida. Você o colocará perto de Madame Não Sei Quem, ou de Lady Outra Qualquer."

Talvez ele tivesse sido convidado a marcar presença por nenhuma outra razão além dessa. E mesmo assim ele ficou especulando. Stafford Nye sabia por experiência própria que existiam outras razões. E assim os seus olhos, com sua veloz amabilidade social e seu ar de não estar realmente olhando para nada em particular, se mantiveram ocupados.

Entre aqueles convidados havia talvez alguém que por alguma razão importava, era relevante. Alguém que tinha sido convidado não para marcar presença, pelo contrário, alguém que havia merecido uma seleção de outros convivas chamados para marcar presença em volta dele – ou dela... Alguém que importava. Stafford Nye ficou especulando... especulando quem poderia ser essa pessoa.

Cortman sabia, é claro. Milly Jean, talvez. Nunca se sabe com essas esposas. Algumas delas eram melhores diplomatas do que os seus maridos. Algumas só poderiam ser avaliadas por seu charme, sua adaptabilidade, sua prontidão em agradar, sua falta de curiosidade. Outras ainda, ele pensou pesarosamente consigo mesmo, no que dizia respeito aos interesses dos maridos, eram desastrosas. Anfitriãs que, embora pudessem ter trazido dinheiro ou prestígio para um casamento diplomático, eram no entanto capazes de a qualquer momento dizer ou fazer a coisa errada, de criar uma situação desafortunada. Para que o evento fosse protegido de algo assim, seria necessário um convidado, ou até mesmo dois ou três, numa posição que poderíamos chamar de apagador de incêndios profissional.

Será que o jantar dessa noite valia por algo mais do que um acontecimento social? Seu olhar rápido e perscrutador, por essa altura, já tinha dado uma volta na mesa identificando uma ou duas pessoas que até ali ele não registrara completamente. Um homem de negócios americano. Agradável, mas não socialmente brilhante. Um professor de uma das universidades do centro-oeste. Um casal, o marido alemão, a mulher predominantemente – quase agressivamente – americana. Uma mulher, acima de tudo, belíssima. Sensual, muitíssimo atraente, Sir Stafford pensou. Será que um deles era importante? Iniciais flutuaram na sua cabeça. FBI. CIA. O homem de negócios talvez um homem da CIA, presente ali com alguma finalidade. As coisas eram assim hoje em dia. Não eram mais como costumavam ser. Como era mesmo a fórmula? O Grande Irmão está vigiando você. Pois bem, a coisa ia mais longe agora. O Primo Transatlântico está vigiando você. As Altas Finanças da Europa Central estão vigiando você. Um embaraço diplomático foi trazido aqui para que *você* o vigie. Isso mesmo. Muitas vezes havia diversas coisas por trás de tudo hoje em dia. Mas seria essa somente mais uma fórmula, somente mais uma moda? Poderia isso de fato significar algo mais profundo ainda, algo vital, algo real? Como as pessoas falavam sobre os acontecimentos europeus hoje em dia? O Mercado Comum. Bem, isso era razoável o bastante, isso tinha relação com o comércio, com a economia, com as inter-relações entre os países.

Esse era o palco a ser montado. Mas atrás do palco... Nos bastidores. Esperando pela deixa. Pronto para soprar a fala caso isso fosse necessário. O que estava acontecendo? O que estava acontecendo no grande mundo e por trás do grande mundo? Ele ficou especulando.

Algumas coisas ele sabia, algumas coisas ele tentava adivinhar, e sobre outras coisas, ele pensou consigo mesmo, "eu não sei nada e ninguém quer que eu saiba nada".

Seus olhos pousaram por um momento em sua vis-à-vis, o queixo dela erguido, sua boca suavemente curvada num sorriso educado, e os dois olhares se encontraram. Aqueles olhos não lhe diziam nada, o sorriso não lhe dizia nada. Que diabos ela estava fazendo ali? Ela estava em seu elemento, ela se encaixava, conhecia bem aquele mundo. Sim, ali ela estava em casa. Ele poderia descobrir sem muita dificuldade, segundo pensou, onde ela figurava no mundo diplomático, mas será que isso lhe revelaria qual era realmente o lugar dela?

A jovem usando calças que de súbito falara com ele em Frankfurt exibira um rosto ávido e inteligente. Aquela era, por acaso, a mulher verdadeira? Ou seria essa casual conhecida social a verdadeira mulher? Será que uma dessas personalidades era um personagem? E, se fosse isso mesmo, qual delas era o personagem? E também poderiam existir mais do que apenas duas personalidades. Stafford Nye continuou especulando. Ele queria descobrir.

Ou o fato de ele ter sido convidado tinha sido pura coincidência? Milly Jean estava se levantando. As outras damas se levantaram com ela. Então, de repente, foi ouvido um clamor inesperado. Um clamor que vinha do lado de fora da casa. Gritos. Berros. O ruído de vidro quebrado numa janela. Gritos. Sons – certamente tiros de pistola. A Signora Gasparo falou, agarrando-se no braço de Stafford Nye:

– Não, de novo! – ela exclamou. – *Dio*! De novo esses terríveis estudantes. É a mesma coisa no nosso país. Por que eles atacam embaixadas? Eles lutam, resistem à polícia... saem marchando, gritando coisas imbecis, se deitam nas ruas. *Si, si*. Acontece a mesma coisa em Roma... em Milão... essa mesma peste, em todos os cantos da Europa. Por que eles não ficam satisfeitos nunca, esses jovens? O que eles querem?

Stafford Nye sorveu seu conhaque prestando atenção no forte sotaque do sr. Charles Staggenham, que pontificava sem se preocupar com qualquer concisão. A comoção diminuíra. Segundo parecia, a polícia colocara para correr alguns dos coléricos. Era uma dessas ocorrências que no passado poderiam ter sido consideradas extraordinárias e até mesmo alarmantes, mas que agora eram tomadas como acontecimentos corriqueiros.

– Uma força policial maior. É disso que nós precisamos. Uma força policial maior. Isso é mais do que os camaradas conseguem suportar. É a mesma coisa por todos os lados, segundo dizem. Estive conversando com Herr Lurwitz outro dia. Eles têm os problemas deles, os franceses também. Não tanto nos países escandinavos. O que querem todos eles, apenas problemas? Eu garanto, se eu pudesse fazer do meu jeito...

Stafford Nye direcionou sua mente para outro assunto, ao mesmo tempo que mantinha um fingimento lisonjeador, enquanto Charles Staggenham explicava justamente como seria o jeito dele, algo que, de todo modo, qualquer um poderia ter previsto de antemão.

– Gritando sobre o Vietnã e tudo mais. O que sabe qualquer um deles sobre o Vietnã? Nenhum deles já esteve lá, não é mesmo?

– Eu diria que é muito improvável – disse Sir Stafford Nye.

– Um homem estava me contando no início da noite que eles tiveram problemas e tanto na Califórnia. Nas universidades... Se nós tivéssemos uma política sensata...

Logo em seguida os homens juntaram-se às damas na sala de visitas. Stafford Nye, movendo-se com a graça ociosa, com o ar de completa falta de propósito que ele considerava tão útil, sentou-se ao lado de uma mulher falante de cabelos dourados que ele conhecia moderadamente bem e que, seria possível garantir, raramente dizia alguma coisa na qual valesse a pena prestar atenção no tocante a ideias ou espirituosidade, mas que possuía conhecimentos pormenorizados sobre todas as criaturas pertencentes ao seu círculo de amizades. Stafford Nye não fez nenhuma pergunta direta, mas dentro de pouco tempo, sem que a dama sequer percebesse os meios pelos quais ele guiara o rumo da conversação, ele se viu ouvindo algumas observações sobre a condessa Renata Zerkowski.

– Ela ainda é muito bonita, não acha? Não aparece aqui com grande frequência nos últimos tempos. Na maior parte do tempo em Nova York, sabe, ou naquela ilha maravilhosa. O senhor decerto conhece o lugar ao qual me refiro. Não é Minorca. Uma das outras ilhas no Mediterrâneo. A irmã dela é casada com aquele rei do sabão, ao menos eu acho que é um rei do sabão. Não o grego. Ele é sueco, eu creio. Nadando em dinheiro. E além disso, é claro, ela passa muito tempo num certo castelo nas Dolomitas... ou perto de Munique... Ela gosta muito de música, sempre gostou. Ela disse que vocês dois já tinham se encontrado antes, não?

– Sim. Um ou dois anos atrás, eu creio.

– Ah, sim, suponho que tenha sido na ocasião em que ela esteve antes na Inglaterra. Dizem que ela estava metida no negócio da Tchecoslováquia. Ou será que foi no problema da Polônia? Minha nossa, é tão difícil, não é mesmo? Quero dizer, todos esses nomes. Eles têm tantos zês e tantos kas. Muitíssimo peculiares e difíceis de soletrar. Ela é muito letrada. Arranja petições para que as pessoas assinem com a finalidade de conseguir asilo para escritores aqui, ou seja lá o que for. Não que alguém dê realmente muita atenção. Quero dizer, no que mais se pode pensar hoje em dia, a não ser em como pagar de alguma maneira os seus próprios impostos? As ajudas de custos para viagens tornam as coisas um pouco melhores, mas não muito. Quero dizer, você precisa arranjar o dinheiro, não é mesmo, antes de poder levá-lo para o exterior. Eu não sei como alguém consegue ter dinheiro neste momento, mas há um monte de dinheiro por aí. Ah, sim, há um monte de dinheiro por aí.

Ela olhou de maneira complacente a sua mão esquerda, onde havia dois anéis solitários, um de diamante e o outro de esmeralda, o que parecia provar conclusivamente que uma considerável quantidade de dinheiro tinha sido gasta com ela pelo menos.

A noite foi se aproximando do fim. Ele estava sabendo bem pouco mais a respeito de sua passageira de Frankfurt do que já soubera antes. Sabia que ela tinha uma fachada, uma fachada que lhe parecia ter inúmeras facetas, se é que alguém pode usar juntas essas duas palavras aliterativas. Ela se interessava por música. Bem, ele a encontrara no Festival Hall, não encontrara? Gostava de esportes ao ar livre. Parentes ricos que possuíam ilhas no Mediterrâneo. Inclinação por apoiar caridades literárias. Alguém que de fato tinha boas conexões, era bem relacionada, tinha ingresso no campo social. Aparentemente não era muito politizada, sendo filiada de modo discreto, talvez, a determinado grupo. Alguém que se deslocava de residência em residência e de país em país. Transitando entre os ricos, entre os talentosos, em meio ao mundo literário.

Stafford Nye pensou em espionagem por um minuto ou dois. Parecia ser a resposta mais provável. E no entanto essa resposta não o deixava de todo satisfeito.

A noite foi avançando. Chegou, afinal, a vez dele de ser acolhido pela anfitriã. Milly Jean era muito eficiente em sua função.

– Eu estava morrendo de vontade de conversar com o senhor faz séculos. Queria ouvir alguma coisa sobre a Malásia. Sou tão ignorante no que diz respeito a todos esses lugares da Ásia, eu os confundo. Diga-me, o que foi que aconteceu por lá? Algo interessante ou foi tudo terrivelmente aborrecido?

– Tenho certeza de que a senhora consegue adivinhar a resposta.

– Bem, eu imagino que tenha sido bastante aborrecido. Mas talvez o senhor não tenha permissão para dizer isso.

– Ah, sim, posso pensar e dizer justamente isso. Não era realmente o meu passatempo favorito.

– Mas então por que o senhor foi?

– Ah, bem, sempre tenho grande apreço por viajar, gosto de ver países novos.

– O senhor é uma pessoa muito intrigante de diversas maneiras. Na verdade, é claro, a vida diplomática é muito aborrecida como um todo, não é? *Eu* não deveria dizer isso. Só estou dizendo para o senhor.

Olhos muito azuis. Azuis como campânulas num bosque. Eles se abriram um pouco mais e as sobrancelhas pretas acima desciam suavemente nos cantos exteriores, ao passo que os cantos interiores subiam um pouco. Isso fazia com que o seu rosto lembrasse um belíssimo gato persa. Stafford Nye ficou especulando como Milly Jean seria na realidade. Sua voz macia tinha um traço sulista.

A pequena cabeça de formato adorável, seu perfil com a perfeição de uma moeda – como ela seria na realidade? Nenhuma tola, ele pensou. Alguém que podia usar suas armas sociais quando necessário, que podia ser charmosa quando desejava, que podia se retrair e se tornar enigmática. Se quisesse conseguir alguma coisa de alguém, teria destreza para consegui-la. Ele notou a intensidade do olhar que Milly Jean lhe dirigia naquele instante. Será que ela queria alguma coisa dele? Ele não sabia. Não julgava que pudesse ser possível. Ela perguntou:

– Já esteve com o sr. Staggenham?

– Já. Conversei com ele na mesa de jantar. Eu ainda não o conhecia.

– Dizem que ele é muito importante – falou Milly Jean. – Ele é o presidente do PBF, o senhor deve saber.

– A gente deveria saber todas essas coisas – disse Sir Stafford Nye. – PBF e DCV. LYH. E todo esse universo de iniciais.

– Detestável – disse Milly Jean. – Detestável. Todas essas iniciais, nenhuma personalidade, não há mais *pessoas.* Só iniciais. Que mundo detestável! É nisso que às vezes eu penso. Que mundo detestável. Eu queria que ele fosse diferente, muito, muito diferente...

Será que ela queria isso mesmo? Por um momento Stafford Nye pensou que talvez ela quisesse. Interessante...

II

Grosvenor Square era o retrato da quietude. Havia estilhaços de vidro quebrado nas calçadas ainda. Havia inclusive ovos, tomates esmagados e fragmentos brilhantes de metal. Mas no alto as estrelas pairavam em paz. Um carro atrás do outro se aproximava da porta da embaixada para pegar os convidados que voltavam para casa. A polícia estava lá, nos cantos da praça, mas sem ostentação. Tudo estava sob controle. Um dos políticos convidados, preparando-se para sair, falou com um dos policiais. Ele voltou e murmurou:

– Nem tantas prisões. Oito. Estarão na Bow Street pela manhã. Mais ou menos o grupo de sempre. Petronella esteve aqui, é claro, e Stephen e o seu bando. Pois bem. Seria de se pensar que um dia desses eles cansariam.

– O senhor não mora muito longe daqui, não é mesmo? – falou uma voz no ouvido de Sir Stafford Nye, uma voz profunda de contralto. – Eu posso levá-lo no meu caminho para casa.

– Não, não. Eu posso muito bem caminhar. São apenas uns dez minutos.

– Não me vai dar nenhum trabalho, eu lhe garanto – disse a condessa Zerkowski, acrescentando em seguida: – Eu estou no St. James's Tower.

O St. James's Tower era um dos mais novos hotéis da cidade.

– É muita gentileza de sua parte.

Um carro alugado luxuoso e grande a esperava. O chofer abriu a porta, a condessa Zerkowski entrou e Sir Stafford a seguiu. Foi ela quem informou para o chofer o endereço de Sir Stafford Nye. O carro partiu.

– Então você sabe onde eu moro? – ele perguntou.

– Por que não saberia?

Ele tentou adivinhar o que significava aquela resposta.

– Sim, por que não saberia mesmo... – ele disse. – Você sabe tanto, não sabe?

Stafford Nye acrescentou:

– Foi gentil de sua parte devolver o meu passaporte.

– Eu pensei que isso poderia livrá-lo de certas inconveniências. Seria mais simples se você o queimasse. Já devem ter emitido um novo, eu presumo...

– Você presumiu corretamente.

– O seu manto de bandoleiro pode ser encontrado na gaveta de baixo da sua cômoda alta. Foi posto lá hoje à noite. Pensei que comprar outro talvez não o deixasse satisfeito, e, na verdade, achar um parecido poderia ser impossível.

– Ele vai ter mais valor para mim agora, depois de ter passado por certas... aventuras – disse Stafford Nye. Ele acrescentou: – O manto se prestou ao propósito.

O carro seguia roncando pela noite.

A condessa Zerkowski disse:

– Sim, o manto se prestou ao propósito, uma vez que eu estou aqui... viva.

Sir Stafford Nye não disse nada. Ele presumia, estando certo ou não, que a jovem queria que ele lhe fizesse perguntas, que a pressionasse para saber mais sobre aquilo que ela estivera fazendo, sobre o destino do qual escapara. A jovem queria que ele demonstrasse curiosidade, mas Sir Stafford Nye não faria isso. Não exibir curiosidade era inclusive uma diversão naquele momento. Ele a ouviu soltar um riso contido. E no entanto imaginou, para sua surpresa, que se tratava de um riso contente, um riso de satisfação, e não um riso de impasse.

– Você gostou do jantar? – ela perguntou.

– Uma boa recepção, eu creio, mas Milly Jean sempre oferece boas recepções.

– Você a conhece bem, então?

– Eu a conheci quando ela não passava de uma garota em Nova York, antes de se casar. É uma Vênus de bolso.

A condessa olhou para ele com ligeira surpresa.

– Essa é a sua definição para ela?

– Para dizer a verdade, não. Uma parente minha, uma senhora de idade, foi quem me disse isso.

– Sim, não é uma descrição que a gente costuma ouvir a respeito de uma mulher hoje em dia. Cai nela, eu creio, como uma luva. Mas...

– Mas o quê?

– Vênus é sedutora, não é? Ela também é ambiciosa?

– Você acha que Milly Jean é ambiciosa?

– Ah, acho sim. Acima de tudo.

– E você acha que ser a esposa do embaixador na corte de St. James não é suficiente para satisfazer uma ambição?

– Claro que não – disse a condessa. – Isso é só o começo.

Stafford Nye não respondeu. Ele estava olhando para fora pela janela do carro. Começou a falar alguma coisa mas logo se conteve. Notou o olhar rápido que ela lhe dirigiu, mas ela também ficou calada. Foi somente quando eles estavam passando sobre uma ponte por cima do Tâmisa que ele disse:

– Então você não está me dando uma carona para casa e não está voltando para o St. James's Tower. Nós estamos atravessando o Tâmisa. Já nos encontramos assim uma vez, atravessando uma ponte. Para onde você está me levando?

– Você se importa?

– Creio que sim.

– Sim, estou vendo que você se importa.

– Bem, é óbvio que você está seguindo de boa vontade os costumes atuais. Os sequestros estão na moda hoje em dia, não? Você me sequestrou. Por quê?

– Porque, a exemplo da outra vez, eu estou precisando de você. – Ela acrescentou: – E outros estão precisando de você.

– Não diga.

– E isso não é do seu agrado.

– Teria me agradado mais se alguém tivesse me convidado.

– Se eu tivesse convidado, você viria?

– Talvez sim, talvez não.

– Sinto muito.

– Sente mesmo?

Eles avançaram em silêncio pela noite. Não era um percurso de carro por uma região isolada, eles estavam numa estrada principal. De vez em quando os faróis revelavam um nome ou uma sinalização, de modo que Stafford Nye via claramente o sentido da rota. Atravessaram Surrey e os primeiros trechos residenciais de Sussex. Ocasionalmente eles pareciam tomar um desvio ou uma estrada secundária que não era o caminho mais direto, mas nem mesmo disso ele conseguia ter certeza. Ele quase perguntou para sua companheira se aquela tática era empregada porque eles poderiam estar sendo seguidos desde Londres. Mas Stafford Nye determinara com bastante firmeza que manteria sua política de silêncio. Era ela quem deveria falar, era ela quem deveria fornecer as informações. Ele a considerou, mesmo com as informações adicionais que conseguira obter, uma figura enigmática.

Eles estavam andando de carro pelo campo depois de um jantar formal em Londres. Estavam, ele tinha quase certeza, num dos tipos mais caros de carros alugados. Isso era algo planejado de antemão. Razoável, sem nada de duvidoso ou inesperado. Logo, Stafford Nye imaginou, ele descobriria para onde estavam indo. Ou melhor: a não ser que estivessem seguindo rumo ao litoral. Isso também era possível, ele pensou. Haslemere, ele viu numa placa. Agora eles estavam contornando Godalming. Tudo muito simples e às claras. A rica região campestre dos subúrbios abastados. Bosques agradáveis, residências bonitas. Eles entraram em mais alguns desvios e então, enquanto o carro finalmente diminuía sua velocidade, pareceram estar chegando ao destino. Portões. Uma pequena e branca casa de guarda junto ao portões. Subindo uma alameda, rododendros bem-cuidados de ambos os lados. Após uma curva, se aproximaram da entrada de uma casa.

– Estilo Tudor da Bolsa de Valores – Sir Stafford Nye murmurou por entre os dentes.

Sua companheira virou a cabeça de maneira intrigada.

– Foi só um comentário – disse Stafford Nye. – Não dê atenção. Constato que agora estamos chegando ao destino que você escolheu...

– E você não admira muito a aparência do lugar.

– O terreno parece ser bem-cuidado – disse Sir Stafford, seguindo a luz dos faróis enquanto o carro ia fazendo a curva. – Custa dinheiro conservar um lugar como este em boa ordem. Eu diria que é uma casa confortável para morar.

– Confortável mas não bonita. O homem que mora nela prefere o conforto à beleza, devo dizer.

– Talvez sabiamente – disse Sir Stafford. – E no entanto, de certo modo, ele é um grande apreciador da beleza, de certos tipos de beleza.

Eles estacionaram diante do alpendre bem iluminado. Sir Stafford desceu do carro e ofertou um braço para ajudar sua companheira. O chofer havia subido os degraus e apertado a campainha. Ele encarou a mulher com ar inquiridor enquanto ela se aproximava pelos degraus.

– Não vai mais necessitar de mim essa noite, minha senhora?

– Não. Por enquanto é só. Nós telefonaremos de manhã.

– Boa noite. Boa noite, senhor.

Passos do lado de dentro se fizeram ouvir e a porta foi aberta. Sir Stafford tinha esperado alguma espécie de mordomo, mas em vez disso apareceu uma copeira alta como um granadeiro. Cabelos grisalhos, lábios apertados, tremendamente confiável e competente, ele pensou. Uma qualidade inestimável e difícil de encontrar nos dias de hoje. Digna de confiança, capaz de agir com ferocidade.

– Receio que estejamos um pouco atrasados – disse Renata.

– O patrão está na biblioteca. Ele pediu que a senhora e o cavalheiro fossem encontrá-lo lá quando chegassem.

Capítulo 9

A casa perto de Godalming

Ela foi subindo a ampla escadaria e os dois a seguiram. Sim, pensou Stafford Nye, uma casa muito confortável. Papel de parede Jaime I, uma escadaria de carvalho esculpido muitíssimo feiosa, mas pisos agradável. Quadros muito bem escolhidos, mas sem nenhum interesse artístico em particular. A casa de um homem rico, ele pensou. Não um homem de mau gosto – um homem de gostos convencionais. Um tapete grosso de primeira qualidade com agradável textura cor de ameixa.

No primeiro andar, a copeira com altura de granadeiro se dirigiu até a primeira porta. Abriu-a e recuou um passo para deixá-los entrar, mas não anunciou os nomes. A condessa entrou primeiro e Sir Stafford Nye a seguiu. Ele ouviu a porta sendo fechada com suavidade atrás de si.

Havia quatro pessoas na sala. Sentado atrás de uma grande escrivaninha toda coberta por papéis, documentos, um ou dois mapas abertos e presumivelmente outros papéis que eram motivo de discussão, estava um homem gordo, enorme, com um rosto muito amarelo. Era um rosto que Sir Stafford Nye já tinha visto antes, embora no momento não conseguisse ligar um nome a ele. Era um homem que ele só conhecera de maneira casual... Contudo, sabia que o conhecera numa ocasião importante. Ele deveria saber, sim, definitivamente ele deveria saber. Mas por quê... por que não lhe vinha o nome?

Com ligeira dificuldade, a figura sentada junto à escrivaninha se colocou de pé. Ele apertou a mão estendida da condessa.

– Você chegou – ele disse. – Esplêndido.

– Sim. Permita-me apresentá-lo, embora eu ache que o senhor já o conhece. Sir Stafford Nye, sr. Robinson.

É claro. Na mente de Sir Stafford Nye, algo estalou como uma máquina fotográfica. Isso se encaixava, também, com um outro nome. Pikeaway. Dizer que ele sabia tudo sobre o sr. Robinson não era verdade. Ele sabia sobre o sr. Robinson tudo aquilo que o sr. Robinson permitia que se soubesse. O seu nome, até onde todos sabiam, *era* Robinson, embora pudesse ser qualquer nome de origem estrangeira. Ninguém jamais havia sugerido algo desse tipo. O reconhecimento vinha também de sua aparência pessoal. A testa alta, os olhos escuros e melancólicos, a grande boca generosa e os impressionantes dentes brancos – dentes postiços, presumivelmente, mas de todo modo dentes sobre os quais seria possível dizer, como na história de Chapeuzinho Vermelho, "para te comer melhor, minha netinha!".

Ele sabia também o que o sr. Robinson representava. Uma simples palavra o descrevia. O sr. Robinson era o representante do Dinheiro com um D maiúsculo. O dinheiro em todos os seus aspectos. Dinheiro internacional, dinheiro do mundo inteiro, financiamento privado, movimentos bancários, o dinheiro de uma forma diferente daquela na qual uma pessoa comum olhava para ele. Ninguém pensaria que ele pudesse ser um homem muito rico. Sem dúvida ele era um homem muito rico, mas esse não era o detalhe mais importante. Ele era um dos administradores do dinheiro, pertencente ao grande clã dos banqueiros. Seus gostos pessoais poderiam inclusive ser simples, mas Sir Stafford duvidava que fossem. Um razoável padrão de conforto, até mesmo de luxo, seria o modo de vida do sr. Robinson. Mas não mais do que isso. Então, por trás de todos aqueles negócios misteriosos, havia o poder do dinheiro.

– Eu ouvi falar do senhor um ou dois dias atrás – disse o sr. Robinson enquanto os dois apertavam as mãos –, pelo nosso amigo Pikeaway.

Isso se encaixava, pensou Stafford Nye, porque agora ele lembrava que na única ocasião em que havia encontrado o sr. Robinson o coronel Pikeaway estivera presente. Horsham, ele lembrava, falara sobre o sr. Robinson. Então havia Mary Ann (ou seria a condessa Zerkowski?) e o coronel Pikeaway sentado em sua própria sala repleta de fumaça com os olhos semicerrados ou se preparando para dormir ou tendo pouco antes acordado, e havia o sr. Robinson com seu rosto amplo e amarelado, e portanto havia dinheiro em jogo em algum lugar, e o olhar de Stafford Nye passou pelas três outras pessoas presentes na sala porque queria ver se sabia quem eram e aquilo que representavam, ou se seria capaz de adivinhar.

Em pelo menos dois casos ele não precisou adivinhar. O homem que estava sentado na imponente poltrona alta perto da lareira, um sujeito idoso emoldurado pela poltrona como a moldura de um quadro poderia tê-lo emoldurado, era um rosto que havia sido bastante conhecido em toda a Inglaterra. Na verdade, ainda *era* bastante conhecido, embora raramente fosse visto nos dias de hoje. Um homem doente, um inválido, um homem que fazia aparições muito fugazes, as quais, segundo diziam, cobravam-lhe um alto preço físico em dores e dificuldades. Lord Altamount. Um rosto fino e emaciado, um nariz saliente, cabelos grisalhos que haviam recuado um pouco na testa e depois corriam para trás numa espessa juba cinzenta; orelhas um tanto proeminentes, que os cartunistas da época tinham usado, e um olhar profundo e penetrante que não tanto observava quanto sondava. Sondava profundamente aquilo que ele agora observava. No momento ele estava observando Sir Stafford Nye. Ele estendeu a mão quando Stafford Nye se aproximou.

– Não consigo me levantar – disse Lord Altamount. Sua voz era fraca, a voz de um velho, uma voz longínqua. – As minhas costas não deixam. O senhor acabou de voltar da Malásia, não foi, Stafford Nye?

– Sim.

– Valeu a pena ir? Imagino que não tenha valido a pena na sua opinião. O senhor provavelmente está certo também. Entretanto, somos obrigados a ter essas excrescências na vida, essas filigranas ornamentais que adornam as mentiras diplomáticas da melhor espécie. Fico contente que o senhor tenha vindo aqui ou tenha sido trazido aqui esta noite. Foi por ação de Mary Ann, eu suponho.

Então é assim que ele a chama e isso é o que pensa sobre ela, Stafford Nye pensou consigo mesmo. Era como Horsham a chamara. Ela estava inserida no grupo deles, sem nenhuma dúvida. Quanto a Altamount, ele representava... hoje em dia ele representava o quê? Stafford Nye ficou pensando consigo mesmo. Ele ainda defende a Inglaterra e vai defendê-la até ser enterrado na Abadia de Westminster ou num mausoléu no campo ou seja lá o lugar que escolher. Ele *foi* a Inglaterra, e ele conhece a Inglaterra, e eu diria que ele conhece o valor de cada político e de cada funcionário do governo na Inglaterra muitíssimo bem, mesmo que nunca tenha falado com eles.

Lord Altamount disse:

– Este é o nosso colega Sir James Kleek.

Stafford Nye não conhecia Kleek. Julgava que jamais ouvira falar dele. Um sujeito inquieto e agitado. Olhares argutos e desconfiados que nunca paravam por muito tempo em lugar nenhum. Ele dava mostras da avidez contida de um cão de caça esperando a palavra de ordem. Pronto para sair correndo ao menor olhar de seu mestre.

Mas quem era o mestre? Altamount ou Robinson?

Os olhos de Stafford Nye passaram para o quarto homem. Ele tinha se levantado da poltrona onde estivera sentado perto da porta. Bigode farto, sobrancelhas erguidas, observador, reservado, conseguindo de certa maneira permanecer familiar e ao mesmo tempo quase irreconhecível.

– Então é você – disse Sir Stafford Nye. – Como vai, Horsham?

– Muito contente por vê-lo aqui, Sir Stafford.

Uma reunião bastante representativa, pensou Stafford Nye, com um rápido olhar em volta.

Eles tinham posicionado uma cadeira para Renata não longe da lareira e de Lord Altamount. Ela estendera uma mão – sua mão esquerda, ele notou – e Lord Altamount a tomara entre as suas, segurando-a por um minuto para então soltá-la. Ele disse:

– Você correu riscos, criança, você costuma correr riscos demais.

Olhando para ele, Renata disse:

– Foi o senhor quem me ensinou isso, e essa é a única maneira de viver.

Lord Altamount voltou sua cabeça na direção de Sir Stafford Nye.

– Não fui eu quem ensinou você a escolher o seu homem. Você tem um talento natural para isso.

Olhando para Stafford Nye, ele falou:

– Eu conheço a sua tia-avó, ou talvez tia-bisavó...

– Tia-avó Matilda – Stafford Nye disse imediatamente.

– Sim. Essa mesma. Uma das *tours de force* vitorianas dos anos 1890. Ela mesma deve estar chegando perto dos noventa agora.

Ele continuou:

– Eu não a vejo com muita frequência. Uma ou duas vezes por ano, talvez. Mas sempre fico impressionado... aquela pura vitalidade que sobrevive às forças do corpo dela. Eles possuem o segredo disso, esses vitorianos indomáveis e alguns eduardianos também.

Sir James Kleek disse:

– Posso pegar uma bebida para o senhor, Nye? Gostaria de beber o quê?

– Gim-tônica, se possível.

A condessa recusou com um pequeno aceno de cabeça.

James Kleek trouxe a bebida para Nye e a colocou na mesa, perto do sr. Robinson. Stafford Nye não iria falar primeiro. Os olhos escuros atrás da escrivaninha perderam a melancolia por um momento. Havia neles uma cintilação bastante súbita.

– Alguma pergunta? – ele quis saber.

– Inúmeras – disse Sir Stafford Nye. – Não seria melhor termos as explicações antes e as perguntas depois?

– É o que o senhor prefere?

– Isso poderia simplificar as coisas.

– Bem, podemos começar com uma simples declaração dos fatos. O senhor pode ou não ter sido convidado para vir aqui. Se não foi, os fatos poderão doer um pouco.

– Ele sempre prefere ser convidado – disse a condessa. – Foi o que ele me falou.

– Naturalmente – disse o sr. Robinson.

– Eu fui sequestrado – disse Stafford Nye. – Está muito na moda, eu sei. Um dos nossos métodos mais modernos.

Ele manteve no seu tom um traço ligeiramente divertido.

– E isso propicia, seguramente, uma pergunta de sua parte – disse o sr. Robinson.

– Apenas duas sílabas: por quê?

– Justamente. Por quê? Eu admiro a sua economia de palavras. Este é um comitê privado... um comitê de inquérito. Um inquérito de implicação mundial.

– Parece interessante – disse Sir Stafford Nye.

– É mais do que interessante. É pungente e imediato. Quatro diferentes modos de vida estão representados nesta sala hoje à noite – disse Lord Altamount. – Nós representamos ramos diferentes. Eu me aposentei da participação ativa nos negócios deste país, mas sou ainda uma autoridade como consultor. Fui consultado e convidado para presidir este particular inquérito no tocante ao que está ocorrendo no mundo neste específico ano do nosso Senhor, porque alguma coisa *está* acontecendo. O nosso James, aqui, tem a sua própria tarefa especial. Ele é o meu braço direito. Ele é também o nosso porta-voz. Explique a situação em termos gerais, Jamie, para o nosso Sir Stafford.

Pareceu a Stafford Nye que o cão perdigueiro estremeceu. Finalmente! Finalmente eu posso falar e avançar com isso! Ele se inclinou um pouco em sua cadeira.

– Quando coisas acontecem no mundo, é preciso procurar por uma causa para elas. Os sinais exteriores são sempre fáceis de ver, mas eles não são... ou pelo menos assim o nosso presidente – ele fez uma mesura para Lord Altamount – e o sr. Robinson e o sr. Horsham acreditam... não são importantes. Tem sido sempre da mesma maneira. Pegue uma força da natureza, uma grande queda d'água lhe dará uma potência de turbina. Pegue a descoberta do urânio a partir da uraninita e isso lhe dará, no devido tempo, uma potência nuclear com a qual nunca tínhamos sonhado e que não sabíamos existir. Uma vez que você encontrou carvão e minerais, eles lhe deram transportes, potência, energia. Sempre existem forças em funcionamento que geram certas coisas. Mas atrás de cada uma delas existe alguém que *controla tudo.* É preciso encontrar quem está controlando as forças que lentamente vão ganhando ascendência em praticamente todos os países da Europa, e mais longe ainda em localidades da Ásia. Possivelmente não tanto na África, mas a mesma coisa nos continentes americanos, tanto do norte quanto do sul. Você precisa olhar por todos os lados as coisas que estão acontecendo e descobrir qual é a força motriz que faz com que elas aconteçam. Uma coisa que produz acontecimentos é o *dinheiro.*

Ele acenou com a cabeça na direção do sr. Robinson.

– O sr. Robinson sabe mais sobre dinheiro do que qualquer outra pessoa no mundo, eu suponho.

– É bem simples – disse o sr. Robinson. – Temos grandes movimentos em andamento. Tem de haver dinheiro por trás deles. Nós precisamos descobrir de onde esse dinheiro está vindo. Quem está operando com ele? De onde ele é tirado? Para onde está sendo enviado? Por quê? É bem verdade o que James afirma: eu sei quase tudo sobre dinheiro! Mais do que qualquer outro homem vivo pode saber atualmente. Depois temos aquilo que poderíamos chamar de propensão. É uma palavra que usamos bastante hoje em dia! Propensões ou tendências... são inúmeras palavras que todos usam. Elas não querem dizer exatamente a mesma coisa, mas estão relacionadas umas com as outras. Uma tendência de rebelião, digamos assim, está dando sinais. Olhe para trás ao longo da história. Você irá encontrá-la voltando várias e várias vezes, repetindo-se como uma tabela periódica, repetindo um padrão. Um desejo de rebelião, os meios de rebelião, a forma que a rebelião assume. Não é algo específico de nenhum país específico. Se a tendência surge num país, surgirá em outros países em maior ou menor grau. É isso o que o senhor quer dizer, não é? – ele se virou um pouco para Lord Altamount. –

Foi mais ou menos dessa maneira que o senhor expôs a questão para mim.

– Sim, você está colocando as coisas muito bem, James.

– É um padrão, um padrão que surge e que parece ser inevitável. Você pode reconhecê-lo onde o encontra. Houve um período em que a ânsia pelas Cruzadas varreu os países. Por toda a Europa as pessoas embarcavam em navios, elas partiam para libertar a Terra Santa. Tudo muito claro, um padrão perfeitamente visível de um determinado comportamento. Mas *por que* elas partiam? Esse é o interesse da história. Ver onde esses desejos e padrões aparecem. Não é sempre uma resposta materialista também. Todos os tipos de coisas podem causar uma rebelião, um desejo de liberdade, liberdade de expressão, liberdade de culto religioso, outra vez uma série de padrões proximamente relacionados. Isso levava as pessoas a escolher a emigração para outros países, levava à formação de novas religiões, com grande frequência tão repletas de tiranias quanto as que haviam deixado para trás. Mas em tudo isso, se você olhar com atenção suficiente, se você fizer investigações suficientes, você poderá ver o que foi que deflagrou a origem desses e de muitos outros... vou usar a mesma palavra... padrões. De certo modo é como uma doença viral. O vírus pode ser levado pelo mundo inteiro, atravessando mares, subindo montanhas. Pode avançar e infectar. Ele aparentemente se dissemina sem ter sido colocado em movimento. Mas ninguém pode ter certeza, nem mesmo agora, de que isso tenha sido sempre verdade. Pode ser que existam causas. Causas que fizeram com que as coisas acontecessem. Podemos dar alguns passos além. Existem *pessoas*. Uma pessoa... dez pessoas... algumas centenas de pessoas que são capazes de representar e colocar em movimento uma causa. Então não é para o *processo final* que precisamos olhar. É para as primeiras pessoas que colocaram a causa em movimento. Você tem os seus cruzados, você tem os seus entusiastas religiosos, você tem os seus desejos de liberdade, você tem todos os outros padrões, mas é preciso recuar ainda mais. Recuar mais até o interior profundo. Visões, sonhos. O profeta Joel sabia disso quando escreveu: "Os seus homens velhos sonharão sonhos, os seus homens jovens verão visões". E, dessas duas coisas, qual é a mais poderosa? Os sonhos não são destrutivos. Mas as visões podem abrir novos mundos... e as visões também podem destruir os mundos que já existem...

James Kleek voltou-se de súbito para Lord Altamount.

– Não sei se isso tem alguma ligação – ele disse –, mas certa vez o senhor me contou uma história sobre alguém na embaixada em Berlim. Uma mulher.

– Ah, aquilo? Sim, achei interessante na época. Sim, tem algo a ver com isso que nós estamos discutindo agora. Uma das esposas da embaixada, uma mulher astuta, inteligente, bem-educada, estava muito ansiosa para ir pessoalmente ouvir o Führer falar. Eu estou falando, é claro, da época que precedeu imediatamente a guerra de 1939. Ela estava curiosa para saber quais eram os poderes da oratória. Por que razão todos ficavam tão impressionados? E então a mulher foi, voltou e disse: "É extraordinário. Eu não acreditaria sem ter estado lá. É claro que eu não entendo alemão muito bem, mas fiquei arrebatada também. E agora eu entendo por que todos ficam. Quer dizer, as ideias dele eram maravilhosas... Elas nos inflamavam. As coisas que ele disse! Quer dizer, você simplesmente sentia que não *havia* outra maneira de pensar, que todo um mundo novo aconteceria se as pessoas o seguissem. Ah, eu não consigo explicar direito. Vou escrever tudo o que eu consigo lembrar e depois eu trago para o senhor ver. O senhor vai entender melhor do que se eu simplesmente tentar descrever o efeito que aquilo tinha". Eu disse para ela que se tratava de uma ideia muito boa. Ela me procurou no dia seguinte e disse: "Não sei se o senhor vai acreditar nisso. Eu comecei a escrever as coisas que eu tinha ouvido, as coisas que Hitler tinha dito. O que elas *significavam*... mas... foi assustador... *não havia absolutamente nada para escrever, eu não parecia ser capaz de me lembrar de uma única frase estimulante ou empolgante.* Tenho algumas das palavras, mas elas não parecem querer dizer as mesmas coisas depois que as escrevi. Elas simplesmente... ah, elas simplesmente não significam *nada.* Eu não entendo". Isso nos mostra um dos grandes perigos dos quais não nos lembramos sempre. *Mas esse perigo existe.* Existem pessoas capazes de comunicar para outras um entusiasmo contagiante, uma espécie de visão de vida e de fazer acontecer. Elas conseguem fazer isso embora não seja realmente com o que elas *dizem*, não são as *palavras que você ouve*, não é nem mesmo a ideia descrita. É algo mais. É o poder magnético que raríssimos homens possuem de começar alguma coisa, de produzir e criar uma visão. Talvez por seu magnetismo pessoal, um tom de voz, talvez alguma emanação que saia direto da *carne.* Eu não sei, *mas isso existe.* Essas pessoas têm poder. Os grandes pregadores religiosos tinham esse poder, assim como um espírito maligno também tem. A crença pode ser criada num certo movimento, em certas coisas por fazer, coisas que resultarão num novo céu e numa nova terra, e as pessoas acreditarão e trabalharão nisso e lutarão por isso e até mesmo morrerão por isso.

Ele baixou a voz, dizendo:

– Jan Smuts tem uma frase para isso. Ele disse que a liderança, além de uma grande força criativa, pode ser *diabólica.*

Stafford Nye se mexeu em sua cadeira.

– Eu entendo o que o senhor quer dizer. É interessante o que o senhor diz. Consigo até admitir que possa ser verdade.

– Mas o senhor acha que é algo exagerado, claro.

– Não creio que eu ache isso – disse Stafford Nye. – As coisas que soam exageradas não são, com grande frequência, exageradas. São apenas coisas que você nunca ouviu ou nunca pensou antes. E portanto elas nos chegam de maneira tão pouco familiar que dificilmente podemos fazer outra coisa com elas exceto aceitá-las. A propósito, posso fazer uma simples pergunta? O que é que alguém *pode* fazer a respeito delas?

– Se você topou com a suspeita de que esse tipo de coisa está acontecendo, você precisa investigar – disse Lord Altamount. – Você tem de seguir o exemplo do mangusto de Kipling: vá descobrir. Descubra de onde vem o dinheiro e de onde as ideias estão vindo, e de onde, por assim dizer, de onde vem a *maquinaria*. Quem está operando a maquinaria? Existe um chefe do estado-maior, assim como existe um comandante em chefe. Isso é o que estamos tentando fazer. Gostaríamos que o senhor ajudasse.

Essa foi uma das raras ocasiões de sua vida em que Sir Stafford Nye foi apanhado de surpresa. Por mais que ele tivesse experimentado sensações estranhas em outras ocasiões, sempre conseguira ocultar o fato. Mas dessa vez era diferente. Ele olhou para cada um dos homens presentes na sala. Para o sr. Robinson, seu rosto amarelo e impassível exibindo uma boca cheia de dentes; para Sir James Kleek, um orador um tanto precipitado, segundo Sir Stafford havia considerado, mas mesmo assim com alguma utilidade – o cachorro do chefe, ele o denominou em seu íntimo. Olhou para Lord Altamount, o topo da poltrona alta emoldurando sua cabeça. A luz não era muito forte na sala, e dava ao homem o aspecto de um santo num nicho de alguma catedral. Ascético. Século XIV. Um grande homem. Sim, Altamount tinha sido um dos grandes homens do passado. Stafford Nye não tinha nenhuma dúvida quanto a isso, mas agora ele já era um homem muito velho. Daí, ele supôs, a necessidade de Sir James Kleek e a confiança nele por parte de Lord Altamount. Olhou além deles para a criatura fria e enigmática que o trouxera ali, a condessa Renata Zerkowski, ou então Mary Ann, ou então Daphne Theodofanous. O rosto dela não lhe revelava nada. Ela não estava nem mesmo olhando para ele. Seus olhos pousaram por fim no sr. Henry Horsham, da Segurança.

Com leve surpresa, observou que Henry Horsham sorria para ele.

– Mas olhe só – disse Stafford Nye, deixando de lado qualquer linguagem formal e falando bem como se fosse o estudante de dezoito anos que um dia ele tinha sido. – Onde é que eu entro nessa história? O que é que *eu* sei? Francamente, não tenho nenhuma distinção na minha própria profissão, os senhores sabem disso. Não me levam muito a sério no Ministério. Nunca levaram.

– Nós sabemos disso – disse Lord Altamount.

Tinha chegado a vez do sorriso de Sir James Kleek, e ele sorriu.

– Tanto melhor, talvez – ele disse, e acrescentou em tom de desculpa quando Lord Altamount lhe franziu o cenho: – Perdão, senhor.

– Este é um comitê de investigação – disse o sr. Robinson. – Não entra em discussão se o senhor fez algo no passado, ou qual poderá ser a opinião dos outros a seu respeito. O que nós estamos fazendo é recrutar um comitê para investigar. Não somos muitos, no momento, formando este comitê. Convidamos o senhor a participar porque julgamos que o senhor possua certas qualidades que poderão ajudar na investigação.

Stafford Nye girou sua cabeça na direção do homem da Segurança.

– O que você me diz, Horsham? – ele indagou. – Não consigo acreditar que você concordaria com isso.

– Por que não? – disse Henry Horsham.

– É mesmo? Quais são as minhas "qualidades", como vocês dizem? Nem eu mesmo, francamente, consigo acreditar nelas.

– Você não é um adorador de heróis – disse Horsham. – É por isso. Você é o tipo de sujeito que consegue enxergar através do embuste. Você leva em conta as avaliações de alguém ou do mundo inteiro sobre qualquer coisa. Você leva em conta as suas próprias avaliações.

Ce n'est pas un garçon sérieux. As palavras flutuaram pela mente de Sir Stafford Nye. Uma razão curiosa pela qual ele era escolhido para um trabalho difícil e exigente.

– Eu preciso avisar – disse ele – que o meu principal defeito, um defeito que frequentemente apontam em mim e que já me custou vários bons empregos, é, creio eu, bastante conhecido. Não sou, eu diria, um sujeito suficientemente sério para um trabalho importante como esse.

– Acredite ou não – disse Horsham –, essa é uma das razões pelas quais eles querem você. Eu estou certo, meu senhor? – ele olhou para Lord Altamount.

– Serviço público! – disse Lord Altamount. – Permita-me que eu diga: muitas vezes uma das mais sérias desvantagens da vida pública é quando alguém numa posição pública se leva demasiadamente a sério. Nós sentimos que o senhor não se levará. De qualquer modo – disse ele –, Mary Ann pensa assim.

Sir Stafford Nye girou sua cabeça. Então eis aqui ela, deixando de ser uma condessa. Ela se tornara Mary Ann novamente.

– Você não vai se importar se eu perguntar – ele falou –, mas quem é você de verdade? Eu quero dizer, você é uma condessa verdadeira?

– Absolutamente. *Geboren*, como dizem os alemães. Meu pai era um homem de linhagem distinta, um bom esportista, um esplêndido atirador, e tinha um castelo muito romântico mas um tanto dilapidado na Bavária. Ainda está lá, o castelo. No tocante a isso, eu tenho conexões com uma vasta porção do mundo europeu que ainda é profundamente esnobe quando a questão é a ascendência. Uma condessa empobrecida e maltrapilha pega um dos melhores lugares da mesa enquanto uma americana rica com uma fabulosa fortuna em dólares no banco fica esperando sua vez.

– E quanto a Daphne Theodofanous? Onde é que ela entra?

– Um nome útil para um passaporte. A minha mãe era grega.

– E Mary Ann?

Era quase o primeiro sorriso que Stafford Nye via no rosto dela. Os olhos dela se fixaram primeiro em Lord Altamount e depois no sr. Robinson.

– Talvez – ela disse – porque eu seja uma espécie de faz-tudo, indo a muitos lugares, procurando coisas, levando coisas de um país para outro, varrendo para baixo do tapete, faço qualquer coisa, vou para qualquer lugar, dou um jeito nos problemas – ela olhou novamente para Lord Altamount. – Não estou certa, tio Ned?

– Mais do que certa, minha querida. Mary Ann você é e sempre será para nós.

– Você estava levando alguma coisa naquele avião? Quer dizer, levando alguma coisa importante de um país para outro?

– Sim. Sabiam que eu estava levando algo. Se você não tivesse atuado em meu socorro, se não tivesse bebido uma cerveja possivelmente envenenada e não tivesse entregado o seu manto de bandoleiro de cores brilhantes para o meu disfarce, bem, acidentes acontecem às vezes. Eu não teria chegado aqui.

– O que é que você estava levando... ou eu não devo perguntar? Existem coisas que eu nunca saberei?

– Existe um monte de coisas que você não saberá nunca. Existe um monte de coisas que você não terá permissão de perguntar. Acho que essa pergunta eu posso responder. Uma resposta nua e crua. Se eu tiver permissão.

Mais uma vez ela olhou para Lord Altamount.

– Eu confio no seu julgamento – disse Lord Altamount. – Vá em frente.

– Entregue a informação confidencial para ele – disse o irreverente James Kleek.

O sr. Horsham falou:

– Suponho que você precisa saber. *Eu* não lhe contaria, mas é que eu sou da Segurança. Vá em frente, Mary Ann.

– Uma frase. *Eu estava levando uma certidão de nascimento. Isso é tudo.* Não vou contar mais nada e não vai adiantar você fazer mais perguntas.

Stafford Nye passou os olhos pela assembleia.

– Certo. Vou participar. Fico lisonjeado com o convite. Para onde nós vamos agora?

– Você e eu – disse Renata – vamos sair daqui amanhã. Vamos ao continente. Talvez você tenha lido, ou tenha tomado conhecimento, que há um festival de música sendo realizado na Bavária. É um evento bem recente que só começou a ser promovido nos últimos dois anos. Tem um nome alemão bastante formidável que quer dizer "A Companhia dos Cantores Juvenis" e é financiado pelos governos de diversos países. Ele se coloca em oposição aos festivais e às produções tradicionais de Bayreuth.

Grande parte das músicas apresentadas é moderna... novos jovens compositores ganham a oportunidade de ter suas composições ouvidas. Ao mesmo tempo em que é tido em alta conta por alguns, é repudiado e desprezado com todas as forças por outros.

– Sim – disse Stafford Nye –, eu já li algo a respeito. Nós vamos comparecer?

– Já temos assentos reservados para duas das performances.

– Esse festival tem algum significado especial na nossa investigação?

– Não – disse Renata. – Ele funciona mais como algo que você poderia chamar de entrada e saída de conveniência. Nós vamos até lá por uma razão ostensiva e verdadeira, e vamos sair de lá para o nosso próximo passo no devido momento.

Ele olhou em volta.

– Instruções? Vou receber orientações de procedimento? Vou ser informado de antemão?

– Não no sentido desses termos. Você está partindo numa viagem de exploração. Vai aprender certas coisas com o passar do tempo. Você irá com seu próprio nome, sabendo apenas o que sabe no momento. Você irá como um amante da música, como um diplomata ligeiramente desapontado que talvez tivesse acalentado a esperança de algum posto em seu próprio país que não lhe foi concedido. Fora isso, não vai saber de nada. É mais seguro assim.

– Mas esse é o sumário de atividades no momento? Alemanha, Bavária, Áustria, o Tirol... essa parte do mundo?

– Esse é um dos centros de interesse.

– Não é o único?

– Não, não é nem mesmo o principal. Existem outros pontos no globo, todos variando em importância e interesse. Quanta importância cada um deles tem é o que nós precisamos descobrir.

– E eu não sei, ou nem devo ser informado, de nada sobre esses outros centros?

– Apenas de forma superficial. Um deles, que nós consideramos o mais importante de todos, tem seu quartel-general na América do Sul; existem dois com quartéis-generais nos Estados Unidos da América, um na Califórnia e o outro em Baltimore. Existe um na Suécia, existe um na Itália. Neste último as coisas vêm se tornando muito ativas de seis meses para cá. Portugal e Espanha também têm pequenos centros. Paris, é claro. E temos outros pontos interessantes que mal estão entrando na "linha de montagem", por assim dizer. De momento, não estão completamente desenvolvidos.

– Você quer dizer a Malásia ou o Vietnã?

– Não. Não, tudo isso já ficou no passado. Foi um bom grito de arregimentação, um chamado à violência e à indignação estudantil e muitas outras coisas. O que está sendo promovido, você precisa compreender, é a crescente organização da juventude em todos os lugares contra as atuais formas de governo, contra os costumes de seus pais e contra, muitas vezes, as religiões nas quais todos foram criados. Há um culto insidioso da permissividade, há um culto crescente da violência. Violência não como um meio de ganhar dinheiro, mas violência por amor à violência. Essa particularidade é ressaltada, e as razões para ela são, no entender das pessoas interessadas, uma das coisas mais importantes, algo da máxima relevância.

– A permissividade, ela é importante?

– É só um modo de vida, nada mais. Ela serve para certos abusos mas não indevidamente.

– E quanto às drogas?

– O culto às drogas vem sendo deliberadamente intensificado e fomentado. Vastas somas de dinheiro têm sido amealhadas dessa maneira, mas isso não é, ou pelo menos é o que nós pensamos, inteiramente acionado por motivos monetários.

Todos olharam para o sr. Robinson, que lentamente balançou a cabeça.

– Não – ele disse –, isso é o que *parece*. Existem pessoas que estão sendo presas e levadas à justiça. Traficantes de drogas são perseguidos. Mas há mais do que apenas a loucura das drogas por trás de tudo isso. A loucura das drogas é um meio, e um meio maligno, para fazer dinheiro. Mas a explicação não fica nisso.

– Mas quem... – Stafford Nye interrompeu sua pergunta.

– Quem e o que e por que e onde? As quatro perguntas fundamentais. Essa é a sua missão, Sir Stafford – disse o sr. Robinson. – Isso é o que o senhor precisa descobrir. O senhor e Mary Ann. Não vai ser fácil, e uma das coisas mais difíceis do mundo, tenha isso em mente, é guardar segredo.

Stafford Nye olhou com interesse o rosto gordo e amarelado do sr. Robinson. Talvez o segredo da dominação do sr. Robinson no mundo financeiro fosse apenas esse. Seu segredo era que ele guardava o seu segredo. A boca do sr. Robinson exibiu seu sorriso de novo. Os dentes enormes cintilaram.

– Se você sabe de alguma coisa – disse ele –, será sempre uma grande tentação mostrar que sabe; falar sobre o assunto, em outras palavras. Não é que queira passar adiante informações, não é que lhe tenham oferecido algum pagamento para passar essas informações. É que você quer mostrar o quanto você é importante. Sim, é simples assim. Na verdade – disse o sr. Robinson, e ele semicerrou seus olhos –, tudo neste mundo é muito, *muito* simples. Isso é o que as pessoas não entendem.

A condessa se levantou e Stafford Nye seguiu seu exemplo.

– Espero que vocês durmam bem e fiquem confortáveis – disse o sr. Robinson. – Esta casa, creio eu, é moderadamente confortável.

Stafford Nye murmurou que tinha bastante certeza disso, e nesse ponto ele logo pôde comprovar ter tido bastante razão. Ele deitou a cabeça no travesseiro e pegou no sono imediatamente.

Livro 2

Jornada rumo a Siegfried

Capítulo 10

A mulher no *Schloss*

I

Eles saíram do Teatro da Juventude, no festival, para o ar refrescante da noite. Abaixo deles, num declive do terreno, havia um restaurante iluminado. Ao lado da colina podia ser visto outro, um pouco menor. Os restaurantes variavam em pequena medida nos preços, embora nenhum deles fosse barato. Renata usava um vestido de baile de veludo preto; Sir Stafford Nye estava de gravata branca e traje a rigor completo.

– Uma plateia muito distinta – Stafford Nye murmurou para sua companheira. – Dinheiro abundante por aqui. Uma plateia jovem, de um modo geral. Não seria de se esperar que eles pudessem bancar tudo isso.

– Ah! Isso pode ser resolvido... *é* resolvido.

– Um subsídio para a elite da juventude? Esse tipo de coisa?

– Sim.

Os dois caminharam até o restaurante no lado alto da colina.

– Eles nos dão uma hora para fazer a refeição. É isso?

– Tecnicamente, é uma hora. Na verdade uma hora e quinze.

– Aquela plateia – disse Stafford Nye –, na maioria... quase todos eles, eu diria, são verdadeiros amantes de música.

– Quase todos eles, sim. Isso é importante.

– O que você quer dizer com "importante"?

– Que o entusiasmo deveria ser genuíno. Em ambos os lados da balança – ela acrescentou.

– O que você quis dizer exatamente com isso?

– Aqueles que praticam e organizam a violência precisam amar a violência, precisam desejá-la, precisam ansiar por ela. A estampa do êxtase em cada movimento, talhando, machucando, destruindo. E é a mesma coisa com a música. Os ouvidos devem apreciar cada momento da harmonia e da beleza. Não pode haver nenhum fingimento nesse jogo.

– Você pode dobrar os papéis? Está querendo dizer que se pode combinar a violência *e* o amor pela música ou pela arte?

– Nem sempre é fácil, eu acho, mas sim. Há muitas pessoas que podem. É mais seguro, na verdade, quando eles não precisam combinar os papéis.

– É melhor seguir o caminho mais simples, como diria o nosso gordo amigo sr. Robinson? Deixe os amantes da música amarem a música, deixe os praticantes da violência amarem a violência. É isso o que você quer dizer?

– Acho que sim.

– Eu estou me divertindo muito com tudo isso. Os dois dias que nós passamos aqui, as duas noites de música que nós pudemos desfrutar. Não gostei de todas as músicas porque não sou, talvez, suficientemente moderno no meu gosto. Estou achando as roupas muito interessantes.

– Você está falando da produção de palco?

– Não, não, estava falando da plateia, de fato. Você e eu, os quadradões, os antiquados. Você, condessa, no seu vestido social, eu de casaca e gravata branca. Não é um traje muito confortável, nunca foi. E então os outros, as sedas e os veludos, as camisas plissadas dos homens, verdadeiras rendas, eu percebi, muitas vezes... e a pelúcia e os cabelos e o luxo de *avant garde*, o luxo do século

XVIII ou, quase poderíamos dizer, da era elisabetana ou dos quadros de Van Dyck.

– Sim, você está certo.

– Não me sinto nem um pouco mais perto, no entanto, do *significado* de tudo isso. Eu não *aprendi* nada. Não descobri nada.

– Você não deve ser impaciente. Este é um espetáculo rico, apoiado, solicitado, talvez exigido pela juventude e patrocinado por...

– Por quem?

– Nós não sabemos ainda. Saberemos.

– Fico muito contente por você ter tanta certeza.

Os dois entraram no restaurante e se sentaram. A comida era boa, embora não fosse de nenhuma maneira refinada ou exuberante. Uma ou duas vezes eles foram abordados por um conhecido ou amigo. Duas pessoas que reconheceram Sir Stafford Nye demonstraram prazer e surpresa por vê-lo. Renata tinha um círculo maior de amizades, visto que ela conhecia mais estrangeiros – mulheres bem-vestidas, um ou dois homens, principalmente alemães e austríacos, pensou Stafford Nye, um ou dois americanos. Apenas algumas poucas palavras despropositadas. De onde as pessoas vieram ou para onde iam, crítica ou apreciação da oferta musical. Ninguém perdeu muito tempo, já que o intervalo para comer não fora muito grande.

Eles voltaram aos seus assentos para as duas últimas apresentações musicais. Um poema sinfônico, *Desintegração em júbilo*, de um jovem compositor, Solukonov, e depois a solene grandeza da *Marcha dos Meistersinger*.

Saíram outra vez no ar da noite. O carro que estava à disposição dos dois todos os dias os esperava para levá-los de volta ao pequeno porém exclusivo hotel na rua do vilarejo. Stafford Nye deu boa-noite para Renata. Ela lhe falou com voz baixa:

– Quatro da manhã. Esteja pronto.

Ela foi direto até seu quarto e fechou a porta, e Stafford Nye foi até o dele.

O leve raspar de dedos em sua porta veio precisamente três minutos antes das quatro horas da manhã. Ele abriu a porta e se apresentou pronto.

– O carro está esperando – ela disse. – Venha.

II

Eles almoçaram numa pequena pousada de montanha. O tempo estava bom, e as montanhas, magníficas. Ocasionalmente, Stafford Nye se perguntava que diabos estava fazendo ali. Ele compreendia cada vez menos a sua companheira de viagem. Ela falava pouco. Stafford Nye se viu observando o perfil de Mary Ann. Para onde ela o estava levando? Qual era sua verdadeira motivação? Por fim, quando o sol estava quase se pondo, ele disse:

– Para onde nós estamos indo? Posso perguntar?

– Você pode perguntar, sim.

– Mas você não vai responder?

– Eu poderia responder. Poderia lhe contar certas coisas, mas será que elas significariam algo? Ao que me parece, se você chegar ao lugar para onde estamos indo sem que eu o prepare com explicações (que não podem, pela natureza das coisas, significar algo), as suas primeiras impressões terão mais força e significação.

Ele olhou sua companheira, pensativo. Ela estava usando um casaco de tweed enfeitado com peliça, roupas elegantes para viagem, estrangeiras na fabricação e no corte.

– Mary Ann – ele disse, pensativo.

Havia uma pergunta contida na fala.

– Não – ela disse –, não neste momento.

– Ah. Você ainda é a condessa Zerkowski.

– Neste momento eu ainda sou a condessa Zerkowski.

– Você está na sua região natal?

– Mais ou menos. Passei a minha infância nesta parte do mundo. Durante um período bem estendido, todos os anos, nós costumávamos vir aqui, no outono, para ficar num *Schloss* a não muitos quilômetros daqui.

Ele sorriu e disse, pensativo:

– Que bela palavra. *Schloss*. Soa como algo tão sólido.

– Os Schlösser não se mostram muito sólidos hoje em dia. Estão quase todos desintegrados.

– Esta é a região de Hitler, não é? Nós não estamos muito longe de Berchtesgaden, estamos?

– Fica naquela direção, a nordeste.

– Os seus parentes, os seus amigos... eles aceitavam Hitler, acreditavam nele? Talvez eu não devesse fazer perguntas como essas.

– Não gostavam dele nem de tudo o que ele representava. Mas diziam "*Heil* Hitler". Eram aquiescentes com aquilo que acontecia em seu país. O que mais eles poderiam fazer? O que mais qualquer pessoa poderia fazer naquela época?

– Nós estamos indo para as Dolomitas, não estamos?

– Tem alguma importância onde estamos ou o rumo que estamos tomando?

– Bem, esta é uma viagem de exploração, não é?

– Sim, mas a exploração não é geográfica. Estamos indo ver uma personalidade.

– Você me faz sentir – Stafford Nye olhou a paisagem das montanhas volumosas subindo até o céu – como se estivéssemos indo visitar o famoso Velho da Montanha.

– O Mestre dos Assassinos, você quer dizer, que mantinha os seus seguidores drogados para que eles morressem por ele de plena boa vontade, para que matassem, sabendo que eles mesmos também seriam assassinados, mas acreditando, também, que isso iria transferi-los imediatamente para o Paraíso Muçulmano... lindas mulheres, haxixe e sonhos eróticos... uma felicidade perfeita e interminável.

Ela parou por um minuto e então continuou:

– Oradores com poderes enfeitiçantes! Suponho que eles sempre tenham estado por aí, ao longo das eras. Pessoas que fazem com que você acredite nelas de modo que você fique disposto a morrer por elas. Não apenas assassinos. Os cristãos também morriam.

– Os mártires sagrados? Lord Altamount?

– Por que você menciona Lord Altamount?

– Eu o vi dessa maneira... de repente... naquela noite. Esculpido em pedra... numa catedral do século XIII, quem sabe.

– Um de nós talvez tenha que morrer. Talvez mais – ela interrompeu o que estava prestes a dizer. – Há uma outra coisa em que eu penso às vezes. Um verso do Novo Testamento... Lucas, eu creio. Cristo na Última Ceia dizendo a seus seguidores: "Vocês são meus companheiros e meus amigos, *todavia um de vocês é um demônio*". Então, segundo todas as probabilidades, um de *nós* é um demônio.

– Você acha que isso é possível?

– É quase certo. Uma pessoa que conhecemos e na qual depositamos confiança, mas que vai dormir à noite não sonhando com martírio, e sim com trinta moedas de prata, e que acorda sentindo o peso delas na palma de sua mão.

– O amor pelo dinheiro?

– Ambição é a melhor definição. Como reconhecer um demônio? Como a gente poderia *saber*? Um demônio se destacaria na multidão, seria excitante... ele se anunciaria... exerceria liderança.

Ela ficou em silêncio por um momento e depois disse com uma voz pensativa:

– Eu tinha uma amiga no serviço diplomático que me contou certa vez como ela dissera para uma mulher alemã o quanto tinha ficado comovida com a representação da Paixão de Cristo em Oberammergau. Mas a mulher alemã respondeu com desdém: "Vocês não entendem. *Nós*, alemães, não precisamos de Jesus Cristo! Nós temos o nosso Adolf Hitler aqui conosco. Ele é maior do que qualquer Jesus que já existiu". Ela era uma mulher simpática e um tanto comum. Mas era assim que ela se sentia. As pessoas sentiam isso em massa. Hitler era um orador com poderes enfeitiçantes. Ele falava e todos prestavam atenção... e aceitavam o sadismo, as câmaras de gás, as torturas da Gestapo.

Ela encolheu os ombros e depois disse, com sua voz normal:

– Mesmo assim, é esquisito que você tenha dito isso justamente agora.

– Eu disse o quê?

– Sobre o Velho da Montanha. O Chefe dos Assassinos.

– Você está me dizendo que *existe* mesmo um Velho da Montanha por aqui?

– Não. Não um Velho da Montanha, mas poderia existir uma Velha da Montanha.

– Uma Velha da Montanha. Como ela é?

– Você vai ver hoje à noite.

– O que nós vamos fazer hoje à noite?

– Frequentar a sociedade – disse Renata.

– Parece que você não é mais Mary Ann faz um longo tempo.

– Você vai precisar esperar até que estejamos outra vez num avião.

– Suponho que deva ser bastante ruim no aspecto moral – disse Stafford Nye, pensativamente – viver bem alto no mundo.

– Você está falando socialmente?

– Não. Geograficamente. Se você vive num castelo no topo de uma montanha, com uma vista para o mundo lá embaixo, bem, isso faz com que você acabe desprezando as pessoas comuns, não faz? Você está no topo, você é o que há de mais grandioso. Isso era o que Hitler sentia em Berchtesgaden, isso é o que muitas pessoas talvez sintam quando escalam montanhas e olham para os seus semelhantes nos vales abaixo.

– Você precisa ser cauteloso hoje à noite – Renata o advertiu. – A situação será delicada.

– Alguma instrução?

– Você é um homem descontente. Um homem que se posiciona contra as instituições, contra o mundo convencional. Você é um rebelde, mas um rebelde secreto. Consegue fazer isso?

– Posso tentar.

O cenário se tornara mais selvagem. O grande carro fazia curvas e desvios subindo as estradas, passando por vilarejos nas montanhas, às vezes proporcionando um desconcertante panorama longínquo com luzes brilhando num rio, com campanários de igrejas se exibindo à distância.

– Para onde estamos indo, Mary Ann?

– Para um ninho de águia.

A estrada fez uma última curva e começou a serpentear por uma floresta. Stafford Nye julgou ter vislumbrado aqui e ali cervos ou animais de algum tipo. Ocasionalmente, também, apareciam homens com casacos de couro e armas. Vigias, pensou. E então, afinal, eles começaram a ver um enorme *Schloss* que se erguia diante de um penhasco. Uma parte do castelo, ele pensou, estava um tanto arruinada, ainda que a maior parte tivesse sido restaurada e reconstruída. Ele era ao mesmo tempo maciço e magnífico, mas não havia nada de novo nele ou na mensagem que ele transmitia. O castelo representava o poder do passado, um poder exercido em eras remotas.

– Este era originalmente o grão-ducado de Liechtenstolz. O *Schloss* foi construído pelo grão-duque Ludwig em 1790 – disse Renata.

– Quem mora nele agora? O atual grão-duque?

– Não. Todos eles já sumiram faz muito tempo. Varridos do mapa.

– E quem mora nele agora, então?

– Alguém que exerce o poder – disse Renata.

– Dinheiro?

– Sim. Muito.

– Por acaso nós vamos encontrar o sr. Robinson tendo chegado antes por via aérea para nos receber?

– A última pessoa que você vai encontrar por aqui será o sr. Robinson, eu posso lhe garantir.

– Uma pena – disse Stafford Nye. – Eu gostei do sr. Robinson. Ele é uma figura e tanto, não? Quem é ele na realidade? Qual é a nacionalidade dele?

– Não creio que alguém já tenha tomado conhecimento. Cada um me conta uma história diferente. Algumas pessoas dizem que ele é turco, outras que é armênio, outras que é holandês, outras que ele não passa de um inglês. Alguns dizem que a mãe dele era uma escrava circassiana, uma grã-duquesa russa, uma begume indiana e assim por diante. Ninguém sabe. Uma pessoa me disse que a mãe dele era uma certa srta. McLellan da Escócia. Acho que isso é tão provável como qualquer outra coisa.

Eles tinham estacionado embaixo de um grande pórtico. Dois criados de libré desceram pelos degraus.

Suas reverências foram ostensivas enquanto saudavam os hóspedes. A bagagem foi retirada; eles haviam trazido uma bagagem considerável. Stafford Nye especulara, no começo, sobre o motivo pelo qual lhe disseram para trazer tanta coisa, mas agora ele estava começando a entender que de tempos em tempos isso era necessário. Haveria, ele pensou, uma necessidade especial naquela noite. Stafford Nye fez algumas observações de questionamento e sua companheira lhe confirmou esse fato.

Os dois se encontraram antes do jantar, convocados pelo som de um grande gongo retumbante. Parado no saguão, Stafford Nye esperou que ela se juntasse a ele descendo as escadas. Renata estava usando um vestido de gala nessa noite, um veludo vermelho escuro muitíssimo elegante, rubis em volta do pescoço e uma tiara de rubis na cabeça. Um criado se apresentou e os conduziu. Abrindo uma porta, ele anunciou:

– A *gräfin* Zerkowski, Sir Stafford Nye.

"Aqui vamos nós, espero que estejamos bem nos nossos papéis", Stafford Nye pensou consigo mesmo.

Ele olhou de maneira satisfeita os botões de safira e diamante na parte da frente de sua camisa. Um instante depois, ele prendeu a respiração num sobressalto atônito. Fosse o que fosse que ele tinha esperado ver, nada se comparava com aquilo. Era uma sala enorme, em estilo rococó, poltronas e sofás e reposteiros dos mais finos brocados e veludos. Nas paredes havia quadros que ele não conseguiu reconhecer na totalidade num primeiro momento, mas entre os quais notou imediatamente – porque tinha grande apreço por pintura – decerto um Cézanne, um Matisse, possivelmente um Renoir. Quadros de valor inestimável.

Sentada numa imensa poltrona, sugestiva de um trono, estava uma mulher enorme. Uma baleia, pensou Stafford Nye; realmente não havia outra palavra para descrevê-la. Uma mulher grande, volumosa, gordurosa, chafurdando em gordura. Um queixo duplo, triplo, quase quádruplo. Ela usava um rígido vestido de cetim laranja. Na sua cabeça podia ser vista uma tiara de pedras preciosas, elaborada como uma coroa. Suas mãos, repousadas nos braços de brocado do assento, eram também enormes. Mãos grandes, volumosas, gordas, com dedos grandes, volumosos, gordos e disformes.

Em cada dedo, ele notou, havia um anel solitário. E em cada anel, ele pensou, havia uma solitária pedra genuína. Um rubi, uma esmeralda, uma safira, um diamante, uma pedra verde-clara que ele não conhecia, um crisópraso, talvez, uma pedra amarela que, se não fosse um topázio, era um diamante amarelo. A mulher era horrível, Stafford Nye pensou. Ela chafurdava em sua gordura. Seu rosto era uma massa de gordura enorme, branca, enrugada e pegajosa. Fincados no rosto, como se fossem duas groselhas num imenso bolo de groselha, apareciam dois pequenos olhos pretos. Olhos muito astutos, contemplando o mundo, apreciando o mundo, apreciando o novo visitante, não apreciando Renata, ele pensou. Renata ela conhecia. Renata estava ali cumprindo ordens, por compromisso, não importava como você quisesse definir. Renata recebera ordens para que *ele* fosse trazido até ali. Stafford Nye tentou imaginar por quê. Não conseguia realmente adivinhar o motivo, mas tinha bastante certeza. *Ele* estava sendo apreciado, *ele* estava sendo avaliado. Seria ele o que a mulher queria? Seria ele... sim, ele podia definir a questão assim... seria ele aquilo que a cliente havia solicitado?

"Precisarei ter plena certeza de saber o que a mulher de fato quer", ele pensou. "Precisarei fazer o meu melhor, caso contrário..." Caso contrário ele quase conseguia imaginar que ela poderia levantar uma mão gorda e cheia de anéis e dizer para um dos musculosos e altos lacaios: "Peguem-no e joguem-no das ameias". É ridículo, pensou Stafford Nye. Essas coisas não podem acontecer hoje em dia. Onde eu estou? Em que espécie de desfile, baile de máscaras ou espetáculo teatral eu estou tomando parte?

– Você chegou com pontualidade absoluta, minha criança.

Era uma voz rouca e asmática que um dia talvez tivera, ele pensou, certo tom de força, possivelmente até mesmo de beleza. Agora já não havia mais nada. Renata se aproximou, fez uma ligeira reverência. Pegou a mão gorda e deu nela um beijo cortês.

– Permita-me apresentar Sir Stafford Nye. A *gräfin* Charlotte von Waldsausen.

A mão gorda foi estendida na direção dele. Stafford Nye se inclinou por cima dela no estilo estrangeiro. Então ela disse algo que o surpreendeu:

– Eu conheço a sua tia-avó.

Ele exibiu uma expressão atônita e viu de imediato que a condessa Von Waldsausen se divertira com isso, mas viu também que ela esperava que ele ficasse surpreso. Ela riu, um riso esquisito e irritante. Nem um pouco atraente.

– Digamos que eu a conhecia. Já se passaram muitos anos desde que a vi pela última vez. Estivemos juntas na Suíça, em Lausanne, quando éramos garotas. Matilda. Lady Matilda Baldwen-White.

– Que maravilhosa novidade eu levarei comigo para casa – disse Stafford Nye.

– Ela é mais velha do que eu. Está com boa saúde?

– Considerando a idade dela, está com ótima saúde. Mora no interior, muito sossegada. Tem artrite, reumatismo.

– Ah, sim, todas as moléstias da idade avançada. Ela deveria tomar injeções de procaína. Isso é o que os médicos fazem aqui nesta altitude. É bastante satisfatório. Ela sabe que o senhor veio me visitar?

– Imagino que ela não faça a menor ideia – disse Sir Stafford Nye. – Ela sabia somente que eu iria para o festival de música moderna.

– Do qual o senhor deve ter gostado, eu espero?

– Ah, tremendamente. É um belo teatro de ópera para festivais, não é?

– Um dos melhores. Ah! Ele faz com que a velha casa de ópera de Bayreuth pareça um teatro de colégio! O senhor sabe quanto custou construir o prédio?

Ela mencionou uma soma de milhões de marcos. O valor quase deixou Stafford Nye sem fôlego, mas ele não tinha nenhuma necessidade de esconder seu espanto. A condessa Von Waldsausen ficou contente com o efeito que aquilo lhe causara.

– Com dinheiro – ela disse –, se a pessoa sabe, se a pessoa tem habilidade, se ela tem critério, o que é que o dinheiro não pode fazer? Pode proporcionar o melhor.

Ele disse as duas últimas palavras com vívido prazer, com uma espécie de estalar dos lábios que Stafford Nye considerou ao mesmo tempo desagradável e ligeiramente sinistro.

– Posso constatar isso aqui – ele disse, olhando as paredes.

– O senhor gosta de arte? Sim, estou vendo que gosta. Ali, na parede leste, está o melhor Cézanne do mundo hoje. Alguns dizem que o... ah, esqueci o nome no momento, aquele que está no Metropolitan em Nova York... é melhor. Não é verdade. O melhor Matisse, o melhor Cézanne, os melhores dessa grandiosa escola de arte estão aqui. Aqui no meu ninho de águia nas montanhas.

– É maravilhoso – disse Stafford Nye. – De fato maravilhoso.

Bebidas foram distribuídas. A Velha da Montanha, Sir Stafford notou, não bebia nada. Era possível, ele pensou, que ela temesse correr quaisquer riscos com a sua pressão arterial em função de seu vasto peso.

– E onde o senhor conheceu essa criança? – perguntou o Dragão da Montanha.

Seria uma armadilha? Ele não sabia, mas tomou sua decisão.

– Na embaixada americana, em Londres.

– Ah, sim, foi o que eu ouvi. E como está... ah, esqueci o nome dela agora... ah, sim, Milly Jean, a nossa herdeira sulista? Uma mulher atraente, o senhor não achou?

– Muitíssimo encantadora. Ela faz grande sucesso em Londres.

– E o enfadonho Sam Cortman, o embaixador dos Estados Unidos?

– Um homem muito razoável, eu tenho certeza – disse Stafford Nye, polidamente.

Ela soltou um risinho.

– Ah, o senhor tem bastante tato, não tem? Pois é, ele se vira bem o suficiente. Faz o que lhe pedem como qualquer bom político. E é prazeroso ser embaixador em Londres. Ela, Milly Jean, poderia fazer isso por ele. Ah, ela poderia conseguir uma embaixada para o marido em qualquer lugar do mundo, com aquela bolsa bem abastecida que ela tem. O pai dela é dono de metade do petróleo do Texas, possui terras, minas de ouro, tudo. Um homem grosseiro e de uma feiura singular... E que aparência ela tem? Uma pequena e delicada aristocrata. Não é espalhafatosa, não parece rica. Isso é muito esperto da parte dela, não é?

– Às vezes isso não apresenta nenhuma dificuldade – disse Sir Stafford Nye.

– E o senhor? O senhor não é rico?

– Bem que eu gostaria de ser.

– O Ministério das Relações Exteriores hoje em dia não é, digamos assim, muito compensador?

– Ah, bem, eu não diria dessa forma... Afinal de contas, a gente viaja para muitos lugares, encontra pessoas divertidas, vê o mundo, vê um pouco do que está acontecendo.

– Um pouco, sim. Mas não tudo.

– Isso seria muito difícil.

– Algum dia o senhor desejou ver aquilo que... como poderei dizer... aquilo que acontece nos bastidores da vida?

– Às vezes se pode ter uma ideia.

Stafford Nye imprimira um tom indiferente em sua voz.

– Já ouvi dizer que isso é verdade quanto ao senhor, que o senhor às vezes tem ideias sobre as coisas. Não são ideias convencionais, imagino?

– Houve épocas nas quais eu acabei me sentindo como se fosse o menino mau da família – Stafford Nye falou e riu.

A velha Charlotte soltou mais um riso.

– O senhor não se importa de admitir certas coisas de quando em quando, não é?

– Fingir para quê? As pessoas sempre percebem o que você está escondendo.

Ela olhou para ele.

– O que quer da vida, meu jovem?

Stafford Nye encolheu os ombros. Aqui, novamente, ele tinha de desempenhar seu papel no escuro.

– Nada – ele disse.

– Ora, ora, o senhor quer que eu acredite nisso?

– Sim, a senhora pode acreditar. Eu não sou ambicioso. Por acaso eu pareço ambicioso?

– Não, admito que não.

– Só peço alguma diversão, viver confortavelmente, comer, beber com moderação, ter amigos que me divirtam.

A velha senhora se inclinou à frente. Seus olhos se arregalaram e fecharam três ou quatro vezes. Então ela falou com uma voz um tanto diferente. Era uma nota quase de assobio.

– O senhor consegue odiar? O senhor é capaz de odiar?

– Odiar é uma perda de tempo.

– Entendi. Entendi. Não aparecem traços de descontentamento no seu rosto. Isso é bem verdade. Mesmo assim, creio que o senhor está disposto a seguir um determinado caminho que o levará para determinado lugar, e o senhor o percorrerá sorrindo, como se não se importasse, mas mesmo assim, no fim das contas, se o senhor encontrar os conselheiros certos, os ajudantes certos, obter o que deseja, se for capaz de desejar.

– Quanto a isso – disse Stafford Nye –, quem não é? – e ele balançou a cabeça para ela bem devagar. – A senhora enxerga demais – ele disse. – A senhora vê coisas demais.

Lacaios abriram a porta.

– O jantar está servido.

Os procedimentos foram adequadamente formais. Eles estavam, na verdade, um tanto envolvidos por um toque de realeza. As grandes portas na extremidade da sala foram escancaradas, deixando revelar uma sala de jantar cerimonial iluminada em vasto brilho, com um teto pintado e três enormes candelabros. Duas mulheres de meia-idade se aproximaram da *gräfin*, uma de cada lado. Estavam usando vestidos de gala, seus cabelos grisalhos mostravam-se cuidadosamente arranjados em coque no alto de suas cabeças, cada uma exibindo um broche de diamantes. Para Sir Stafford Nye, elas transmitiam um vago ar de carcereiras. Elas não eram, ele pensou, tanto guardas de segurança quanto talvez enfermeiras de alta classe, responsáveis por cuidar da saúde, da toalete e de outros detalhes íntimos da existência da *gräfin* Charlotte. Depois de respeitosas reverências, cada uma passou um braço por entre o ombro e o cotovelo da mulher sentada. Com a facilidade da longa experiência, ajudadas pelo esforço que era obviamente o máximo que ela podia fazer, as duas a colocaram de pé de uma maneira digna.

– Nós vamos jantar agora – disse Charlotte.

Com suas duas atendentes, ela seguiu na frente. De pé, Charlotte parecia mais ainda uma massa de geleia oscilante, mas mesmo assim parecia formidável. Não se poderia classificá-la, na mente, como apenas uma mulher gorda e velha. Ela era alguém, sabia ser alguém, pretendia ser alguém. Stafford Nye e Renata foram seguindo as três.

Quando entraram pelos portais da sala de jantar, ele sentiu como se aquele fosse mais um salão de banquete do que uma sala de jantar. Havia homens de uma guarda pessoal ali. Jovens altos, louros e bonitos. Vestiam uma espécie de uniforme. Quando Charlotte entrou, houve um estrépito enquanto todos sacavam suas espadas ao mesmo tempo. Eles cruzaram as espadas no alto para formar uma passagem, e Charlotte, firmando seu passo, avançou ao longo dessa passagem, libertada por suas atendentes e fazendo seu progresso solo até uma vasta poltrona esculpida com ornamentos de ouro e estofada com brocado dourado junto à cabeceira da comprida mesa. Parecia mais uma procissão de casamento, Stafford Nye pensou. Um matrimônio naval ou militar. Naquele caso, por certo, algo militar, estritamente militar – mas faltava um noivo.

Eles eram todos jovens de físico poderoso. Nenhum deles, ele pensou, tinha mais do que trinta anos. Tinham boa aparência, sua saúde era evidente. Não sorriam, eram totalmente sérios, eram – ele procurou pela palavra certa – sim, dedicados. Talvez não fosse tanto uma procissão militar quanto uma procissão religiosa. Os serviçais apareceram, serviçais antiquados pertencentes, pensou ele, ao passado do *Schloss*, a um tempo anterior à guerra de 1939. Parecia uma superprodução de alguma peça sobre um período histórico. E reinando sobre tudo, sentada numa poltrona ou num trono ou seja lá como se queira chamar aquilo, não estava uma rainha ou imperatriz, e sim uma mulher velha, notável principalmente por seu excesso de peso e por sua feiura intensa e extraordinária. Quem era ela? O que estava fazendo ali? Por quê?

Por que todo aquele baile de máscaras, essa guarda pessoal, uma guarda pessoal de segurança talvez? Outros convivas chegaram à mesa. Eles se curvaram perante a monstruosidade que presidia no trono e tomaram os seus lugares. Usavam trajes de gala normais. Não houve nenhuma apresentação.

Stafford Nye, depois de longos anos avaliando as pessoas, analisou-os. Tipos diferentes. Tipos variadíssimos. Advogados, ele tinha certeza. Diversos advogados. Possivelmente contadores e financistas; um ou dois oficiais do exército à paisana. Eles faziam parte da casa, Stafford Nye pensou, mas também faziam lembrar o sentido feudal da expressão sobre aqueles que se sentavam "depois do sal", nos piores lugares da mesa.

A comida chegou. Uma imensa cabeça de javali em geleia de carne, caça, um refrescante sorvete de limão, um magnífico edifício de confeitaria – um superlativo mil-folhas que parecia ser dotado de uma inacreditável riqueza de doçura.

A vasta mulher comeu, comeu com enorme avidez, com ânsia faminta, apreciando o alimento. Do lado de fora veio um novo som. O som do poderoso motor de um grande carro esporte. O carro passou pelas janelas num raio branco. Houve um grito dentro da sala, vindo da guarda pessoal. Um grito estridente de "*Heil*! *Heil*! *Heil* Franz!".

A guarda de jovens se deslocou com a facilidade de uma manobra militar conhecida de cor. Todos haviam se colocado de pé. Somente a velha se manteve sentada, imóvel, sua cabeça erguida no alto, em seu estrado. E agora, assim pensou Stafford Nye, uma nova excitação percorreu a sala.

Os outros convivas, ou os outros membros da casa, fossem lá o que eles fossem, desapareceram de uma forma que chegou a fazer com que Stafford pensasse em lagartos escapando por brechas numa parede. Os rapazes de cabelos dourados formaram uma nova composição, suas espadas voaram para o alto, eles saudaram sua benfeitora, ela baixou a cabeça em reconhecimento, as espadas foram embainhadas e eles deram meia-volta, permissão concedida, para sair marchando pela porta do salão. Os olhos de Charlotte os seguiram, depois pousaram em Renata e então em Stafford Nye.

– O que o senhor pensa deles? – ela perguntou. – Meus meninos, meu regimento jovem, minhas crianças. Sim, minhas crianças. O senhor tem alguma palavra que possa descrevê-los?

– Acho que sim – disse Stafford Nye. – Magníficos. – Ele falava com ela como quem se dirigia a uma rainha. – Magníficos, minha senhora.

– Ah! – ela curvou sua cabeça e sorriu, as rugas se multiplicando em todo o seu rosto; essa expressão lhe dava uma perfeita semelhança a um crocodilo.

Uma mulher terrível, ele pensou, uma mulher terrível, difícil, dramática. Aquilo tudo estava mesmo acontecendo? Stafford Nye não conseguia acreditar. O que mais poderia ser aquilo, a não ser outra casa de festivais na qual uma produção era apresentada?

As portas foram abertas de novo com estrépito. O bando de jovens super-homens louros marchou salão adentro. Dessa vez eles não brandiam as espadas; em vez disso, cantavam. Cantavam com incomum beleza de tom e de voz.

Depois de anos a fio de música pop, Stafford Nye sentiu um prazer incrédulo. Vozes treinadas, aquelas. Não eram berros roucos. Vozes treinadas por mestres da arte da canção. Cantores não autorizados a forçar as cordas vocais, a sair do tom. Eles poderiam ser os novos Heróis de um Novo Mundo, mas o que cantavam não era música nova. Era uma música que ele já tinha ouvido antes. Um arranjo do *Preislied*, devia haver alguma orquestra escondida em algum lugar, ele pensou, numa galeria por cima do salão. Era um arranjo ou uma adaptação de diversos temas wagnerianos. Passava do *Preislied* para os distantes ecos da música do Reno.

O Corpo de Elite formou novamente uma via dupla para esperar alguém. Não foi a velha imperatriz dessa vez. Ela permaneceu sentada em seu estrado, esperando quem quer que estivesse chegando.

E afinal ele chegou. A música mudou quando ele entrou, sendo agora marcada pelo motivo que Stafford Nye conhecia de cor naquela altura. A melodia do Jovem Siegfried. O chamado de trompa de Siegfried, elevando ao céu sua juventude e seu triunfo, seu comando sobre um novo mundo que o jovem Siegfried vinha conquistar.

Pelo vão da porta, marchando por entre as fileiras daqueles que eram claramente seus seguidores, entrou um dos jovens mais bonitos que Stafford Nye já vira. Cabelos dourados, olhos azuis, perfeitamente bem proporcionado, como que produzido pelo mágico gesto de uma vara de condão, ele vinha de um mundo mítico. Mito, heróis, ressurreição, renascimento, estava tudo ali. Sua beleza, sua força, sua incrível segurança e arrogância.

Ele avançou a passos largos pelas fileiras duplas de sua guarda e parou diante da medonha montanha de feminilidade sentada no trono; colocou um joelho no chão, levou a mão dela aos lábios e então, levantando-se de novo, estendeu um braço em saudação e emitiu o grito que Stafford já ouvira dos outros: "*Heil!*". Seu alemão não era muito claro, mas Stafford Nye julgou ter distinguido as sílabas "*Heil* à grande mãe!".

Em seguida o belo herói olhou de um lado para o outro. Houve um ligeiro reconhecimento de Renata, ainda que desinteressado, mas, quando seu olhar encontrou Stafford Nye, houve um definido interesse de apreciação. Cautela, pensou Stafford Nye. Cautela! Ele precisava desempenhar o seu papel agora. Interpretar o papel que era esperado dele. Porém... que diabo de papel seria esse? O que ele estava fazendo ali? O que ele ou a garota deveriam estar fazendo ali? Eles tinham vindo por quê?

O herói falou.

– Pois bem – ele disse –, nós temos convidados! – E acrescentou, sorrindo com a arrogância de um jovem que sabe ser imensamente superior a qualquer outra pessoa no mundo: – Bem-vindos, convidados, bem-vindos ambos.

De algum lugar nas profundezas do *Schloss* um grande sino começou a soar. Não havia nada de fúnebre em seu toque, mas havia um ar disciplinador. A sensação de um mosteiro sendo convocado para a santa missa.

– Precisamos ir dormir agora – disse a velha Charlotte. – Dormir. Nós vamos nos encontrar de novo às onze da manhã.

Ela olhou para Renata e Sir Stafford Nye.

– Vocês serão conduzidos até seus quartos. Espero que durmam bem.

Era a dispensa real.

Stafford Nye viu o braço de Renata ser lançado para cima na saudação fascista, mas o braço não foi dirigido a Charlotte, e sim ao garoto de cabelos dourados. Pensou ter ouvido Renata dizendo: "*Heil* Franz Joseph". Copiou o gesto e também disse "*Heil!*".

Charlotte dirigiu-se a eles:

– Vocês gostariam de, amanhã, começar o dia com uma cavalgada pela floresta?

– Não consigo imaginar nada melhor – disse Stafford Nye.

– E você, minha criança?

– Sim, eu também.

– Está ótimo, então. Tudo será providenciado. Boa noite a ambos. Fico contente por recebê-los aqui. Franz Joseph... me dê o seu braço. Venha comigo até o boudoir chinês. Temos muito para discutir, e você terá de sair a tempo amanhã de manhã.

Os criados escoltaram Renata e Stafford Nye até os seus aposentos. Nye hesitou por um momento no limiar da porta. Seria possível que eles trocassem uma ou duas palavras agora? Decidiu que não. Enquanto eles estivessem cercados pelas paredes do castelo, seria bom proceder com cautela. Nunca se sabe... cada quarto podia muito bem ter microfones ocultos.

Mais cedo ou mais tarde, no entanto, ele *tinha* de fazer perguntas. Certas coisas despertavam uma nova e sinistra apreensão em sua mente. Ele estava sendo persuadido, induzido a alguma coisa. Mas a quê? E por ação de quem?

Os quartos eram bonitos, mas opressivos. Os ricos reposteiros de cetim e veludo, alguns deles antigos, exalavam um leve perfume de decadência, temperado por especiarias. Stafford ficou imaginando quantas vezes Renata já se hospedara naquele castelo.

Capítulo 11

Os adoráveis jovens

No dia seguinte, depois de tomar o café da manhã numa pequena sala no andar de baixo, ele encontrou Renata, que já o esperava. Os cavalos estavam diante da porta.

Ambos haviam trazido roupas de montaria. Tudo de que eles possivelmente poderiam precisar parecia ter sido antecipado com inteligência.

Eles montaram e foram saindo pela pequena estrada do castelo. Renata conversou com o cavalariço durante algum tempo.

– Ele perguntou se nós gostaríamos que ele nos acompanhasse, mas eu disse que não. Conheço as trilhas aqui da região bastante bem.

– Estou vendo. Você já esteve aqui antes?

– Não com muita frequência nos últimos anos. Na minha infância eu conhecia este lugar muito bem.

Stafford lançou para Renata um olhar penetrante. Ela não devolveu o olhar. Enquanto a jovem ia cavalgando a seu lado, ele observou seu perfil – o nariz fino e aquilino, a cabeça posicionada orgulhosamente no pescoço esbelto. Ela sabia montar um cavalo muito bem, percebia-se.

Contudo, havia uma sensação de desconforto em sua mente naquela manhã. Ele não sabia bem por quê...

Seu pensamento recuou até o saguão do aeroporto. A mulher que se aproximara para ficar ao lado dele. O copo de Pilsner na mesa... Não havia nada naquilo que não devesse ter acontecido – nem naquele momento e nem depois. Um risco que ele aceitara. Por que motivo, então, agora que tudo aquilo terminara, a situação provocava tamanho desconforto?

Eles andaram a meio-galope por algum tempo depois de um trote lento por entre as árvores. Uma belíssima propriedade, belíssimas matas. Na distância ele viu alguns animais de chifre. Um paraíso para um caçador, um paraíso para o jeito antigo de viver, um paraíso que continha... o quê? Uma serpente? Como era no início... com o Paraíso vinha uma serpente. Stafford puxou as rédeas e os cavalos voltaram a trote lento. Ele e Renata estavam sozinhos – nada de microfones, nada de paredes com ouvidos... Chegara o momento de fazer perguntas.

– Quem é ela? – ele perguntou com urgência. – Ela é o quê?

– É fácil responder. Tão fácil que quase não é possível acreditar.

– Pois então? – ele insistiu.

– Ela é petróleo. Cobre. Minas de ouro na África do Sul. Armamentos na Suécia. Depósitos de urânio no norte. Desenvolvimento nuclear, vastas extensões de cobalto. Ela é todas essas coisas.

– E no entanto eu nunca tinha ouvido falar sobre ela, não sabia seu nome, não sabia...

– Ela não quis que as pessoas soubessem.

– Mas alguém consegue manter isso em segredo?

– Com muita facilidade, se você tem a quantidade suficiente de cobre e petróleo e depósitos nucleares e armamentos e o resto todo. O dinheiro pode propagandear, mas o dinheiro também pode manter segredos, pode abafar as coisas.

– Mas quem é ela na *realidade*?

– O avô dela era americano. Ele era principalmente ferrovias, eu acho. Possivelmente porcos em Chicago naqueles tempos. É como voltar na história para descobrir. Ele se casou com uma alemã. Você já ouviu falar dela, eu imagino. Grande Belinda era o apelido que lhe davam. Armamentos, navios, toda a riqueza industrial da Europa. Ela herdou tudo do pai.

– Entre os dois, uma fortuna inacreditável – disse Sir Stafford Nye. – E assim... o poder. É isso o que você está me contando?

– Sim. Ela não herdou apenas as coisas, sabe? Também ganhou dinheiro por conta própria. Herdou o cérebro do pai, era uma grande financista por seus próprios méritos. Tudo o que ela tocava se multiplicava. Resultavam somas inacreditáveis de dinheiro, e ela investia tudo. Seguindo conselhos, seguindo o julgamento de outras pessoas, mas no fim sempre usando o seu próprio critério. E sempre prosperando. Sempre ampliando sua fortuna, que acabou se tornando fabulosa demais para ser possível. Dinheiro gera dinheiro.

– Sim, eu consigo entender. A riqueza *sempre* aumenta quando existe uma superabundância dela. Mas... o que *ela* queria? O que *ela* conseguiu?

– Você acabou de dizer. Poder.

– E ela mora aqui? Ou ela...

– Ela visita a América e a Suécia. Sim, ela faz algumas viagens, mas não muitas. É aqui que ela prefere ficar, no centro de uma teia, como uma imensa aranha controlando todos os fios. Os fios das finanças. Outros fios também.

– Quando você diz outros fios...

– As artes. Música, pintura, escritores. Seres humanos... jovens seres humanos.

– Sim. Dá para perceber. Aqueles quadros, uma coleção maravilhosa.

– Há galerias inteiras nos andares superiores do *Schloss*. Há Rembrandts e Giottos e Rafaéis e há caixas de joias... algumas das mais maravilhosas joias do mundo.

– Tudo pertencendo a uma única velha gorda e repulsiva. Ela não está satisfeita?

– Ainda não, mas está bem a caminho disso.

– Para onde ela está indo, o que ela quer?

– Ela adora a juventude. Essa é a sua forma de poder. Controlar a juventude. O mundo está cheio de jovens rebeldes neste momento. Isso tem sido incentivado. Filosofia moderna, pensamento moderno, escritores e outros que ela financia e controla.

– Mas como ela... – Stafford Nye se interrompeu.

– Não posso dizer porque eu não sei. É uma ramificação enorme. Ela está por trás de tudo num certo sentido, sustenta caridades um tanto curiosas, fervorosos filantropos e idealistas, levanta inúmeras bolsas para estudantes e artistas e escritores.

– E no entanto você diz que não está...

– Não, ainda não está completo. É uma grande sublevação que está sendo planejada. Há uma crença nisso, no novo céu e na nova terra. É o que já foi prometido antes por líderes ao longo de milhares de anos. Prometido por religiões, prometido por aqueles que apoiam os messias, prometido por aqueles que voltam para pregar a lei, como o Buda. Prometido pelos políticos. O básico céu de fácil acesso no qual acreditavam os Assassinos, e que o Mestre dos Assassinos prometia para seus seguidores e, no ponto de vista deles, lhes dava.

– Ela está por trás das drogas também?

– Claro. Sem convicção, é claro. Somente um meio para ter as pessoas curvadas à vontade dela. É uma maneira, também, de destruir pessoas. Os fracos. Aqueles que ela pensa que não servem, muito embora tenham sido uma promessa. Ela mesma nunca tomaria drogas... ela é forte. Mas as drogas destroem as pessoas fracas com mais facilidade e mais naturalidade do que qualquer outra coisa.

– E a força? E o que dizer da força? Não se pode fazer tudo com a propaganda.

– Não, é claro que não. A propaganda é o primeiro estágio e por trás dela existem montanhas de armamentos. Armas que vão para países sob condições precárias e depois seguem para outros lugares. Tanques e canhões e armas nucleares que são remetidos à África e aos Mares do Sul e à América do Sul. Na América do Sul há uma grande preparação. Forças compostas por homens e mulheres jovens fazendo exercícios e treinamentos. Enormes afluxos de armas... meios para guerra química...

– É um pesadelo! Como você sabe de tudo isso, Renata?

– Em parte porque me contaram, por informações recebidas, em parte porque a minha atuação foi fundamental para provar alguns dos fatos.

– Mas *você*. Você e *ela*?

– Há sempre alguma coisa idiota por trás de todos os grandes e vastos projetos – e Renata riu de repente. – Certa vez, veja só, ela se apaixonou pelo meu avô. Uma história tola. Ele morava aqui nesta parte do mundo. Ele tinha um castelo a uns dois quilômetros daqui.

– Ele era um homem de gênio?

– Nem um pouco. Apenas um ótimo caçador. Bonito, dissoluto e atraente aos olhos das mulheres. E assim, por causa disso, ela é num certo sentido a minha protetora. E eu sou uma de suas convertidas ou escravas! Eu trabalho para ela. Encontro pessoas para ela. Levo a cabo suas ordens em diferentes partes do mundo.

– É mesmo?

– O que você quer dizer com isso?

– Estou tentando entender – disse Sir Stafford Nye.

Ele estava de fato tentando entender. Stafford olhou para Renata e pensou de novo no aeroporto. Ele estava trabalhando *para* Renata, ele estava trabalhando *com*

Renata. Ela o trouxera para o *Schloss.* Quem mandara que ela o trouxesse? A grande e asquerosa Charlotte no meio de sua teia de aranha? Ele tinha adquirido uma reputação, uma reputação de ser instável em certos quadrantes diplomáticos. Podia talvez ser útil para essas pessoas, mas útil de uma maneira irrisória e um tanto humilhante. E ele pensou de súbito, numa espécie de névoa com pontos de interrogação: "Renata??? Eu assumi um risco com ela no aeroporto de Frankfurt. Mas eu estava certo. Tudo correu de modo seguro. Nada me aconteceu. Mas mesmo assim", ele pensou, "quem é ela? *O que* é ela? Eu não sei. Não posso ter *certeza.* Ninguém pode, no mundo de hoje, ter certeza em relação a *ninguém.* Absolutamente ninguém. Talvez tenham mandado que ela me pegasse. Que me pegasse e me tivesse preso nas mãos, e sendo assim aquela história em Frankfurt poderia ter sido astutamente planejada. A situação se encaixava bem no meu gosto pelo risco, e eu acabaria sentindo segurança em relação a ela. Eu acabaria confiando nela".

– Vamos andar a meio-galope de novo – ela disse. – Já cavalgamos a trote lento por tempo demais.

– Eu não lhe perguntei o que *você* é nisso tudo.

– Eu acato ordens.

– De quem?

– Existe uma oposição. Sempre existe uma oposição. Existem pessoas que alimentam suspeitas sobre o que está acontecendo, sobre como o mundo será levado a sofrer uma transformação, ou sobre como isso vai acontecer com dinheiro, riqueza, armamentos, idealismo, grandes e poderosas palavras de incitamento. Existem pessoas que dizem que isso *não* vai acontecer.

– E você está do lado delas?

– Eu digo que sim.

– O que você quer dar a entender com isso, Renata?

Ela falou:

– *Eu digo que sim.*

Ele falou:

– Aquele jovem ontem à noite...

– Franz Joseph?

– Esse é o nome dele?

– É o nome pelo qual ele é conhecido.

– Mas ele tem outro nome, não tem?

– Você acha isso?

– Ele é o jovem Siegfried, não é?

– Você o viu dessa maneira? Você percebeu que isso é o que ele era, o que ele representa?

– Creio que sim. Juventude. Juventude heroica. Juventude ariana, é preciso que haja uma juventude ariana nesta parte do mundo. Ainda existe esse ponto de vista. Uma super-raça, o super-homem. Eles precisam ser de origem ariana.

– Ah, claro, isso perdurou desde os tempos de Hitler. Nem sempre vem muito à tona, e em outros lugares pelo mundo todo não há tanta ênfase. A América do Sul, posso afirmar, é um dos mais fortes redutos. E o Peru e a África do Sul também.

– O que faz o jovem Siegfried? O que é que ele faz além de desfilar sua beleza e beijar a mão de sua protetora?

– Ah, ele é um orador e tanto. Ele fala e os seus seguidores o seguiriam até a morte.

– Isso é verdade?

– Ele acredita nisso.

– E você?

– Acho que eu poderia acreditar.

Ela acrescentou:

– A oratória é uma coisa bem assustadora, sabe? O que uma voz consegue fazer, o que palavras conseguem fazer, e palavras não particularmente convincentes, ainda por cima. A *maneira* com que elas são ditas. A voz dele é como um soar de campainha, e as mulheres choram e gritam e desmaiam quando ele lhes dirige a palavra... você vai ver por conta própria. Você viu a guarda pessoal de Charlotte ontem à noite, todos os guardas vestidos a rigor... as pessoas de fato adoram se vestir bem nos dias de hoje. Você poderá vê-los no mundo inteiro em seus próprios trajes especiais escolhidos com carinho, diferentes em lugares diferentes, alguns com longos cabelos e barbas, e as garotas com camisolas brancas ondulantes, falando sobre paz e beleza, e o mundo maravilhoso que é o mundo dos jovens, que será deles quando tiverem destruído a contento o velho mundo. O País dos Jovens original ficava a oeste do Mar da Irlanda, não ficava? Um lugar muito simples, um País dos Jovens diferente desse que estamos planejando agora... Eram areias prateadas, raios de sol e canções nas ondas... Mas agora nós queremos Anarquia, quebrar e destruir tudo. Somente a Anarquia poderá beneficiar aqueles que marcham pelo novo mundo. É assustador, e também é maravilhoso... por causa de sua violência, porque é obtido com dor e sofrimento...

– Então é assim que você vê o mundo hoje?

– Às vezes.

– E o que é que *eu* devo fazer a seguir?

– Venha com a sua guia. Eu sou a sua guia. Como Virgílio com Dante, vou levar você às profundezas do inferno, vou lhe mostrar os filmes sádicos em parte copiados da velha SS, mostrar-lhe a crueldade e a dor e a violência venerada. E vou lhe mostrar os grandes sonhos do paraíso na paz e na beleza. Você não vai saber qual é qual e o que é o quê. Mas vai ter que se decidir.

– Devo confiar em você, Renata?

– Essa vai ser a sua escolha. Você pode fugir correndo de mim se quiser, ou você pode ficar comigo e ver o novo mundo. O novo mundo que está sendo fabricado.

– Que papelão – Sir Stafford Nye disse violentamente.

Renata olhou para ele de modo intrigado.

– Como Alice no País das Maravilhas. As cartas, as cartas de papel todas subindo no ar. Voando por todos os lados. Reis e Rainhas e Valetes. Todos os tipos de coisas.

– Você quer dizer... Você quer dizer exatamente o quê?

– Quero dizer que não é real. É faz de conta. Toda essa maldita coisa é faz de conta.

– Em certo sentido, sim.

– Todos vestidos a rigor e interpretando papéis, apresentando um espetáculo. Eu estou chegando mais perto do significado das coisas, não estou?

– De certa maneira sim, e de certa maneira não...

– Tem uma coisa que eu gostaria de perguntar a você porque é um mistério para mim. A grande Charlotte ordenou que você me levasse até ela... por quê? O que ela sabia a meu respeito? Que utilidade essa mulher pensou que eu teria para ela?

– Eu não sei muito bem... possivelmente uma espécie de eminência parda... trabalhando por trás de uma fachada. Isso cairia muito bem em você.

– Mas ela não sabe absolutamente nada sobre mim!

– Ah, isso! – e de repente Renata começou a dar gargalhadas. – É tão ridículo, sem dúvida... a mesma bobagem de sempre mais uma vez.

– Não estou entendendo, Renata.

– Não... porque é tão simples. O sr. Robinson entenderia.

– Você poderia, por gentileza, explicar o que você está falando?

– É o mesmo negócio de sempre: "Não é o que você é. É quem você conhece". A sua tia-avó Matilda e a Grande Charlotte estudaram na mesma escola...

– Você está dizendo mesmo que...

– Quando meninas.

Ele encarou sua companheira. Então jogou a cabeça para trás e riu alto.

Capítulo 12

Bobo da corte

Os dois deixaram o *Schloss* ao meio-dia, dando adeus à anfitriã. Depois eles desceram de carro pela estrada serpenteante, com o *Schloss* nas alturas atrás deles, e chegaram afinal, após muitas horas de percurso, a um reduto nas Dolomitas – um anfiteatro nas montanhas onde eram promovidos encontros, concertos e reuniões dos vários Grupos da Juventude.

Renata o trouxera até ali, sua guia, e de seu assento na rocha nua ele observara os acontecimentos e ouvira tudo. Stafford Nye agora entendia um pouco melhor aquilo que ela dissera horas antes. Essa grande aglomeração humana, animada como todas as aglomerações humanas podem se tornar quando são chamadas por um líder religioso evangelista na Madison Square, em Nova York, ou nas sombras de uma igreja galesa, ou na massa de torcedores de um jogo de futebol, ou nas grandes manifestações que marchavam para atacar embaixadas e a polícia e as universidades e todo o resto.

Ela o trouxera até ali para lhe mostrar o significado daquela frase isolada: "O jovem Siegfried".

Franz Joseph, se esse era realmente o seu nome, havia discursado para a multidão. Sua voz, subindo, baixando, com sua curiosa qualidade estimulante, seu apelo emocional, havia dominado aquela multidão suspirante, quase gemente, formada por homens e mulheres jovens. Cada palavra que ele havia proferido parecera ser prenhe de significado, revelara um apelo inacreditável. A multidão respondera como uma orquestra. A voz de Franz Joseph atuara como a batuta do regente. E, no entanto, o que dissera mesmo aquele garoto? Qual tinha sido a mensagem do jovem Siegfried? Não havia palavras que ele conseguisse lembrar quando tudo chegou ao fim, mas ele sabia que se sentira comovido, que lhe tinham sido prometidas coisas, que ele havia sido levado ao entusiasmo. E agora tudo acabara. A multidão se aglomerara em volta da plataforma rochosa, bradando, gritando. Algumas das garotas haviam berrado com entusiasmo. Algumas delas haviam desmaiado. "Que mundo estranho nós temos hoje", ele pensou. Tudo sendo usado o tempo inteiro para provocar emoção. Disciplina? Restrição? Nenhuma dessas coisas tinha qualquer valor agora. Nada importava exceto *sentir*.

"Que espécie de mundo", pensou Stafford Nye, "poderia sair disso?"

Sua guia o tocara no braço, e os dois haviam se desemaranhado da multidão. Eles tinham encontrado seu carro e o motorista os levara, avançando por estradas com as quais estava evidentemente bem familiarizado, até uma cidade e uma pousada na encosta de uma montanha onde havia quartos reservados para eles.

Os dois logo saíram a pé da pousada e subiram uma encosta de montanha por um caminho frequentemente percorrido até que chegaram a um assento. Ficaram ali sentados por alguns momentos em silêncio. Foi então que Stafford Nye disse de novo:

– Que papelão.

Por mais ou menos cinco minutos os dois permaneceram sentados, contemplando o vale, e então Renata falou:

– E então?

– Você está me perguntando o quê?

– O que você pensa, até aqui, sobre tudo que mostrei?

– Não estou convencido – disse Stafford Nye.

Ela deu um suspiro, um suspiro profundo e inesperado.

– Era o que eu vinha esperando que você dissesse.

– Nada daquilo é verdade, certo? É um gigantesco espetáculo. Um espetáculo montado por um produtor... todo um grupo de produtores, talvez. Aquela mulher monstruosa paga o produtor. Nós não vimos o produtor. O que nós vimos hoje foi a estrela do espetáculo.

– Qual é a sua opinião sobre ele?

– Ele também não é real – disse Stafford Nye. – Ele é só um ator. Um ator de primeira categoria, produzido de maneira soberba.

Um som o surpreendeu. Era Renata rindo. Ela se levantou de seu assento; parecia estar de súbito excitada, feliz, e ao mesmo tempo tinha um ar levemente irônico.

– Eu sabia – ela disse. – Eu sabia que você iria ver. Eu sabia que você sentiria onde estava pisando. Você sempre soube tudo sobre cada pequeno acontecimento ao seu redor na vida, não é verdade? Você sempre reconheceu as farsas, você sempre soube como as pessoas e as coisas realmente eram. Não há necessidade de ir a Stratford e ver peças shakespearianas para saber qual é o papel que lhe coube... os reis e os homens importantes precisam ter um bobo... o bobo da corte que diz a verdade para o rei e usa o bom senso, e faz graça com todas as coisas que estão enganando as outras pessoas.

– Então é isso o que eu sou? Um bobo da corte?

– Você mesmo não consegue perceber isso? Isso é o que nós queremos. É disso que precisamos. "Papelão", você disse. "Cartolina." Um espetáculo grandioso, bem produzido, esplêndido! E como você está certo! Mas as pessoas são enganadas. Elas acham que algo é maravilhoso, ou acham que algo é diabólico, ou acham que algo é terrivelmente importante. Claro que não é... só que... só que é preciso descobrir justamente como *mostrar* às pessoas... que a coisa toda, tudo, é simplesmente *ridículo*. Nada mais do que *ridículo*. Isso é o que eu e você vamos fazer.

– A sua ideia, por acaso, é que no fim a gente acabe desmascarando tudo isso?

– Isso parece ser incrivelmente improvável, eu concordo. Mas você sabe: uma vez que as pessoas são levadas a descobrir que algo não é real, que estão somente lhes passando a perna numa manobra gigantesca, bem...

– Você está propondo pregar um evangelho do bom senso?

– Claro que não – disse Renata. – Ninguém iria dar ouvidos a isso, é ou não é?

– Não no presente momento.

– Não. Nós precisaremos lhes fornecer evidências... fatos... a verdade...

– Nós temos essas coisas?

– Sim. O que eu trouxe de volta comigo via Frankfurt... o que você me ajudou a trazer em segurança para a Inglaterra...

– Eu não estou entendendo...

– Ainda não. Você saberá mais adiante. Por enquanto nós temos um papel para interpretar. Estamos prontos e dispostos, ofegando de ânsia por sermos doutrinados. Nós veneramos a juventude. Somos seguidores e crentes do jovem Siegfried.

– *Você* é capaz de se sair bem nisso, sem dúvida. Não tenho tanta certeza quanto a mim. Nunca tive muito sucesso enquanto adorador de qualquer coisa. O bobo da corte não se dá bem nisso. Ele é o grande desmascarador. Ninguém vai gostar muito disso no presente momento, não é mesmo?

– Claro que não. Não. Você não pode deixar esse seu lado aflorar. Exceto, claro, quando falar sobre os seus mestres e superiores, políticos e diplomatas, Ministério das Relações Exteriores, as instituições, todas as outras coisas. Aí você pode se mostrar amargurado, malicioso, espirituoso, ligeiramente cruel.

– Eu ainda não percebo a minha função na cruzada mundial.

– É uma função muito antiga, uma que todos apreciam e entendem. Algo para você. É a sua inserção. Você não foi apreciado no passado, mas o jovem Siegfried e tudo que ele representa estenderão a promessa de recompensa para você. Porque você pode lhe fornecer todas as informações confidenciais que ele quer ter sobre o seu próprio país, ele vai prometer a você posições de poder nesse país nos bons tempos que virão.

– Você está insinuando que este é um movimento mundial. Isso é verdade?

– Claro que é. Bem como um desses furacões, sabe, que ganham nomes. Flora ou Pequena Annie. Eles vêm do sul ou do norte ou do leste ou do oeste, mas surgem do nada e destroem tudo. Isso é o que todos querem. Na Europa e na Ásia e na América. Talvez África, embora lá não vá ser gerado muito entusiasmo. Eles são bastante novatos no tocante a poder e tramoias e assim por diante. Ah, sim, com toda certeza é um movimento mundial. Organizado pela juventude e por toda a intensa vitalidade da juventude. Eles não têm conhecimentos e não têm experiência, mas têm visão e vitalidade, e são amparados pelo dinheiro. Rios e rios de dinheiro sendo injetados. Houve materialismo demais, então pedimos algo diferente, e ganhamos. Mas como isso é baseado em ódio, não tem como chegar a lugar algum. Não tem como sair do chão. Você não se lembra de 1919? Todo mundo falando aos quatro ventos, com uma expressão arrebatada, que o comunismo era a resposta para tudo? A doutrina marxista iria produzir um novo céu aproximado de uma nova terra. Tantas ideias incontáveis pairando por todos os lados. Mas então, veja bem, quem você tem para colocar em prática essas ideias? No fim das contas, você só tem os mesmos seres humanos que sempre teve. Você pode criar um terceiro mundo agora, ou assim todos pensam, mas o terceiro mundo vai dispor das mesmas pessoas que existem no primeiro mundo ou no segundo mundo ou seja lá o nome que se queira dar. E quando você tem os mesmos seres humanos organizando as coisas, eles decerto vão organizar tudo da mesma maneira. Basta olhar a história.

– Por acaso alguém se importa em olhar a história hoje em dia?

– Não. Eles preferem olhar para um futuro imprevisível. Houve um tempo em que a ciência prometia ser a resposta para tudo. Crenças freudianas e sexo irreprimido seriam a próxima resposta para a infelicidade humana. Não mais existiriam pessoas com transtornos mentais. Se alguém tivesse dito que as instituições mentais ficariam ainda mais cheias como resultado da eliminação das repressões, ninguém teria acreditado.

Stafford Nye a interrompeu:

– Quero saber uma coisa – disse Sir Stafford Nye.

– O que é?

– Para onde nós vamos agora?

– América do Sul. Possivelmente Paquistão ou Índia no caminho. E certamente precisamos ir para os Estados Unidos. Tem muita coisa interessante acontecendo por lá. Em especial na Califórnia...

– Universidades? – Sir Stafford suspirou. – Qualquer um fica logo cansado com as universidades. Elas se repetem tanto.

Eles ficaram em silêncio por alguns minutos. A luz estava esmaecendo, mas um cume de montanha se mostrava num vermelho suave.

Stafford Nye disse, com um tom nostálgico:

– Se nós pudéssemos ter um pouco mais de música *agora*... neste momento... você sabe o que eu pediria?

– Mais Wagner? Ou você se libertou das amarras de Wagner?

– Não, você está completamente certa: mais Wagner. Eu gostaria de ter Hans Sachs sentado embaixo de seu sabugueiro, dizendo sobre o mundo: "Loucos, loucos, todos loucos...".

– Sim, isso expressa bem. É uma música adorável, também. Mas *nós* não estamos loucos. Nós somos lúcidos.

– Eminentemente lúcidos – disse Stafford Nye. – Essa vai ser a dificuldade. Há mais uma coisa que eu quero saber.

– Pois não?

– Talvez você não vá querer me contar. Mas eu *preciso* saber. Nós vamos desfrutar de um pouco de diversão com esse negócio louco que estamos tentando?

– É claro que vamos. Por que não?

– Loucos, loucos, todos loucos... mas vamos nos divertir bastante com tudo. As nossas vidas serão longas, Mary Ann?

– Provavelmente não – disse Renata.

– Esse é o espírito. Estou com você, minha camarada e minha guia. Ganharemos um mundo melhor como resultado de nossos esforços?

– Eu não diria isso, mas poderemos obter um mundo mais bondoso. O mundo está cheio de crenças sem bondade no momento.

– Isso é bom o bastante – disse Stafford Nye. – Vamos em frente!

LIVRO 3

Em casa e no exterior

Capítulo 13

Conferência em Paris

Numa sala em Paris encontravam-se cinco homens sentados. Era uma sala que já recebera reuniões históricas antes. Um belo número delas. Essa reunião era, de muitas formas, diferente, mas prometia ser não menos histórica.

Monsieur Grosjean presidia o encontro. Ele era um homem preocupado fazendo seu melhor para progredir em meio a tudo com facilidade e modos sedutores que muitas vezes o tinham ajudado no passado. Ele não sentia que seus modos o estivessem ajudando muito hoje. Signor Vitelli chegara da Itália por via aérea uma hora antes. Seus gestos eram febris, seus modos se mostravam desequilibrados.

– Isso ultrapassa qualquer coisa – ele estava dizendo –, ultrapassa qualquer coisa que se pudesse ter imaginado.

– Esses estudantes – disse Monsieur Grosjean. Não estamos todos nós sofrendo?

– É mais do que os estudantes. Isso vai além dos estudantes. Podemos comparar isso com o quê? Um enxame de abelhas. Uma calamidade da natureza intensificada. Intensificada além de qualquer coisa que se pudesse ter imaginado. Eles marcham. Eles têm metralhadoras. Sabe-se lá onde eles adquiriram aviões. Eles propõem tomar conta por inteiro do norte da Itália. Mas isso é loucura! São crianças... nada mais. E no entanto têm bombas, explosivos. Na cidade de Milão, excedem o número dos policiais. O que podemos fazer, eu lhe pergunto? Os militares? O exército também está rebelado.

Eles dizem que estão com *les jeunes*. Dizem que não há esperança para o mundo exceto através da anarquia. Falam em algo que chamam de "terceiro mundo", mas isso não pode simplesmente acontecer.

Monsieur Grosjean suspirou.

– É muito popular entre os jovens – ele disse –, a anarquia. Uma crença na anarquia. Sabemos disso desde os tempos da Argélia, a partir de todos os transtornos com os quais o nosso país e o nosso império colonial sofreram. E o que podemos fazer? Os militares? No fim das contas eles apoiam os estudantes.

– Os estudantes, ah, os estudantes – disse Monsieur Poissonier.

Ele era um membro do governo francês para quem a palavra "estudante" era um anátema. Se lhe tivessem perguntado, ele teria admitido uma preferência pela gripe asiática ou até mesmo por um surto de peste bubônica. Qualquer uma dessas desgraças era preferível, em sua mente, às atividades dos estudantes. Um mundo sem estudantes! Era com isso que Monsieur Poissonier por vezes sonhava. Eram bons sonhos. Não ocorriam com frequência, no entanto.

– Quanto aos magistrados – disse Monsieur Grosjean –, o que foi que aconteceu com as nossas autoridades judiciais? A polícia... sim, a polícia é leal ainda, mas no judiciário eles se recusam a impor sentenças, não no caso de jovens que são levados a julgamento diante deles, jovens que destruíram propriedade, propriedade do governo, propriedade privada... todo tipo de propriedade. E qualquer um gostaria de saber: por que não? Andei fazendo investigações nos últimos tempos. A Préfecture me sugeriu certas coisas. Uma melhoria é necessária, eles dizem, no padrão de vida das autoridades judiciárias, especialmente nas áreas de província.

– Ora, ora – disse Monsieur Poissonier –, você precisa ter cuidado com o que sugere.

– *Ma foi*, por que eu deveria ser cuidadoso? As coisas precisam ser expostas à luz do dia. Já tivemos fraudes antes, fraudes gigantescas, e agora temos dinheiro circulando por aí. Dinheiro, e nós não sabemos de onde ele vem, mas a Préfecture me disse, e eu acredito, que eles estão começando a ter uma ideia de para onde o dinheiro está *indo*. Vamos ficar contemplando, podemos contemplar um estado corrupto subsidiado por alguma fonte externa?

– Na Itália também – disse Signor Vitelli –, na Itália, ah, eu poderia lhes dizer certas coisas. Sim, eu poderia lhes contar qual é a nossa suspeita. Mas quem, quem está corrompendo o nosso mundo? Um grupo de industriais, um grupo de magnatas? Como seria possível algo assim?

– Esse negócio precisa parar – disse Monsieur Grosjean. – Uma atitude precisa ser tomada. Ação militar. Ação da Força Aérea. Esses anarquistas, esses saqueadores, eles vêm de todas as classes. É preciso acabar com isso.

– O controle com gás lacrimogêneo tem tido um razoável sucesso – disse Monsieur Poissonier, com certa dúvida.

– O gás lacrimogêneo não é suficiente – disse Monsieur Grosjean. – O mesmo resultado seria obtido se colocássemos os estudantes descascando montes de cebolas. Lágrimas jorrariam de seus olhos. É preciso mais do que isso.

Monsieur Poissonier falou, com voz chocada:

– Você não está sugerindo o uso de armas nucleares...

– Armas nucleares? *Quel blague*! O que podemos fazer com armas nucleares? O que seria do solo da França, o que seria do ar da França se nós usássemos armas nucleares? Podemos destruir a Rússia, sabemos disso. Também sabemos que a Rússia pode nos destruir.

– Você não está sugerindo que grupos de estudantes em marcha, em manifestações, poderiam destruir as nossas forças de autoridade...

– É exatamente o que eu estou sugerindo. Recebi um aviso sobre tais coisas. Sobre estocagem de armas, várias formas de guerra química e outras coisas. Recebi relatórios de alguns dos nossos eminentes cientistas. Segredos são conhecidos. Depósitos... mantidos em segredo... armamentos de guerra foram roubados. O que vai acontecer a seguir, eu lhes pergunto? O que vai acontecer a seguir?

A pergunta foi respondida inesperadamente e com mais rapidez do que Monsieur Grosjean poderia ter calculado. A porta se abriu e o secretário principal se aproximou de seu chefe, o rosto revelando urgente preocupação. Monsieur Grosjean olhou para ele com desagrado.

– Eu não disse que não queria ser interrompido?

– Sim, de fato, Monsieur le Président, mas a situação é um tanto inusitada – ele se curvou na direção do ouvido de seu patrão. – O marechal está aqui. Ele está pedindo para entrar.

– O marechal? Você quer dizer...

O secretário assentiu com a cabeça vigorosamente, diversas vezes, para confirmar que era isso mesmo. Monsieur Poissonier olhou para o seu colega com perplexidade.

– Ele está pedindo admissão. Não aceitará uma recusa.

Os outros dois homens na sala olharam primeiro para Grosjean e depois para o agitado italiano.

– Não seria melhor – disse Monsieur Coin, o ministro dos Assuntos Internos – se...

Ele parou no "se", quando a porta mais uma vez foi aberta e um homem entrou a passos largos. Um homem muito conhecido. Um homem cuja palavra não apenas tinha sido lei, mas estivera inclusive acima da lei na nação francesa durante muitos anos no passado. Vê-lo naquele momento foi uma surpresa indesejável para aqueles que estavam ali sentados.

– Ah, eu os saúdo, meus caros colegas – disse o marechal. – Venho para ajudá-los. Nosso país está em perigo. Precisamos agir, agir imediatamente! Venho me colocar à disposição de vocês! Assumo toda a responsabilidade pela atuação nesta crise. Pode haver perigo. Eu sei que há, mas a honra está acima do perigo. A salvação da França está acima do perigo. Eles marcham rumo a nós agora. Uma vasta horda de estudantes, de criminosos que foram libertados das cadeias, alguns deles tendo cometido crimes de homicídio. Homens que cometeram incêndio criminoso. Eles gritam nomes. Cantam. Bradam o nome de seus professores, de seus filósofos, daqueles que os lideraram nesse caminho de insurreição. Aqueles que ocasionarão a perdição da França a menos que alguma coisa seja feita. Os senhores ficam aqui sentados, deploram a situação. É preciso fazer mais do que isso. Mandei chamar dois regimentos. Alertei a Força Aérea, telegramas cifrados especiais foram mandados para os nossos vizinhos aliados, para os meus amigos na Alemanha, porque agora ela é nossa aliada nesta crise! Os tumultos precisam ser eliminados. Rebelião! Insurreição! Perigo para homens, mulheres e crianças, para propriedades. Avançarei agora para suprimir a insurreição, para falar com eles como um pai, como um líder. Esses estudantes, esses criminosos inclusive, eles são meus filhos. Eles são a juventude da França. Parto para falar com eles sobre isso. Eles haverão de me ouvir, governos serão revistos, seus estudos poderão ser retomados sob seus próprios auspícios. As subvenções que eles tinham eram insuficientes, suas vidas haviam sido privadas de beleza, de liderança. Estou indo até eles para prometer tudo isso. Falo em meu próprio nome. Falarei também em nome dos senhores, em nome do governo. Os senhores fizeram o melhor que podiam, atuaram tão bem quanto poderiam, mas precisamos de uma liderança mais forte. A *minha* liderança. Estou indo agora. Tenho listas de outros telegramas cifrados que terão de ser enviados. Determinados repressores nucleares que podem ser usados em locais pouco frequentados podem ser acionados numa determinada forma modificada e, embora talvez provoquem terror na multidão, nós sabemos que não há neles nenhum perigo real. Pensei em tudo. Meu plano terá prosseguimento. Venham, meus leais amigos, me acompanhem.

– Marechal, nós não podemos permitir... o senhor não pode se colocar em perigo. Nós precisamos...

– Não vou ouvir nada do que os senhores queiram dizer. Eu me entrego à minha perdição, ao meu destino.

O marechal se deslocou a passos largos no rumo da porta.

– A minha equipe está lá fora. Os meus seguranças escolhidos. Parto agora para falar com esses jovens rebeldes, essa jovem flor de beleza e terror, para lhes dizer no que consistem os seus deveres.

Ele desapareceu pela porta com a grandeza de um ator principal interpretando o seu papel favorito.

– *Bon Dieu*, ele está falando sério! – disse Monsieur Poissonier.

– Ele vai arriscar sua vida – disse Signor Vitelli. – Quem sabe? Ele tem bravura, é um homem de muita bravura. Isso é valente, sim, mas o que acontecerá com ele? Com o ânimo que *les jeunes* têm agora, eles podem matá-lo.

Um suspiro de prazer escapou dos lábios de Monsieur Poissonier. Poderia ser verdade, ele pensou. Sim, poderia ser verdade.

– É possível – ele disse. – Sim, podem matá-lo.

– Ninguém deseja isso, é claro – Monsieur Grosjean disse com cuidado.

Monsieur Grosjean de fato desejava isso. Ele o esperava, embora um pessimismo natural o levasse a constatar, quando pensava melhor, que as coisas raramente terminavam como gostaríamos. Na verdade, uma perspectiva muito mais tenebrosa o confrontava. Era bem possível, no âmbito das tradições do passado do marechal, que de uma forma ou de outra ele conseguisse induzir um grande amontoado de estudantes eufóricos e sanguinários a escutar o que ele dizia, confiar em suas promessas e insistir em restaurá-lo ao poder que uma vez ele possuíra. Era o tipo de coisa que acontecera uma ou duas vezes na carreira do marechal. Seu magnetismo pessoal era tamanho que certos políticos, no passado, tinham sido derrotados por ele quando menos esperavam.

– Nós precisamos detê-lo! – ele exclamou.

– Sim, sim – disse Signor Vitelli –, o mundo não pode perdê-lo.

– Chego a ter medo – disse Monsieur Poissonier. – Ele tem amigos demais na Alemanha, contatos demais, e vocês sabem que em questões militares eles se mexem bem rápido na Alemanha. Pode ser que aproveitem com ânsia essa oportunidade.

– *Bon Dieu, bon Dieu* – disse Monsieur Grosjean, enxugando sua testa. – O que faremos? O que podemos fazer? Que barulho é esse? Estou ouvindo rifles, não estou?

– Não, não – disse Monsieur Poissonier, de modo tranquilizador. – São as bandejas de café da cantina que você está ouvindo.

– Há uma citação que eu poderia usar – disse Monsieur Grosjean, que era um grande amante do drama –, se ao menos eu conseguisse me lembrar. Uma citação de Shakespeare: "Porventura ninguém me livrará desse"...

– ..."padre turbulento" – disse Monsieur Poissonier. – Sobre Becket.

– Um louco como o marechal é pior do que um padre. Um padre deveria pelo menos ser inofensivo, se bem que até Sua Santidade o papa recebeu uma delegação de estudantes ainda ontem. Ele os *abençoou.* Ele os chamou de seus filhos.

– Um gesto cristão, porém – disse Monsieur Coin, com alguma dúvida.

– É possível ir longe demais até mesmo com gestos cristãos – disse Monsieur Grosjean.

Capítulo 14

Conferência em Londres

Na sala de reuniões da Downing Street, número 10, o primeiro-ministro, sr. Cedric Lazenby, estava sentado à cabeceira da mesa e observava o seu gabinete reunido sem qualquer prazer perceptível. A expressão em seu rosto era definitivamente sombria, o que, de certa forma, proporcionava-lhe algum alívio. O primeiro-ministro estava começando a pensar que era somente na privacidade da sua sala de reuniões que ele conseguia relaxar seu rosto numa expressão infeliz, abandonando a feição que apresentava costumeiramente ao mundo, uma feição de sábio e contente otimismo que lhe servira tão bem nas várias crises da vida política.

Olhou em volta para Gordon Chetwynd, com sua testa franzida, para Sir George Packham, que estava obviamente preocupado, pensando e especulando como de hábito, para a impassividade militar do coronel Munro, para o marechal da Aeronáutica Kenwood, um homem de lábios apertados que não se dava o trabalho de ocultar a sua profunda desconfiança em relação aos políticos. Havia também o almirante Blunt, um homem enorme, formidável, que tamborilava com os dedos na mesa e ficava esperando que sua vez chegasse.

– A situação não está nada boa – o marechal da Aeronáutica estava dizendo. – É preciso admitir. Quatro dos nossos aviões foram sequestrados no decorrer da última semana. Levaram os aviões para Milão. Tiraram os passageiros e levaram os aviões para outro lugar. África, na verdade. Eles tinham pilotos esperando lá. Homens negros.

– O Poder Negro – disse o coronel Munro, pensativo.

– Ou quem sabe o Poder Vermelho? – sugeriu Lazenby. – Eu sinto, vejam bem, que todas as nossas dificuldades talvez derivem da doutrinação russa. Se alguém conseguisse entrar em contato com os russos... Eu realmente acho que uma visita pessoal de alto nível...

– Fique onde está, primeiro-ministro – disse o almirante Blunt. – Não queira se meter com os russos de novo. Tudo o que *eles* querem, de momento, é ficar fora de toda essa bagunça. Eles não tiveram tantos problemas por lá, com seus estudantes, quanto a maioria de nós teve. A preocupação toda deles é ficar de olho nos chineses para ver o que vão fazer a seguir.

– Eu realmente acho que a influência pessoal...

– Você trate de ficar aqui e de cuidar do seu próprio país – disse o almirante Blunt; agindo de acordo com seu nome, e, como costume, ele falava abruptamente.*

– Não seria melhor que tomássemos conhecimento... que obtivéssemos um relatório adequado do que de fato está se passando?

Gordon Chetwynd olhou para o coronel Munro.

– Vocês querem fatos? Pois bem. São todos bastante impalatáveis. Presumo que vocês queiram não tanto pormenores do que anda acontecendo aqui, mas sobretudo a situação mundial em geral.

– Isso mesmo.

– Bem, na França o marechal ainda está hospitalizado. Duas balas no braço. O diabo correndo solto nos círculos políticos. Grandes áreas do país estão dominadas pelo que eles chamam de tropas do Poder da Juventude.

– Você quer dizer que eles têm armas? – falou Gordon Chetwynd, com uma voz horrorizada.

– Eles têm uma quantidade infernal – disse o coronel. – Eu não sei, na verdade, de onde eles conseguiram

* *Bluntly*: "abruptamente". (N.T.)

todos esse armamentos. Existem algumas ideias quanto a isso. Uma grande remessa saiu da Suécia rumo à África Ocidental.

– O que isso tem a ver com o nosso problema? – perguntou o sr. Lazenby. – Quem se importa? Eles que acumulem quantas armas quiserem na África Ocidental. Por mim eles podem continuar atirando uns nos outros.

– Bem, nós temos algo um pouco curioso em relação a isso, conforme os relatórios do serviço de inteligência. Eis aqui uma lista dos armamentos que foram enviados para a África Ocidental. O detalhe interessante é que eles foram enviados para lá, mas depois foram enviados para outro lugar de novo. As armas foram recebidas, a entrega foi registrada, o pagamento pode ou não ter sido feito, mas elas foram enviadas para fora do país de novo antes que cinco dias tivessem passado.

– Mas qual é a ideia com isso?

– A ideia parece ser – disse Munro – que elas nunca foram realmente destinadas à África Ocidental. Pagamentos foram realizados e elas foram enviadas para outro lugar. É possível que tenham seguido da África para o Oriente Próximo. Para o Golfo Pérsico, para a Grécia e a Turquia. Além disso, um conjunto de aviões foi mandado para o Egito. Do Egito eles foram para a Índia, da Índia eles foram para a Rússia.

– Pensei que tivessem sido enviados *da* Rússia.

– ...E da Rússia eles foram para Praga. A coisa toda é uma loucura.

– Eu não entendo – disse Sir George. – A gente fica imaginando...

– Em algum lugar parece existir uma organização central que dirige os suprimentos de várias coisas. Aviões, armamentos, bombas, tanto explosivas quanto aquelas que são usadas em guerra bacteriológica. Todas essas remessas estão se movendo em direções inesperadas. Elas são entregues através de várias rotas obscuras para locais conflagrados, e usadas por líderes e regimentos do... se vocês quiserem usar esse nome... Poder da Juventude. Elas vão parar principalmente nas mãos dos líderes de jovens movimentos de guerrilha, anarquistas assumidos que pregam anarquia e aceitam (embora seja duvidoso que jamais paguem pelo suprimento) os mais modernos modelos.

– Você quer dizer que estamos nos defrontando como algo como uma guerra em escala mundial?

Cedric Lazenby estava chocado.

O homem manso com rosto asiático que se sentava no lugar mais distante da mesa, e que ainda não falara, levantou a cabeça com seu sorriso mongol e disse:

– É nisso que somos agora forçados a acreditar. As nossas observações nos indicam que...

Lazenby o interrompeu.

– Vocês terão que parar de observar. A ONU terá que pegar em armas por conta própria e acabar com isso tudo.

O rosto calmo permaneceu impassível.

– Isso seria contrário aos nossos princípios – ele disse.

O coronel Munro levantou a voz e prosseguiu com seu resumo:

– Há lutas em determinadas partes de diversos países. O sudeste da Ásia declarou independência faz muito tempo e existem quatro ou cinco diferentes divisões de poder na América do Sul, em Cuba, no Peru, na Guatemala e assim por diante. Quanto aos Estados Unidos, vocês sabem que Washington foi quase reduzida a cinzas... o oeste está dominado pelas forças armadas do Poder da Juventude... Chicago está sob lei marcial. Vocês souberam sobre Sam Cortman? Morto a tiros na noite passada nos degraus da nossa embaixada americana.

– Ele tinha ficado de comparecer aqui hoje – disse Lazenby. – Iria nos dar suas opiniões sobre a situação.

– Não acho que isso teria ajudado muito – disse o coronel Munro. – Um ótimo sujeito, mas dificilmente um homem ativo.

– Mas quem está *por trás* de tudo isso? – a voz de Lazenby subiu, com irritação. – Podem ser os russos, é claro... – ele pareceu esperançoso; ainda se via voando para Moscou.

O coronel Munro balançou a cabeça.

– Duvido – ele disse.

– Um apelo pessoal – disse Lazenby, seu rosto iluminado com esperança. – Uma esfera inteiramente nova de influência. Os chineses?

– Tampouco os chineses – disse o coronel Munro. – Mas todos sabem que há um grande renascimento do neofascismo na Alemanha.

– Você não acha, realmente, que os alemães poderiam de alguma forma...

– Não creio que estejam por trás disso tudo necessariamente, mas quando você diz "de alguma forma"... sim, eu acho que de alguma forma eles poderiam, com grande facilidade. Já fizeram antes, não é mesmo? Prepararam tudo anos antes, planejaram, tudo pronto, esperando pela palavra JÁ. Bons planejadores, ótimos planejadores. Excelente trabalho de equipe. Eu os admiro, até. Não consigo evitar.

– Mas a Alemanha parecia estar tão pacífica e bem administrada...

– Sim, é claro que está, até certo ponto. Mas veja bem, a América do Sul está lotada de alemães, de neofascistas, e eles têm uma grande Federação da Juventude por lá. Eles se autodenominaram superarianos, ou algo desse tipo. Um pouco da prática antiga ainda, suásticas e saudações, e alguém liderando e sendo chamado de jovem Wotan ou jovem Siegfried ou algo assim. Um monte de bobagens arianas.

Houve uma batida na porta e a secretária entrou.

– O professor Eckstein está aqui, senhor.

– Seria bom deixarmos ele entrar – disse Cedric Lazenby. – Afinal de contas, se alguém pode nos dizer como andam as nossas mais recentes pesquisas sobre armamentos, ele é o homem indicado. Pode ser que tenhamos algo na manga para terminar o quanto antes com todo esse absurdo.

Além de ser um viajante profissional para o exterior na função de pacificador, o sr. Lazenby tinha um incurável espírito otimista que raramente era justificado pelos resultados.

– Uma boa arma secreta nos serviria bem – disse o marechal da Aeronáutica, esperançoso.

O professor Eckstein, apesar de ser considerado por muitos o mais qualificado cientista britânico, quando se olhava para ele pela primeira vez a impressão era a de estar olhando para o menos importante de todos os homens. Ele era um sujeito de baixa estatura, com costeletas compridas e curvadas e uma tosse asmática. Tinha os modos de alguém ansioso para se desculpar pelo fato de existir. Ele fez ruídos como "ah", "raaam" ou "hmmm", assoou o nariz, tossiu asmaticamente de novo e deu apertos de mão tímidos enquanto era apresentado aos presentes. Alguns o professor já conhecia, e esses ele cumprimentou com nervosos acenos de cabeça. Ele se sentou na cadeira indicada e olhou em volta com certa indecisão. Levou a mão à boca e começou a roer as unhas.

– Os chefes de todas as áreas estão aqui – disse Sir George Packham. – Estamos muito ansiosos para saber qual é a sua opinião sobre o que pode ser feito.

– Ah – disse o professor Eckstein –, feito? Sim, sim, feito?

Houve um silêncio.

– O mundo está se encaminhando a passos rápidos para um estado de anarquia – disse Sir George.

– Parece que sim, não é? Pelo menos é o que eu leio no jornal. Não que eu acredite. Na verdade, os jornalistas inventam cada coisa. Nunca há nenhuma precisão no que eles afirmam.

– Eu soube que o senhor fez algumas descobertas muitíssimo importantes recentemente, professor – disse Cedric Lazenby, num tom incentivador.

– Ah, sim, nós fizemos sim. De fato fizemos – e o professor Eckstein se animou um pouco. – Arrumamos um monte de material violento para guerra química. Se algum dia quisermos. Guerra bacteriológica, material biológico, gás liberado pelas saídas normais de gás, poluição do ar e envenenamento dos reservatórios de água. Bem, se os senhores quiserem, acho que poderíamos matar metade da população da Inglaterra numa janela de uns três dias – ele esfregou as mãos. – Isso é o que os senhores querem?

– Não, não, de jeito nenhum. Minha nossa, é claro que não – o sr. Lazenby parecia estar horrorizado.

– Bem, esse é o meu ponto. Não é uma questão de não termos armas letais o bastante. Temos até demais. Tudo o que temos é letal *demais*. A dificuldade seria conseguir deixar alguém vivo, inclusive nós mesmos. Hein? Todas as pessoas do nível mais alto, claro. Bem... *nós*, por exemplo.

Ele deu uma risadinha feliz e ofegante.

– Mas isso não é o que nós *queremos* – o sr. Lazenby insistiu.

– Não é uma questão daquilo que os senhores *querem*, é uma questão daquilo que nós *temos*. Tudo o que nós temos é terrivelmente letal. Se os senhores quisessem todos abaixo dos trinta anos varridos do mapa, acho que conseguiriam. Vejam bem, os senhores teriam que pegar junto uma bela quantidade de velhos. É difícil separar um lote do outro, claro. Pessoalmente, eu seria contra. Nós temos um ótimo pessoal de pesquisa, gente jovem. Sanguinários, mas espertos.

– O que foi que deu errado no mundo? – perguntou Kenwood de súbito.

– Esse é o ponto – disse o professor Eckstein. – Nós não sabemos. Nós não sabemos aqui onde estamos, apesar de tudo que *de fato* sabemos sobre isso e aquilo. Sabemos um pouco mais sobre a lua hoje em dia, sabemos muito sobre biologia, somos capazes de transplantar corações e fígados; cérebros também, em breve, eu espero, se bem que eu não sei como *esse* transplante vai funcionar. Mas nós não sabemos quem está fazendo isso. Alguém está fazendo, claro. É uma espécie de poderosa manipulação nos bastidores. Sim, sem dúvida, o negócio vem sendo cultivado de diversas maneiras. Redes de crime, redes de drogas, todo esse tipo de coisa. Um grupo poderoso dirigido por alguns bons e astutos cérebros nos bastidores. Nós já tivemos isso acontecendo neste ou naquele país, ocasionalmente numa escala europeia. Mas está indo um pouco mais longe agora, no outro lado do globo... no Hemisfério Sul. É capaz de chegar até o Círculo Antártico ao fim da nossa conversa.

Ele pareceu ficar satisfeito com seu diagnóstico.

– Pessoas de má-fé...

– Bem, é possível dizer dessa maneira. Má-fé somente por má-fé ou má-fé em nome do dinheiro e do poder. Difícil, claro, chegar ao *centro* disso tudo. Nem mesmo os pobres recrutas sabem. Eles querem violência e gostam de violência. Eles não gostam do mundo, não gostam da nossa atitude materialista. Não gostam de grande parte dos nossos métodos sórdidos para ganhar dinheiro, não gostam de grande parte das nossas trapaças.

Não gostam de ver pobreza. Querem um mundo melhor. Bem, você *poderia* criar um mundo melhor, talvez, se pensasse nisso com muita dedicação. Mas o problema é o seguinte: se insistir em tirar algo primeiro, precisa colocar algo de volta no lugar. A natureza não aceita o vácuo... um ditado velho, mas verdadeiro. Ora bolas, é como um transplante de coração. Você tira um coração, mas precisa colocar outro ali. Outro que funcione. E você tem que achar um coração decente para colocar ali *antes* de tirar o coração defeituoso que a pessoa tem no momento. Para falar a verdade, eu acho que seria melhor se muitas dessas coisas fossem completamente deixadas de lado, mas ninguém me daria ouvidos, eu suponho. E, de qualquer maneira, essa não é a minha especialidade.

– Um gás? – sugeriu o coronel Munro.

O rosto do professor Eckstein se iluminou.

– Ah, nós temos uma coleção disponível de todos os tipos de *gases*. Vejam bem, alguns deles são razoavelmente inofensivos. Suaves repressores, digamos assim. Temos todos *desses*.

Ele exibia o sorriso largo de um satisfeito vendedor de ferragens.

– Armas nucleares? – sugeriu o sr. Lazenby.

– Não brinquem com *isso*! Os senhores não vão querer uma Inglaterra radioativa, ou um continente radioativo, com esse propósito...

– Portanto, o senhor não pode nos ajudar – disse o coronel Munro.

– Não até que alguém descubra um pouco mais sobre tudo isso – disse o professor Eckstein. – Bem, eu sinto muito. Mas devo deixar bem claro que a maioria das coisas nas quais estamos trabalhando hoje em dia é *perigosa* – ele enfatizou a palavra. – Realmente *perigosa*.

Ele olhou para todos ansiosamente, como um tio nervoso poderia olhar para um grupo de crianças às quais foi permitido brincar com uma caixa de fósforos e que poderiam muito facilmente botar fogo na casa.

– Bem, muito obrigado, professor Eckstein – disse o sr. Lazenby; seu tom não pareceu particularmente agradecido.

O professor, deduzindo corretamente que estava liberado, sorriu para todos e saiu às pressas da sala.

O sr. Lazenby mal esperou que a porta se fechasse para ventilar seus sentimentos.

– Todos iguais, esses cientistas – ele disse com amargura. – Nunca uma saída prática. Nunca nos trazem nenhuma solução sensata. Tudo o que conseguem fazer é dividir o átomo... para então nos dizer que *nós* não devemos mexer com isso!

– Isso não tem a mínima importância – disse o almirante Blunt, outra vez abruptamente. – O que *nós* queremos é algo singelo e doméstico como uma espécie de herbicida seletivo que iria... – ele parou de forma brusca. – Mas que diabo...?

– Sim, almirante? – disse o primeiro-ministro, com polidez.

– Nada... isso apenas me trouxe à mente alguma coisa. Não consigo lembrar o que é...

O primeiro-ministro suspirou.

– Mais algum especialista científico esperando na porta? – perguntou Gordon Chetwynd, consultando de forma esperançosa o seu relógio de pulso.

– O velho Pikeaway está aqui, eu acredito – disse Lazenby. – Ele tem um quadro, ou desenho, um mapa ou algo assim que ele quer nos mostrar...

– É sobre o quê?

– Não sei. Parecem ser umas bolhas – disse Lazenby, de modo vago.

– Bolhas? Por que bolhas?

– Não faço ideia. Bem – ele suspirou –, será bom nós darmos uma olhada.

– Horsham também está aqui...

– Pode ser que ele tenha algo novo para nos contar – disse Chetwynd.

O coronel Pikeaway adentrou o recinto. Ele carregava um fardo enrolado que, com ajuda de Horsham, foi desenrolado e, com alguma dificuldade, arrumado de forma que os homens sentados em volta da mesa pudessem observá-lo.

– Não está exatamente desenhado em escala ainda, mas lhes dá uma ideia aproximada – disse o coronel Pikeaway.

– Qual é o significado disso, se é que tem algum?

– Bolhas? – murmurou Sir George; uma ideia lhe veio à mente. – É um gás? Um novo gás?

– É melhor que você explique, Horsham – disse Pikeaway. – Você conhece a ideia geral.

– Só sei o que me disseram. É um diagrama simples de uma associação de controle mundial.

– Por parte de quem?

– Por grupos que possuem ou controlam as fontes de poder... as matérias-primas do poder.

– E as letras do alfabeto?

– Representam uma pessoa ou um codinome para um grupo especial. São círculos intersecados que a essa altura cobrem o globo. O círculo marcado com o "A" representa os armamentos. Alguém ou algum grupo tem o controle dos armamentos. Todos os tipos de armamentos. Explosivos, espingardas, rifles. Pelo mundo todo, armamentos estão sendo produzidos de acordo com o plano, despachados ostensivamente para nações subdesenvolvidas, nações atrasadas, nações em guerra. Mas eles não permanecem nos locais para onde são mandados. Ganham nova rota quase imediatamente. Para guerras de guerrilha no continente sul-americano... para tumultos e lutas nos Estados Unidos... para depósitos do Poder Negro... para diversos países na Europa.

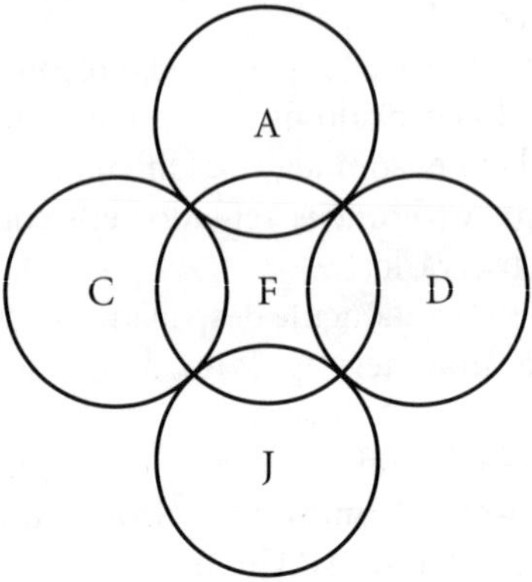

– O "D" representa as drogas; uma rede de fornecedores as distribuiu a partir de vários depósitos e estoques. Todos os tipos de drogas, das variedades mais inofensivas até as verdadeiras assassinas. O quartel-general das drogas parece ser o Levante, passando por Turquia, Paquistão, Índia e Ásia Central.

– Eles ganham dinheiro com esse tráfico?

– Enormes somas de dinheiro. Mas é mais do que apenas uma associação de traficantes. Há um aspecto mais sinistro. As drogas estão sendo usadas para acabar com os mais fracos entre os jovens, digamos assim, para torná-los completos escravos. Escravos de modo que eles não consigam viver e existir ou fazer serviços para os seus empregadores sem um suprimento de drogas.

Kenwood assobiou.

– O quadro é péssimo, não é? O senhor não faz a menor ideia de quem são esses traficantes?

– Alguns deles, sim. Mas só os peixes pequenos. Não os verdadeiros controladores. Os quartéis-generais ficam, até onde podemos julgar, na Ásia Central e no Levante. As drogas são despachadas de lá em pneus de carro, em cimento, em concreto, em todos os tipos de maquinismos e aparelhos. Elas são distribuídas pelo mundo inteiro e passam como mercadoria comum nos locais para onde são destinadas. O "F" significa financiamento. Dinheiro! Uma teia de aranha monetária está no centro de tudo. É preciso recorrer ao sr. Robinson para ficar sabendo sobre o dinheiro. De acordo com um memorando aqui, o dinheiro está saindo em grande medida da América e há também um quartel-general na Bavária. Há uma vasta reserva na África do Sul de ouro e diamantes. A maior parte do dinheiro está indo para a América do Sul. Um dos principais controladores, se eu posso definir assim, é uma mulher muito poderosa e talentosa. Ela está velha agora: deve estar perto da morte. Mas ainda é forte e ativa. Seu nome era Charlotte Krapp. Seu pai era dono dos vastos estaleiros Krapp na Alemanha. Ela mesma era um gênio financeiro e operava em Wall Street. Acumulou fortunas em cima de fortunas com investimentos em todas as partes do mundo. É dona dos transportes, é dona das máquinas, é dona dos interesses industriais. Todas essas coisas. Ela mora num imenso castelo na Bavária; de lá, coordena um derrame de dinheiro para diferentes partes do globo. O "C" representa a ciência, o novo conhecimento em termos de guerra química e biológica. Vários jovens cientistas desertaram... Há um núcleo deles nos Estados Unidos, nós acreditamos, consagrado e dedicado à causa da anarquia.

– Lutando pela anarquia? Uma contradição em termos. Pode haver tal coisa?

– Você acredita em anarquia quando é jovem. Você quer um novo mundo, e antes de mais nada precisa derrubar o mundo velho, bem como derruba uma casa antes de construir uma nova para substituí-la. Mas se você não sabe para onde está indo, se você não sabe para onde o estão atraindo, ou inclusive o empurrando, como será o novo mundo, e onde estarão os crentes quando ganharem o que querem? Alguns deles escravos, alguns deles cegos pelo ódio, outros por violência e sadismo, impulsos tanto pregados quanto praticados. Alguns deles (e que Deus os ajude) ainda idealistas, ainda acreditando como as pessoas acreditavam na França, na época da Revolução Francesa, que aquela revolução traria prosperidade, paz, felicidade, contentamento para o povo.

– E o que *nós* estamos fazendo em relação a tudo isso? O que estamos propondo que se faça em relação a isso? – era o almirante Blunt quem falava.

– O que estamos fazendo em relação a isso? Tudo o que podemos. Eu lhes garanto, a todos os senhores aqui presentes, estamos fazendo tudo o que podemos. Temos pessoas trabalhando para nós em todos os países. Temos agentes, investigadores, gente que recolhe informações e as traz para nós...

A REDE

F – Grande Charlotte – Bavária

A – Eric Olafsson – Suécia, industrial, armamentos

D – Supostamente conhecido pelo nome de Demetrius – Esmirna, drogas

C – Dr. Sarolensky – Colorado, EUA, físico-químico. Suspeita somente

J – Uma mulher. Codinome Juanita. Supostamente perigosa. Nenhuma pista de seu nome verdadeiro.

– O que é muito necessário – disse o coronel Pikeaway. – Primeiro nós precisamos *saber*... saber quem é quem, quem está conosco e quem está contra nós. E depois disso precisamos ver o que pode ser feito, se é que algo pode ser feito.

– O nosso nome para esse diagrama é A Rede. Eis aqui uma lista daquilo que nós sabemos sobre os líderes da Rede. Os pontos de interrogação significam que nós sabemos apenas os nomes pelos quais eles são conhecidos, ou, ainda, que apenas suspeitamos que sejam as pessoas que queremos.

Capítulo 15

Tia Matilda vai a uma cura

I

– Uma cura de algum tipo, eu pensei... – arriscou Lady Matilda.

– Uma cura? – repetiu o dr. Donaldson.

Ele pareceu ligeiramente intrigado por um momento, perdendo o seu ar de onisciência médica, o que, é claro, assim Lady Matilda refletiu, era uma das ligeiras desvantagens relacionadas ao fato de ser atendida por um médico jovem em vez do espécime mais velho com o qual a pessoa esteve acostumada durante vários anos.

– Era assim que nós costumávamos chamar isso – Lady Matilda explicou. – Nos meus tempos de moça, sabe, a gente ia para uma Cura. Marienbad, Carlsbad, Baden-Baden, todo o resto. Outro dia eu li no jornal sobre esse novo lugar. Bem novo e moderno. Segundo dizem, cheio de novas ideias e coisas assim. Não que eu seja uma vendida em relação a novas ideias, mas eu realmente não teria medo delas. Quero dizer, elas provavelmente seriam as mesmas coisas sendo repetidas. Água com gosto de ovo podre e a última novidade em dieta e caminhar para obter a Cura, ou as Águas, ou seja lá como chamem agora, numa hora um tanto inconveniente da manhã. E eu imagino que eles lhe façam massagens ou algo assim. Costumavam ser algas marinhas. Mas esse lugar fica em algum ponto nas montanhas. Bavária ou Áustria ou outro lugar parecido. Então não suponho que sejam algas marinhas. Musgo peludo, talvez... isso parece nome de cachorro. E talvez um agradável copo de água mineral acompanhando a água sulfurosa com gosto de ovo. Edifícios soberbos, pelo que eu sei. A única coisa que deixa uma pessoa nervosa, nos dias de hoje, é que eles parecem nunca colocar corrimãos em nenhum desses prédios modernos e estilosos. Lances de escada de mármore e tudo mais, mas nada em que a gente possa se segurar.

– Acho que sei qual é o lugar que a senhora tem em mente – disse o dr. Donaldson. – Tem sido bastante divulgado na imprensa.

– Bem, você sabe como a gente é, com a minha idade – disse Lady Matilda. – A gente gosta de experimentar coisas novas. Realmente, acho que isso só serve para divertir. Não faz com que você realmente sinta que a sua saúde melhorou. Mesmo assim, você não acha que poderia ser uma boa ideia, dr. Donaldson?

O dr. Donaldson olhou para ela. Ele não era tão jovem como Lady Matilda o retratara em sua mente. Ele mal estava se aproximando dos quarenta, e era um homem gentil, de tato, disposto a fazer as vontades de seus pacientes idosos até onde considerasse desejável, sem qualquer perigo efetivo de que eles tentassem algo obviamente inadequado.

– Tenho certeza de que não lhe faria nenhum mal – ele disse. – Poderia ser uma ótima ideia. É claro que uma viagem é um pouco cansativa, muito embora seja possível voar para os lugares com muita rapidez e facilidade hoje em dia.

– Com rapidez, sim. Com facilidade, não – disse Lady Matilda. – Rampas e escadas rolantes e entrar e sair dos ônibus do aeroporto para o avião, e do avião para outro aeroporto e do aeroporto para outro ônibus. Tudo isso, não é mesmo? Mas fiquei sabendo que as pessoas podem obter cadeiras de rodas nos aeroportos.

– É claro que sim. Excelente ideia. Se a senhora prometer fazer isso e não pensar que pode ficar andando por todos os cantos...

– Eu sei, eu sei – disse sua paciente, interrompendo-o. – Você me entende. Você é mesmo um homem muito compreensivo. Toda pessoa tem seu orgulho, não é mesmo, e enquanto a gente ainda consegue claudicar por aí com uma bengala ou um pequeno apoio, a gente não vai querer parecer absolutamente uma pessoa debilitada ou acamada ou algo assim. Seria mais fácil se eu fosse um homem – ela devaneou. – Quero dizer, poderia amarrar a perna toda com uma daquelas enormes ataduras e coisas acolchoadas como se sofresse de gota. Quero dizer, gota não é grande problema para o sexo masculino. Ninguém os vê com maus olhos por causa disso. Alguns dos amigos mais antigos poderão pensar que eles andaram exagerando um pouco no vinho do porto, porque esta costumava ser a ideia, embora eu acredite que não seja nem um pouco verdadeiro. O vinho do porto *não* provoca gota. Sim, uma cadeira de rodas, e eu poderia voar para Munique ou um lugar parecido. Daria para arranjar um carro ou algo assim na outra ponta.

– A senhora vai levar a srta. Leatheran junto, é claro.

– Amy? Ah, é claro. Eu não conseguiria me virar sem ela. De todo modo, você acha que isso não me faria nenhum mal?

– Acho que poderia lhe fazer um tremendo bem.

– Você é *realmente* um homem muito gentil.

Lady Matilda lhe deu a piscadela de olhos com a qual ele agora estava ficando familiarizado.

– Você acha que vai me divertir e me deixar animada ir para um lugar novo e ver alguns novos rostos, e é claro que está totalmente certo. Mas eu gostaria de pensar que estou indo em busca de uma Cura, embora eu realmente não tenha nada que precise ser curado. Nada, não é mesmo? Quero dizer, exceto a idade avançada. Infelizmente a idade avançada não pode ser curada, ela somente avança mais ainda, não é isso?

– O importante é o seguinte: a senhora vai se divertir? Bem, eu creio que vai. A propósito: quando se sentir cansada fazendo alguma coisa, pare de fazê-la.

– Vou beber copos de água se a água tiver gosto de ovo podre. Não porque eu goste ou porque eu francamente ache que me faça algum bem. Mas dá uma espécie de sentimento mortificante. É como as mulheres velhas no nosso vilarejo costumavam ser. Elas sempre queriam um remédio bom e forte, com cor preta ou púrpura ou rosa, e um sabor acentuado de hortelã. Elas pensavam que isso lhes fazia muito mais bem do que uma inofensiva pílula ou um frasco comum que apenas parecia estar cheio de água comum sem nenhuma cor exótica.

– A senhora sabe bastante sobre a natureza humana – disse o dr. Donaldson.

– Você é muito gentil comigo – disse Lady Matilda. – Fico agradecida. Amy!

– Sim, Lady Matilda?

– Pegue um atlas para mim, por favor. Não me lembro bem da Bavária e dos países em volta.

– Vejamos. Um atlas. Deve haver algum na biblioteca, eu suponho. Decerto nós temos alguns atlas velhos por aí, datando de 1920 ou algo aproximado, eu suponho.

– Eu estava imaginando algo um pouco mais moderno.

– Atlas – disse Amy, numa profunda reflexão.

– Se não tivermos, você pode comprar um e me trazer amanhã de manhã. Será bastante difícil porque todos os nomes são diferentes, os países são diferentes, e eu não saberei onde estou. Mas você vai ter que me ajudar com isso. Encontre para mim uma grande lente de aumento, pode ser? Tenho a impressão de que eu estava lendo na cama com uma, outro dia, e ela provavelmente deslizou entre a cama e a parede.

Suas solicitações tomaram um certo tempo até que fossem cumpridas, mas o atlas, a lente de aumento e um atlas mais antigo para comparação foram afinal apresentados e Amy, boa mulher que era, Lady Matilda pensou, foi extremamente prestativa.

– Sim, aqui está. O nome ainda parece ser Monbrügge ou algo assim. Fica no Tirol ou na Bavária. Tudo parece ter mudado de lugar, ganhando nomes diferentes...

II

Lady Matilda olhou em volta de seu quarto na Gasthaus. Era bem decorado. Era caríssimo. Combinava conforto com uma aparência de tamanha austeridade que poderia levar o habitante a ser atraído por um ascético programa de exercícios, por uma dieta e possivelmente por sessões de massagem. A mobília, ela pensou, era muito interessante. Todos os gostos eram atendidos. Havia uma enorme escritura gótica emoldurada na parede. O alemão de Lady Matilda já não era tão bom como havia sido em sua infância, mas o texto tratava, ela pensou, da dourada e encantadora ideia de um retorno à juventude. Não apenas a juventude tinha o mundo em suas mãos como também os velhos estavam sendo gentilmente doutrinados a sentir que eles mesmos poderiam desfrutar de um segundo florescimento dourado.

Aqui havia caridosos auxílios para capacitar um indivíduo a seguir a doutrina de qualquer um dos muitos caminhos de vida que atraíam diferentes categorias de pessoas. (Sempre presumindo que elas tinham dinheiro suficiente para pagar por isso.) Num lado da cama havia uma Bíblia dos Gideões igual àquelas que Lady Matilda, quando em viagem nos Estados Unidos, tantas vezes tinha visto junto à cama. Ela pegou a Bíblia com um ar de aprovação, abriu as páginas ao acaso e pousou o dedo num versículo em particular. Lady Matilda o leu, balançando a cabeça num assentimento satisfeito, e fez uma breve anotação num caderno que estava na mesinha de cabeceira. Ela fizera isso com grande frequência no decorrer de sua vida – era o seu modo de obter orientação divina num curto prazo.

Já fui jovem e agora sou velho, no entanto não vi os justos desamparados.

Ela fez investigações adicionais pelo quarto. Posicionado à mão, mas não aparente demais, havia um *Almanaque de Gotha*, modestamente situado numa divisão inferior da mesinha de cabeceira. Um livro muitíssimo valioso para aqueles que desejassem se familiarizar com os estratos mais altos da sociedade, recuando centenas de anos no passado, e que ainda era observado e percebido e conferido por pessoas de linhagem aristocrática ou interessadas pelo assunto. Vai ser bem útil, ela pensou, terei muito para ler.

Perto da escrivaninha, junto ao fogão de porcelana de época, havia edições em brochura de certas pregações e dogmas dos modernos profetas do mundo. Aqueles que agora ou recentemente vinham gritando no deserto estavam aqui para ser estudados e aprovados por jovens seguidores com halos de cabelo, estranhas vestimentas e corações fervorosos. Marcuse, Guevara, Lévi-Strauss, Fanon.

Para o caso de desenvolver quaisquer conversações com a juventude dourada, seria melhor ela ler um pouco daquilo também.

Naquele momento houve uma tímida batida na porta. A porta se abriu um pouco e o rosto da fiel Amy apareceu no canto. Amy, Lady Matilda pensou de repente, iria parecer exatamente uma ovelha quando fosse dez anos mais velha. Uma ovelha boa, fiel e carinhosa. No momento, Lady Matilda ficava feliz por constatar, ela ainda era como uma ovelhinha rechonchuda, muito agradável, com vistosos cabelos encaracolados, com olhos pensativos e afetuosos, capaz de emitir carinhosos "bés" em vez de balidos.

– Espero que a senhora tenha dormido bem.

– Sim, minha querida, minha noite de sono foi excelente. Você conseguiu aquela coisa?

Amy sempre sabia o que ela queria. Entregou o pedido nas mãos de sua patroa.

– Ah, o programa da minha dieta. Muito bem.

Lady Matilda o leu com atenção e disse:

– É tão inacreditavelmente sem graça! Como é essa água que eles esperam que a pessoa beba?

– O gosto não é lá muito bom.

– Pois é, imaginei que não fosse. Volte daqui a meia hora. Quero que você mande uma carta.

Movendo para o lado a bandeja do seu café da manhã, ela se deslocou até a escrivaninha. Pensou por alguns minutos e então escreveu sua carta.

– Vai surtir efeito – ela murmurou.

– Perdão, Lady Matilda, o que foi que a senhora disse?

– Eu estava escrevendo para aquela velha amiga que mencionei a você.

– Aquela que a senhora nunca mais viu nos últimos cinquenta ou sessenta anos?

Lady Matilda assentiu com a cabeça.

– Eu de fato espero... – Amy falou num tom acanhado. – Quero dizer... eu... faz tanto tempo. As pessoas têm memórias curtas hoje em dia. Eu de fato espero que ela se lembre bem da senhora e de tudo.

– Claro que ela vai se lembrar – disse Lady Matilda. – As pessoas que você não esquece são as pessoas que conheceu quando tinha entre dez e vinte anos de idade. Elas grudam na sua mente para sempre. Você se lembra dos chapéus que elas usavam, do jeito que elas tinham de rir, e você se lembra de seus defeitos e de suas boas qualidades e de tudo a respeito delas. Ora, no caso daquelas que eu conheci vinte anos atrás, digamos assim, eu simplesmente não consigo lembrar quem são. Não lembro quando elas são mencionadas para mim, e nem mesmo quando as vejo. Ah, sim, ela vai se lembrar de *mim*. E de tudo com relação a Lausanne. Trate de mandar esta carta. Preciso fazer um pouco de lição de casa.

Ela pegou o *Almanaque de Gotha* e voltou para a cama, onde se dedicou a um sério estudo de itens que poderiam vir a ser úteis. Algumas relações familiares e vários outros parentescos de caráter proveitoso. Quem tinha casado com quem, quem havia morado onde, quais infortúnios haviam acometido outros. Não que a pessoa que ela tinha em mente fosse passível de ser encontrada no *Almanaque de Gotha*. Mas ela morava em certa parte do mundo, tinha ido para lá deliberadamente para morar num *Schloss* pertencente a antepassados de origem nobre, e absorvera o respeito e a adulação local como se estivesse acima de todos em importância aristocrática. De um nascimento nobre, mesmo que manchado por pobreza, ela mesma, como Lady Matilda sabia muito bem, não poderia se vangloriar de maneira alguma. Ela tivera de compensar com dinheiro. Oceanos de dinheiro. Inacreditáveis somas de dinheiro.

Lady Matilda Cleckheaton tinha certeza de que no seu próprio caso, como filha de um oitavo duque, ela seria merecedora de alguma festividade. Café, talvez, e deliciosos bolos de creme.

III

Lady Matilda Cleckheaton fez sua entrada num dos grandes salões de recepção do *Schloss.* Ela fizera uma viagem de carro de 25 quilômetros. Vestira-se com algum cuidado, tendo enfrentado, no entanto, a desaprovação de Amy. Amy raras vezes oferecia conselhos, mas sentia-se tão ansiosa por garantir o sucesso de sua superiora no misterioso empreendimento atual que se arriscara, dessa vez, numa censura moderada.

– A senhora não acha que o seu vestido vermelho está um pouco *desgastado*? Entende o meu ponto? Estou me referindo às partes embaixo dos braços, e, bem, dá para ver dois ou três remendos muito chamativos...

– Eu sei, minha querida, eu sei. É um vestido esfarrapado, mas não deixa de ser um modelo de Patou. É velho mas custou caríssimo. Não estou tentando parecer rica ou extravagante. Sou uma integrante empobrecida de uma família aristocrática. Qualquer pessoa com menos de cinquenta anos, sem dúvida, me desprezaria. Mas a minha anfitriã está vivendo e viveu por alguns anos numa parte do mundo onde os ricos são mantidos esperando pela refeição enquanto a anfitriã fará questão de servir uma mulher idosa e esfarrapada de ascendência impecável. Tradições de família são coisas que a gente não perde facilmente. Elas continuam absorvidas mesmo quando se vai para uma nova vizinhança. Na minha mala, a propósito, você encontrará um boá de plumas.

– A senhora vai usar um boá de plumas?

– Sim, vou. De plumas de avestruz.

– Minha nossa, ele deve ter não sei quantos anos de idade.

– Vários anos, mas eu o guardei com o maior cuidado. Você vai ver, Charlotte reconhecerá o que é. Ela pensará que uma das melhores famílias da Inglaterra foi rebaixada a ter de usar roupas velhas guardadas com o maior cuidado ao longo de anos. E eu vou usar a minha pele de foca também. Essa está um pouco desgastada, mas era um casaco tão magnífico em seu tempo...

Assim arrumada, Lady Matilda foi em frente. Amy foi junto como uma acompanhante bem arrumada, mas apenas discretamente elegante.

Matilda Cleckheaton estava preparada para o que viu. Uma baleia, como Stafford lhe dissera. Uma baleia chafurdante, uma velha medonha sentada numa sala cercada por quadros que valiam uma fortuna. Levantando-se com alguma dificuldade de uma poltrona semelhante a trono que poderia ter figurado num palco representando o palácio de algum magnífico príncipe de qualquer era da Idade Média para baixo.

– Matilda!

– Charlotte!

– Ah! Depois de todos esses anos. Como parece estranho!

As duas trocaram palavras de saudação e de prazer, falando um pouco em alemão e um pouco em inglês. O alemão de Lady Matilda era ligeiramente defeituoso. Charlotte falava um alemão excelente, e também um excelente inglês, muito embora com um sotaque gutural bastante acentuado, e, por vezes, com sotaque americano. Ela era realmente, Lady Matilda pensou, esplendidamente medonha. Por um momento, sentiu certa ternura quase remontando ao passado, ainda que, como refletiu no momento seguinte, Charlotte tivesse sido uma garota muitíssimo detestável. Ninguém de fato havia gostado dela, e ela mesma certamente não sentira qualquer afeição pelos outros. Mas existe um laço muito forte, digam o que quiserem, nas memórias dos velhos dias da escola. Se Charlotte gostara dela ou não, Lady Matilda não sabia. Mas Charlotte, ela lembrava, certamente – como costumavam dizer naquele tempo – a bajulara. Ela tivera pretensões, possivelmente, de se hospedar num castelo ducal inglês. O pai de Lady Matilda, embora pertencesse à mais louvável das linhagens, tinha sido um dos menos endinheirados entre todos os duques da Inglaterra. Seus bens só haviam se mantido graças à esposa rica com a qual se casara e a quem tratara com a máxima cortesia, e a qual gostava de importuná-lo sempre que possível. Lady Matilda tivera a sorte de ser filha dele pelo segundo casamento. Sua mãe tinha sido uma pessoa extremamente agradável e também uma atriz de muito sucesso, capaz de representar o seu papel de parecer uma duquesa com maior talento do que qualquer duquesa verdadeira.

Elas trocaram reminiscências sobre o passado, sobre as torturas que tinham infligido em alguns de seus professores, sobre os casamentos felizes e infelizes que haviam ocorrido a determinadas colegas. Matilda fez algumas menções a certas alianças e famílias extraídas das páginas do *Almanaque de Gotha* – "Mas é claro que deve ter sido um casamento terrível para Elsa. Ela era uma Bourbon de Parma, não era? Sim, sim, a gente sabe qual costuma ser o resultado. Lamentável".

Trouxeram o café, um café delicioso, baixelas com mil-folhas e deliciosos bolos de creme.

– Eu não deveria tocar em nada disso – exclamou Lady Matilda. – Não devia mesmo! O meu médico é muitíssimo severo. Ele disse que eu deveria me limitar exclusivamente à Cura enquanto estivesse aqui. No entanto, pensando melhor, este é um dia de festa, não é? Da renovação da juventude. Isso é o que mais me interessa. O meu sobrinho-neto que a visitou não faz muito tempo... esqueci quem o trouxe aqui, a condessa... ah, começava com Z, não consigo lembrar o nome...

– A condessa Renata Zerkowski...

– Ah, esse era o nome, sim. Uma jovem muito encantadora, eu acredito. E ela o trouxe aqui para visitá-la. Foi muitíssimo gentil da parte dela. Ele ficou tão impressionado. Impressionado, também, com todas as suas lindas posses. Com o seu modo de vida e, de fato, com as coisas maravilhosas que ouvira falar a seu respeito. Como você tem um movimento inteiro de... ah, eu não saberia usar o termo apropriado. Uma Galáxia da Juventude. Uma juventude dourada, linda. Eles se aglomeram ao seu redor. Eles a idolatram. Que vida maravilhosa você deve ter. Não que eu pudesse suportar uma vida semelhante. Preciso viver bem sossegadamente. Artrite reumatoide. E também as dificuldades financeiras. A dificuldade para manter a casa da família. Ah, bem, você sabe como é para nós na Inglaterra... os nossos problemas de impostos.

– Eu me lembro daquele sobrinho seu, sim. Um homem agradável, muito agradável. Serviço diplomático, é isso?

– Isso. Mas é... bem, você sabe, não consigo sentir que o talento dele esteja sendo reconhecido da maneira devida. Ele não fala muito. Não se queixa, mas sente que... bem, sente que não tem sido valorizado como deveria. Os poderes constituídos, aqueles que estão no comando atualmente, o que é que eles são?

– *Canaille!* – disse a Grande Charlotte.

– Intelectuais sem nenhum *savoir faire* na vida. Cinquenta anos atrás teria sido diferente – disse Lady Matilda –, mas hoje em dia o progresso dele não é incentivado como deveria ser. Eu lhe direi até mesmo, de modo confidencial, é claro, que desconfiaram dele. Suspeitam que ele tenha... como eu diria?... um lado rebelde, tendências revolucionárias. E, no entanto, seria preciso perceber o que o futuro reserva para um homem capaz de adotar ideias mais avançadas.

– Você quer dizer que ele não nutre, como vocês costumam dizer na Inglaterra, grande simpatia pelas instituições?

– Fale baixo, não devemos dizer essas coisas. Pelo menos *eu* não devo – disse Lady Matilda.

– Você me interessou – disse Charlotte.

Matilda Cleckheaton suspirou.

– Coloque na conta, se quiser, de uma velha parente afeiçoada. Staffy sempre foi meu favorito. Ele tem charme e espirituosidade. Penso também que tem ideias. Ele tem sonhos quando ao futuro, um futuro que deveria ser bastante diferente disso que nós temos agora. O nosso país, ai de nós, encontra-se politicamente num péssimo estado. Stafford pareceu ter ficado muito impressionado com coisas que você lhe contou ou mostrou. Você fez tanto pela música, pelo que eu soube. O que é mais necessário para nós, não posso deixar de sentir, é o ideal da super-raça.

– É necessário e possível que tenhamos uma super-raça. Adolf Hitler teve a ideia certa – disse Charlotte. – Um homem sem nenhuma importância em si mesmo, mas ele tinha elementos artísticos em seu caráter. E sem dúvida tinha o poder da liderança.

– Ah, sim. Liderança, é disso que nós precisamos.

– Vocês tiveram os aliados errados na última guerra, minha querida. Se a Inglaterra e a Alemanha tivessem caminhado lado a lado, se tivessem acalentado os mesmos ideais, de juventude, de força, duas nações arianas com os ideais corretos... Imagine até onde o seu país e o meu poderiam ter chegado hoje! No entanto, talvez até esse seja um ponto de vista muito estreito. De certa forma os comunistas e os outros nos ensinaram uma lição. "Trabalhadores do mundo, uni-vos?" Mas isso é ter visões restritas demais. Os trabalhadores são somente a nossa matéria-prima. O correto é "Líderes do mundo, uni-vos!". Jovens com o dom da liderança, jovens com sangue nobre. E nós precisamos começar não com homens de meia-idade apegados a seus costumes, repetindo-se como um disco arranhado na vitrola. Precisamos procurar entre a população estudantil os jovens de coração valente, com grandes ideias, dispostos a marchar, dispostos a morrer, mas também dispostos a matar. Matar sem qualquer remorso... porque é certo que sem agressividade, sem violência, sem ataque, não pode haver vitória. Preciso lhe mostrar uma coisa...

Com uma boa dose de esforço ela conseguiu se colocar de pé. Lady Matilda seguiu seu exemplo, acentuando um pouco sua dificuldade, que não chegava a ser tão grande quanto fazia crer.

– Foi em maio de 1940 – disse Charlotte –, quando a Juventude Hitlerista progrediu para o seu segundo estágio. Quando Himmler obteve de Hitler um decreto. O decreto da famosa SS. Ela foi formada em nome da destruição dos povos orientais, dos escravos, dos designados escravos do mundo. Abrindo espaço à raça dominante alemã. O instrumento executivo da SS entrou em funcionamento.

Sua voz perdeu um pouco a força e manifestou, por um momento, uma espécie de reverência religiosa.

Lady Matilda quase se persignou por engano.

– A Ordem da Caveira – disse a Grande Charlotte.

Ela avançou lenta e penosamente pela sala e apontou para o ponto na parede onde estava pendurada, emoldurada em dourado e encimada por um crânio, a Ordem da Caveira.

– Você vê? É o meu bem mais precioso. Fica aqui na minha parede. Os jovens do meu bando dourado, quando me visitam, saúdam a ordem. E nos nossos arquivos no castelo existem fólios de suas crônicas. Algumas delas são apenas leituras para pessoas de estômago forte, mas é preciso aprender a aceitar essas coisas. As mortes nas câmaras de gás, as celas de tortura, os julgamentos de Nuremberg falam maldosamente de todas essas coisas. Mas era uma grande tradição. Força através da dor. Eles eram treinados jovens, aqueles meninos, de modo que não vacilassem ou voltassem atrás ou sofressem qualquer espécie de fraqueza. Até mesmo Lenin, pregando a sua doutrina marxista, declarou "Abaixo a fraqueza!". Foi uma de suas primeiras regras para criar um Estado perfeito. Mas nós fomos estreitos demais. Quisemos confinar o nosso sonho apenas à raça dominante alemã. Mas existem outras raças. Elas também podem atingir a supremacia através do sofrimento e da violência e através da considerada prática da anarquia. Precisamos derrubar, derrubar todas as instituições fracas. Derrubar as formas mais humilhantes de religião. Existe uma religião de força, a velha religião do povo viking. E nós temos um líder, jovem ainda, ganhando poder a cada dia que passa. O que foi que disse um grande homem? Me dê as ferramentas e eu farei o trabalho. Algo parecido. O nosso líder já tem as ferramentas. E ele terá mais ferramentas. Terá os aviões, as bombas, meios para uma guerra química. Terá os homens para lutar. Terá os transportes. Terá embarcações e petróleo. Terá o que poderíamos chamar de uma evocação do gênio de Aladim. Você esfrega a lâmpada e o gênio aparece. Está tudo nas nossas mãos. Os meios de produção, os meios de riqueza e o nosso jovem líder, um líder tanto por nascença quanto por caráter. Ele tem tudo isso.

Ela bufou e tossiu.

– Deixe-me ajudá-la.

Lady Matilda lhe deu auxílio para que voltasse ao assento. Charlotte arquejou um pouco enquanto se sentava.

– É triste ser velha, mas eu hei de viver o bastante. O bastante para testemunhar o triunfo de um novo mundo, de uma nova criação. Isso é o que você quer para o seu sobrinho. Darei um jeito nisso. Poder em seu próprio país, isso é o que ele quer, não é? Você estaria disposta a encorajar a ponta de lança lá?

– Tive alguma influência no passado. Mas agora... – Lady Matilda balançou a cabeça com tristeza. – Tudo isso já passou.

– Vai voltar, minha querida – disse sua amiga. – Você fez a coisa certa vindo me procurar. Eu tenho uma certa influência.

– É uma grande causa – disse Lady Matilda. Ela suspirou e murmurou: – O jovem Siegfried.

IV

– Espero que a senhora tenha gostado de encontrar a sua velha amiga – disse Amy, enquanto elas se dirigiam de volta à Gasthaus.

– Se você tivesse ouvido todas as bobagens que eu falei, não acreditaria – disse Lady Matilda Cleckheaton.

Capítulo 16

Pikeaway fala

– As notícias da França são muito ruins – disse o coronel Pikeaway, espanando uma nuvem de cinzas de charuto do seu casaco. – Ouvi Winston Churchill dizendo isso na última guerra. Ali estava um homem capaz de se expressar com palavras simples e usando somente as necessárias. Era impressionante. Nos dizia o que precisávamos saber. Bem, passou-se muito tempo desde então, mas eu repito: as notícias da França são muito ruins.

Ele tossiu, bufou e espanou mais algumas cinzas.

– As notícias da Itália são muito ruins – ele disse. – As notícias da Rússia, eu imagino, poderiam ser muito ruins se eles deixassem vazar grande coisa. Eles também têm problemas por lá. Bandos de estudantes marchando nas ruas, vitrinas de lojas estilhaçadas, embaixadas atacadas. As notícias do Egito são muito ruins. As notícias de Jerusalém são muito ruins. As notícias da Síria são muito ruins. Tudo isso é mais ou menos normal, então não precisamos nos preocupar demais. As notícias da Argentina são o que eu chamaria de peculiares. Muito peculiares mesmo. Argentina, Brasil, Cuba, estão todos unidos. Estão se chamando de Estados Federativos da Juventude Dourada, ou algo parecido. Eles têm um exército também. Devidamente treinado, devidamente armado, devidamente comandado. Eles têm aviões, têm bombas, têm sabe Deus o quê. E quase todos sabem o que fazer com isso tudo, o que torna bem pior a situação. Há um grupo que canta também, aparentemente. Canções pop, velhas canções folclóricas locais e hinos militares antigos. Eles procedem como o Exército da Salvação costumava proceder. Não estou querendo cometer uma blasfêmia, não estou menosprezando o Exército da Salvação. Eles sempre fizeram um ótimo trabalho. E as garotas... lindas de morrer com suas boinas.

Pikeaway continuou:

– Ouvi falar que algo nessa linha está se desenvolvendo nos países civilizados, começando *conosco*. Alguns de nós ainda podem ser chamados de civilizados, eu suponho? Outro dia um dos nossos políticos, eu recordo, disse que nós éramos uma nação esplêndida, principalmente porque éramos tolerantes, fazíamos manifestações, quebrávamos coisas, batíamos em qualquer um se não tivéssemos nada melhor para fazer, nos livrávamos do nosso bom estado de espírito com exibições de violência e da nossa pureza moral tirando a maior parte das roupas. Eu não sei se ele tinha ideia do que estava falando... os políticos raramente têm ideia do que falam... mas conseguem soar eloquentes. É por isso que eles são políticos.

Ele fez uma pausa e olhou para o homem com quem estava falando.

– É perturbador... tristemente perturbador – disse Sir George Packham. – A pessoa mal consegue acreditar... uma preocupação... se pudéssemos apenas... Essas são todas as notícias que você tem? – ele perguntou, num tom de lamúria.

– Isso não basta? É difícil satisfazê-lo. A anarquia mundial avançando a passos rápidos... isso é o que nós temos. Um pouco hesitante ainda... não de todo estabelecida, mas muito perto disso... muito perto mesmo.

– Mas certamente podemos tomar medidas contra tudo isso...

– Não é tão fácil quanto você imagina. O gás lacrimogêneo termina com o tumulto por um momento e dá uma folga para a polícia. E naturalmente nós temos um belo material de armas bacteriológicas, bombas nucleares e todas essas trucagens... O que você acha que aconteceria se nós começássemos a usar tudo isso? Um massacre em massa de todos os garotos e garotas manifestantes, dos mercados frequentados pelas donas de casa, dos velhos aposentados em suas casas, de uma boa parcela dos nossos pomposos políticos enquanto eles nos dizem que nunca estivemos tão bem, e além disso eu e você... Haha!

– E de qualquer forma – acrescentou o coronel Pikeaway –, se você está só atrás de notícias, ouvi dizer que recebeu notícias quentes quando chegou hoje. Algo ultrassecreto da Alemanha, Herr Heinrich Spiess em pessoa.

– De que maneira você soube disso? Supõe-se que seja estritamente...

– Nós sabemos de tudo aqui – disse o coronel Pikeaway, usando a sua frase predileta: – É para isso que nós servimos.

– Trazendo também um doutor domesticado, pelo que eu sei... – ele acrescentou.

– Sim, um certo dr. Reichardt, um cientista de primeiro nível, eu presumo...

– Não. Um médico... manicômios...

– Minha nossa... Um psicólogo?

– Provavelmente. Os responsáveis pelos manicômios costumam ser psicólogos. Com alguma sorte, ele terá sido trazido aqui para examinar as cabeças de alguns dos nossos jovens agitadores. Bem recheadas elas estão com filosofia alemã, filosofia do Poder Negro, filosofia de escritores franceses mortos e assim por diante. Possivelmente vão deixá-lo examinar algumas das cabeças dos luminares que presidem as nossas cortes judiciais aqui dizendo que precisamos ter muito cuidado para não fazer algo que prejudique o ego de um jovem porque ele *poderia* ter de ganhar a vida. Ficaríamos bem mais seguros se os mandassem todos recorrer à Assistência Social para que fossem sustentados e então eles poderiam voltar para os seus quartos, não fazendo trabalho nenhum e se divertindo com mais leituras de filosofia. No entanto, eu estou desatualizado. Eu sei disso. Você não precisa me dizer.

– É preciso levar em conta as novas formas de pensamento – disse Sir George Packham. – A pessoa sente, quero dizer...espera... bem, é difícil de dizer...

– Deve ser muito preocupante para você – disse o coronel Pikeaway. – Considerar difícil dizer as coisas.

O telefone tocou. Ele atendeu e depois o passou para Sir George.

– Sim? – falou Sir George. – Sim? Ah, sim. Sim. Eu concordo. Eu suponho... Não... não... no Ministério não. Não. Em particular, você dizer. Bem, suponho que seria melhor usarmos... hã... – Sir George olhou em volta da sala cautelosamente.

– Não há escutas nesta sala – disse amavelmente o coronel Pikeaway.

– A palavra de código é Danúbio Azul – Sir George Packham disse com um sussurro alto e rouco. – Sim, sim. Levarei Pikeaway comigo. Ah, sim, é claro. Sim, sim. Abrir para ele. Sim, dizer que você faz questão de que ele participe, mas lembrar que o nosso encontro tem que ser estritamente confidencial.

– Não podemos levar o meu carro, então – disse Pikeaway. – É conhecido demais.

– Henry Horsham está vindo nos pegar no Volkswagen.

– Ótimo – disse o coronel Pikeaway. – Interessante, sabe, isso tudo.

– Você não acha que... – Sir George falou e hesitou.

– Não acho o quê?

– Eu quis dizer que... bem, eu... quero dizer, você não se importaria se eu sugerisse... uma escova de roupa?

– Ah, isso.

O coronel Pikeaway bateu de leve no ombro e uma nuvem de cinzas de charuto subiu no ar, fazendo com que Sir George se asfixiasse.

– Nanny! – o coronel Pikeaway gritou, socando um interfone em sua mesa.

Uma mulher de meia-idade entrou com uma escova de roupa, aparecendo com a presteza de um gênio evocado pela lâmpada de Aladim.

– Prenda a respiração, por favor, Sir George – ela disse. – Isso poderá ser um pouco pungente...

Ela deixou a porta aberta e ele se retirou enquanto ela escovava o coronel Pikeaway, que tossiu e reclamou:

– Que maldita importunação essas pessoas. Sempre querendo que você se arrume como um boneco.

– Eu não descreveria bem assim a sua aparência, coronel. O senhor deveria estar acostumado, por essa altura, com o meu auxílio na sua limpeza. E o senhor sabe que o secretário de Assuntos Internos sofre de asma.

– Bem, a culpa é dele. Não tomou o cuidado adequado para tirar a poluição das ruas de Londres. Pronto, Sir George, vamos ouvir o que o nosso amigo alemão veio nos dizer. Parece ser um assunto um tanto urgente.

Capítulo 17

Herr Heinrich Spiess

Herr Heinrich Spiess era um homem preocupado. Ele não tentava esconder esse fato. Reconhecia, de fato, sem ocultar nada, que a situação em função da qual aqueles cinco homens se reuniam para discutir era muito séria. Ao mesmo tempo, trazia consigo um senso de confiança que tinha sido o seu principal recurso quando lidara com as recentes dificuldades da vida política na Alemanha. Era um homem firme, um homem sensato, um homem capaz de trazer bom senso a todas as reuniões das quais participasse. Não passava nenhuma impressão de ser um homem brilhante, e até mesmo isso inspirava confiança. Políticos brilhantes haviam sido os responsáveis por cerca de dois terços das crises nacionais em mais de um país. O outro terço de problemas tinha sido causado por políticos incapazes de esconder, embora legalmente eleitos em governos democráticos, incapazes de esconder sua dramática pobreza de raciocínio, de bom senso e, na verdade, de quaisquer qualidades mentais perceptíveis.

– Esta não é de forma alguma uma visita oficial, os senhores compreendem – disse o chanceler.

– Ah, sem sombra de dúvida.

– Uma certa informação chegou ao meu conhecimento e eu julguei ser essencial que ela fosse compartilhada. Ela lança uma luz bastante interessante em certos acontecimentos que tanto nos intrigaram quanto nos perturbaram. Este é o dr. Reichardt.

Foram feitas as apresentações. O dr. Reichardt era um homem corpulento e de aparência tranquila com o hábito de dizer "*Ach, so*" de tempos em tempos.

– O dr. Reichardt é responsável por um grande estabelecimento nos arredores de Karlsruhe. Ele trata de pacientes com distúrbios mentais lá. Creio que estarei certo se disser que o senhor trata entre quinhentos e seiscentos pacientes, não é mesmo?

– *Ach, so* – disse o dr. Reichardt.

– Presumo que o senhor trate várias formas diferentes de doença mental...

– *Ach, so.* Na clínica há diferentes formas de doença mental, mas, mesmo assim, tenho um interesse especial e trato quase exclusivamente de um tipo particular deste tipo de doença.

Ele enveredou pelo alemão e Herr Spiess logo apresentou uma breve tradução para o caso de alguns de seus colegas ingleses não conseguirem entender. Isso era tanto necessário quanto atencioso. Dois deles entendiam em parte, um definitivamente não entendia e os outros dois estavam verdadeiramente intrigados.

– O dr. Reichardt obteve – explicou Herr Spiess – o maior dos sucessos em seu tratamento daquilo que eu, na condição de leigo, descrevo como megalomania. A crença de que você é alguém que não é. A ideia de ser mais importante do que você é. Ideias que, se você tem mania de perseguição...

– *Ach*, não! – exclamou o dr. Reichardt – Mania de perseguição, *não*, disso eu não trato. Não há nenhuma mania de perseguição na minha clínica. Não no grupo pelo qual estou especialmente interessado. Pelo contrário, eles acalentam as ilusões que têm porque desejam ser felizes. E eles são felizes, e eu posso mantê-los felizes. Mas se eu os curar, vejam bem, eles não serão felizes. Portanto, preciso encontrar uma cura que lhes restaure a sanidade, mas mantendo a felicidade ao mesmo tempo. Nós chamamos esse particular estado de espírito...

Ele pronunciou uma palavra longa, de ao menos oito sílabas, que soava ferozmente germânica.

– Para os propósitos dos nossos amigos ingleses, continuarei a usar o termo "megalomania", embora eu saiba – Herr Spiess continuou um tanto apressadamente – que esse não é o termo que o senhor usa hoje em dia, dr. Reichardt. Então, como eu ia dizendo, o senhor tem seiscentos pacientes na sua clínica.

– E num determinado momento, o momento ao qual vou referir, eu tinha oitocentos.

– Oitocentos!

– Foi interessante... muitíssimo interessante!

– O senhor tem essas pessoas... para começar do princípio...

– Nós temos Deus Todo-poderoso – explicou o dr. Reichardt. – O senhores compreendem?

O sr. Lazenby pareceu ficar ligeiramente assombrado.

– Ah... hã... sim... hã... sim. Muito interessante, eu tenho certeza.

– Temos um ou outro rapaz, é claro, pensando que é Jesus Cristo. Mas Jesus não é tão popular como o Todo-poderoso. E depois temos os outros. Eu tive, na época que vou mencionar, 24 Adolf Hitlers. Isso, os senhores precisam compreender, era na época em que Hitler estava vivo. Sim, 24 ou 25 Adolf Hitlers... – ele consultou um pequeno caderno de anotações que tirou do bolso. – Fiz algumas anotações aqui, sim. Quinze Napoleões. Napoleão é sempre popular, dez Mussolinis, cinco reencarnações de Júlio César e vários outros casos, muito curiosos e muito interessantes. Mas não vou cansá-los com esses neste momento. Não sendo especialmente qualificados no sentido médico, isso não teria nenhum interesse para os senhores. Chegaremos ao incidente que importa.

O dr. Reichardt falou de novo sem se estender tanto, e Herr Spiess continuou a traduzir.

– Certo dia se apresentou a ele um oficial do governo. Tido em alta consideração naquela época (isso foi durante a guerra, tenham em mente) pelo governo que estava no poder. Vou chamá-lo por enquanto de Martin B. Os senhores saberão a quem eu me refiro. Ele trouxe consigo o seu chefe. Na verdade, trouxe consigo... bem, podemos falar sem evasivas... o próprio Führer.

– *Ach, so* – disse o dr. Reichardt. – Foi uma grande honra, os senhores entendem, que ele tivesse vindo fazer uma inspeção – prosseguiu o doutor. – Ele foi muito afável, *mein* Führer. Contou-me que ouvira relatórios muito bons sobre os meus sucessos. Disse que vinham ocorrendo problemas ultimamente. Casos no exército. No exército, mais de uma vez, haviam aparecido homens acreditando que eram Napoleão, às vezes acreditando que eram determinados marechais de Napoleão, e, por vezes, os senhores compreendem, comportando-se de acordo com a ilusão, distribuindo ordens militares e causando por isso dificuldades militares. Eu teria ficado feliz em lhe passar qualquer conhecimento profissional que lhe pudesse ser útil, mas Martin B., que o acompanhava, disse que isso não seria necessário. O nosso grande Führer, no entanto – falou o dr. Reichardt, olhando para Herr Spiess com ligeiro desconforto –, não queria ser importunado com tais detalhes. Ele me disse que sem dúvida seria melhor se homens medicamente qualificados, com alguma experiência em neurologia, viessem fazer uma consulta. O que ele queria era... ach, bem... ele queria dar uma olhada, e eu logo descobri o que ele realmente tinha interesse por ver. Eu não deveria ter ficado surpreso. Ah, não, porque, vejam, era um sintoma que a pessoa reconhece. A tensão de sua vida já estava começando a dar sinais no caso do Führer.

– Suponho que naquela altura ele estivesse começando a pensar que era Deus Todo-poderoso – disse o coronel Pikeaway de forma inesperada, soltando um riso.

O dr. Reichardt pareceu ficar chocado.

– Ele me pediu para informá-lo de certas coisas. Disse que Martin B. lhe contara que eu tinha de fato um grande número de pacientes pensando, não era preciso falar com rodeios, que eram pessoalmente Adolf Hitler. Expliquei-lhe que aquilo não era incomum, que naturalmente, com o respeito e a veneração que dedicavam a Hitler, era bastante natural que o grande desejo de ser como ele acabasse por fazer com que se identificassem com ele. Fiquei um pouco ansioso ao mencionar isso, mas fiquei encantado ao constatar que ele expressava sinais de satisfação. Ele tomava aquilo, fico grato ao dizer, como um elogio, aquele apaixonado desejo de buscar uma identificação com ele. Depois o Führer perguntou se poderia encontrar um número representativo de pacientes que tivessem essa particular aflição. Debatemos um pouco. Martin B. pareceu estar em dúvida, mas me levou até um canto e me assegurou que Herr Hitler de fato queria ter essa experiência. O que ele próprio estava ansioso por assegurar era que Herr Hitler não topasse... bem, em suma, que Herr Hitler não fosse submetido a nenhum risco. Se alguns daqueles autodenominados Hitlers, acreditando apaixonadamente em si mesmos, tivessem certas inclinações violentas ou perigosas... Eu lhe garanti que ele não precisava ter nenhuma preocupação. Sugeri que eu selecionasse um grupo dos mais amáveis entre os nossos Führers e os reunisse para o encontro. Herr B. insistiu que o Führer estava muito ansioso por entrevistá-los e se misturar com eles sem que eu o acompanhasse. Os pacientes, ele disse, não se comportariam naturalmente caso vissem o diretor do estabelecimento ali, e como não havia nenhum perigo...

Eu lhe garanti mais uma vez que não havia nenhum perigo. Eu disse, no entanto, que ficaria contente se Herr B. lhe fizesse companhia. Não houve dificuldade quanto a isso. Foi tudo arranjado. Mensagens foram enviadas aos Führers para que se reunissem numa sala e esperassem um visitante muito distinto que estava ansioso para trocar ideias com eles. *Ach, so.* Martin B. e o Führer foram apresentados ao grupo. Eu me retirei, fechando a porta, e fiquei conversando com os dois ajudantes de ordens que os acompanhavam. O Führer, eu disse, parecia encontrar-se num estado particularmente aflito. Ele vinha tendo, sem dúvida, inúmeros problemas. Nós estávamos, devo dizer, bem perto do fim da guerra, quando as coisas, para ser franco, estavam indo muito mal. O próprio Führer, eles me disseram, andava muito transtornado, mas estava convencido de que poderia encerrar a guerra de modo triunfante se as ideias que ele continuamente apresentava para o seu estado-maior fossem levadas em frente e prontamente aceitas.

– O Führer, eu presumo – disse Sir George Packham –, estava naquela altura... quero dizer... sem dúvida ele estava num estado que...

– Não precisamos enfatizar esses pontos – disse Herr Spiess. – Ele estava completamente fora de si. Tinham de assumir autoridade em nome dele em vários pontos. Mas tudo isso os senhores decerto sabem muito bem com as investigações que fizeram no meu país.

– Lembro que nos julgamentos de Nuremberg...

– Não há necessidade de fazer referências aos julgamentos de Nuremberg, tenho certeza – disse o sr. Lazenby, decisivo. – Isso tudo já ficou bem para trás. Aguardamos um grande futuro no Mercado Comum com ajuda do seu governo, com o governo de Monsieur Grosjean e os seus outros colegas europeus. O passado é o passado.

– Isso mesmo – disse Herr Spiess –, e é do passado que agora falamos. Martin B. e Herr Hitler permaneceram pouquíssimo tempo na sala de reunião. Saíram depois de sete minutos. Herr B. expressou-se ao dr. Reichardt como muito satisfeito com a experiência. O carro deles estava esperando e Herr B. e Herr Hitler precisavam seguir imediatamente para outro compromisso. Saíram com muita pressa.

Houve um silêncio.

– E então? – perguntou o coronel Pikeaway. – Algo aconteceu? Ou já tinha acontecido?

– O comportamento de um de nossos pacientes Hitlers parecia estranho – disse o dr. Reichardt. – Era um homem que tinha particular semelhança com Herr Hitler, o que sempre lhe dera uma confiança especial em sua personificação. Ele agora insistia com mais veemência do que nunca que ele *era* o Führer, que ele precisava partir imediatamente para Berlim, que ele precisava presidir um Conselho do Estado-Maior. De fato, o homem se comportava sem nenhum sinal da ligeira melhora que demonstrara em sua condição. Parecia tão transformado que eu realmente não consegui compreender aquela mudança ocorrendo tão de repente. Fiquei aliviado, na verdade, quando dois dias depois seus parentes vieram levá-lo para casa, para um futuro tratamento particular.

– E o senhor o deixou partir – falou Herr Spiess.

– Naturalmente o deixei partir. Eles tinham um médico responsável com eles, ele era um paciente voluntário, sem atestado, e portanto tinha esse direito. E assim ele se foi.

– Não vejo... – começou Sir George Packham.

– Herr Spiess tem uma teoria...

– Não é uma teoria – disse Spiess. – O que eu estou lhes contando é fato. Os russos esconderam tal fato, nós escondemos tal fato. Abundantes evidências e provas apareceram. Hitler, o nosso Führer, *permaneceu no hospício por sua própria vontade* naquele dia e um homem com a mais acentuada semelhança em relação ao Hitler verdadeiro partiu com Martin B. Foi o corpo desse paciente que foi depois encontrado no bunker. Não vou falar com rodeios. Não precisamos entrar em detalhes desnecessários.

– Todos nós precisamos saber a verdade – disse Lazenby.

– O verdadeiro Führer foi mandado de forma clandestina, por uma rota planejada de antemão, para a Argentina, e lá viveu por alguns anos. Teve um filho na Argentina com uma linda moça ariana de boa família. Alguns afirmam que ela era inglesa. A condição mental de Hitler piorou e ele morreu louco, acreditando que comandava seus exércitos no campo de batalha. Foi o único plano possível pelo qual ele poderia ter escapado da Alemanha. Ele o aceitou.

– E o senhor quer dizer que durante todos esse anos nada vazou a respeito disso, nada veio à tona?

– Houve rumores, sempre existem rumores. Se o senhor lembrar, diziam que uma das filhas do czar russo escapara do massacre total de sua família.

– Mas isso era... – George Packham parou. – Falso. Completamente falso.

– Foi provado como falso por um grupo de pessoas. Foi aceito por outro grupo de pessoas, sendo que os dois grupos a tinham conhecido. Aquela Anastásia era de fato Anastásia, ou aquela Anastásia, grã-duquesa da Rússia, era na verdade apenas uma camponesa. Qual das histórias era verdadeira? Rumores! Quanto mais tempo duram, tanto menos as pessoas acreditam neles, exceto aquelas com mentes românticas, que seguem acreditando. Com muita frequência surgiram rumores de que Hitler estava vivo, não morto. Não há alguém que jamais tenha dito com certeza ter examinado seu cadáver. Os russos o declararam. Não apresentaram provas, entretanto.

– O senhor realmente pretende afirmar... Dr. Reichardt, *o senhor* confirma essa história extraordinária?

– *Ach* – disse o dr. Reichardt. – Os senhores me perguntam, mas eu lhes contei qual foi a minha parte. Certamente foi Martin B. quem veio ao meu sanatório. Foi Martin B. quem trouxe consigo o Führer. Foi Martin B. quem o tratou como Führer, quem falou com ele com a deferência típica de alguém que se dirige ao Führer. Quanto a mim, já convivi com centenas de Führers, Napoleões, Júlios Césares. Os senhores precisam entender que os Hitlers que viveram no meu sanatório se pareciam, poderiam ter sido, quase todos *poderiam* ter sido Adolf Hitler. *Eles* nunca poderiam ter acreditado em si mesmos com a paixão, com a veemência com a qual sabiam que eram Hitler, a menos que possuíssem uma básica semelhança, com maquiagem, roupas, contínua representação e interpretação do papel. Eu até ali não tivera nenhum encontro pessoal com Herr Adolf Hitler. Era possível ver retratos dele nos jornais, qualquer um sabia como era o aspecto do nosso grande gênio, mas nós só víamos as imagens que ele queria que fossem exibidas. Então ele veio, ele era o Führer, Martin B., um homem com autoridade mais do que confiável nessa questão, disse que ele era o Führer. Não, eu não tive nenhuma dúvida. Cumpri ordens. Herr Hitler queria entrar sozinho numa sala para encontrar uma seleção de seus... como dizer?... de suas cópias de gesso. Ele entrou. Ele saiu. Uma troca de roupas poderia ter sido feita, roupas não muito diferentes em todo caso. Quem saiu foi ele mesmo ou um dos autodenominados Hitlers? Retirado às pressas por Martin B. e levado embora enquanto o homem verdadeiro poderia ter ficado para trás, poderia ter gostado de desempenhar seu papel, poderia ter sabido que dessa maneira e apenas dessa maneira ele conseguiria fugir do país que a qualquer momento poderia se render. Hitler já estava perturbado, mentalmente afetado por fúria e raiva... as ordens que ele dava, as mensagens disparatadas e fantásticas que mandava para o seu pessoal, aquilo que deviam fazer, aquilo que deviam dizer, as coisas impossíveis que tinham de empreender, já não eram, como antes, obedecidas de imediato. Ele já conseguia sentir que não mais dispunha do supremo comando. Mas tinha um ou dois homens fiéis e estes tinham um plano para ele, para tirá-lo do país, da Europa, e mandá-lo a um lugar onde ele poderia mobilizar a seu redor, num continente diferente, seus seguidores nazistas, os jovens que acreditavam nele com tanta paixão. A suástica nasceria de novo lá. Ele desempenhou o seu papel. Sem dúvida gostou disso. Sim, isso seria condizente com um homem cuja razão já cambaleava. Ele mostraria para esses outros que conseguia interpretar o papel de Adolf Hitler melhor do que eles. Ele ria sozinho ocasionalmente, e os meus médicos, os meus enfermeiros observavam e percebiam alguma ligeira mudança. Um paciente que parecia estar mentalmente perturbado com intensidade incomum, talvez. Ora, não havia grande problema nisso. Aquilo sempre acontecia. Com os Napoleões, com os Júlios Césares, com todos eles. Em determinados dias, como um leigo poderia dizer, eles se mostravam mais loucos do que o habitual. É só assim que eu posso relatar. Agora, então, cabe a Herr Spiess falar.

– Fantástico! – disse o secretário de Assuntos Internos.

– Sim, fantástico – disse Herr Spiess, com paciência –, mas coisas fantásticas podem acontecer, não é mesmo? Na história, na vida real, por mais fantásticas que sejam.

– E ninguém suspeitou, ninguém soube?

– Foi muito bem planejado. Foi bem planejado, bem pensado. A rota de fuga estava pronta, os exatos detalhes não são claramente conhecidos, mas dá para fazer uma bela recapitulação deles. Algumas das pessoas envolvidas, que passaram certa personalidade de um lugar para outro sob diferentes disfarces, sob diferentes nomes, algumas dessas pessoas, quando nós fizemos investigações retrospectivas, constatamos que elas não viveram por tanto tempo quanto deveriam ter vivido.

– Para o caso de que eles entregassem o segredo ou falassem demais?

– A SS tratou de cuidar disso. Ricas recompensas, louvores, promessas de altas posições no futuro e então... a morte é uma solução muito mais fácil. E a SS estava acostumada com a morte. Eles conheciam as diferentes formas de morte, sabiam como se desfazer de corpos... Sim, posso lhes dizer, as investigações nesse âmbito já vêm sendo feitas há um bom tempo. O conhecimento nos chegou aos poucos, e nós fizemos investigações, documentos foram obtidos e a verdade veio à tona. Adolf Hitler certamente chegou à América do Sul. Dizem que uma cerimônia de casamento foi realizada... que uma criança nasceu. A criança foi marcada no pé com o sinal da suástica. Marcada nos primeiros dias de vida. Falei com agentes respeitáveis nos quais posso acreditar. Eles viram esse pé marcado na América do Sul. Lá essa criança foi criada, cuidadosamente tutelada, protegida, preparada... preparada como o Dalai Lama poderia ter sido preparado para o seu grande destino. Pois essa foi a ideia por trás dos jovens fanáticos, a ideia era maior do que a ideia com a qual haviam começado. Isso não foi meramente um ressurgimento dos novos nazistas, da nova super-raça alemã. Foi isso, sim, mas foi também inúmeras outras coisas. Os jovens de várias outras nações, a super-raça dos homens jovens de quase todos os países da Europa, se uniriam, se juntariam nas fileiras do anarquismo, para destruir o velho mundo, esse mundo materialista, para introduzir um grande novo bando de irmãos matadores, assassinos, violentos. Voltados primeiro à destruição e depois à tomada do poder. E agora eles tinham o seu líder. Um líder com o sangue certo em suas veias e um líder que, mesmo tendo crescido sem grande semelhança com seu pai morto, era... não, *é*... um belo e louro garoto nórdico, com aparência presumivelmente herdada de sua mãe. Um garoto dourado. Um garoto que o mundo inteiro poderia aceitar. Os alemães e os austríacos primeiro porque esse era o grande fundamento de sua fé, de sua música, o jovem Siegfried. Então ele cresceu como o jovem Siegfried que os comandaria, que levaria todos eles rumo à terra prometida. Não a terra prometida dos judeus, que eles desprezavam, para onde Moisés levou seus seguidores. Os judeus já estavam embaixo da terra, mortos ou assassinados nas câmaras de gás. Essa seria uma terra só deles, uma terra conquistada por sua própria intrepidez. Os países da Europa seriam unidos com os países da América do Sul. Lá eles já tinham sua ponta de lança, seus anarquistas, seus profetas, seus Guevaras, os Castros, as guerrilhas, seus seguidores, um longo e árduo treinamento em crueldade e tortura e violência e morte e depois a vida gloriosa. Liberdade! Na condição de Regentes do Novo Mundo. Os designados conquistadores.

– Uma bobagem absurda – disse o sr. Lazenby. – Assim que se der um fim a tudo isso... a coisa toda vai entrar em colapso. Tudo isso é bastante ridículo. O que eles podem fazer?

As palavras de Cedric Lazenby eram meramente rabugentas. Herr Spiess balançou sua pesada e sábia cabeça.

– O senhor pode perguntar. E eu lhe dou a resposta, que é: *eles não sabem.* Eles não sabem para onde estão indo. Não sabem o que será feito com eles.

– Ou seja, eles não são os verdadeiros líderes?

– Eles são os jovens heróis em marcha, progredindo com passos firmes no caminho da glória, nos trampolins da violência, da dor, do ódio. Eles agora têm seus seguidores não apenas na América do Sul e na Europa. O culto se deslocou para o norte. Nos Estados Unidos, lá também os jovens fazem tumultos, eles marcham, seguem o estandarte do jovem Siegfried. Aprendem a idolatrar os procedimentos dele, aprendem a matar, a gostar da dor, aprendem as regras da Caveira, as regras de Himmler. Ora, eles estão sendo treinados. Estão sendo secretamente doutrinados. Não sabem a razão pela qual estão sendo treinados. Mas nós sabemos, ao menos alguns de nós. E os senhores? Neste país?

– Quatro ou cinco de nós – disse o coronel Pikeaway.

– Na Rússia eles sabem, na América eles começaram a tomar conhecimento. Eles sabem que existem os seguidores do jovem herói, Siegfried, com base nas lendas escandinavas, e que um jovem Siegfried é o líder. Que essa é a nova religião deles. A religião do garoto glorioso, do triunfo dourado da juventude. Nele os velhos deuses nórdicos renasceram.

– Mas é claro que essa – disse Herr Spiess, deixando sua voz descer a um tom mais trivial –, é claro que essa não é a simples e prosaica verdade. Existem algumas poderosas personalidades por trás de tudo. Homens malignos com cérebros de primeira categoria. Uma pessoa importantíssima no financiamento, grande industrial, alguém que controla minas, petróleo, reservas de urânio, que manda em cientistas do mais alto nível, e estes são homens, um comitê de homens, que em si mesmos não parecem particularmente interessantes ou extraordinários, mas não obstante controlam muita coisa. Controlam as fontes de energia, e controlam, com recursos especiais, os jovens que matam e os jovens que são escravos. Controlando as drogas eles obtêm escravos. Escravos em todos os países que, pouco a pouco, progridem das drogas leves para as drogas pesadas e se tornam então de todo subservientes, de todo dependentes de homens que eles nem mesmo conhecem, mas que secretamente os dominam no corpo e na alma. Sua necessidade ávida por uma droga específica os transforma em escravos, e, no devido tempo, esses escravos revelam não ter nenhuma utilidade por causa de sua dependência das drogas, eles só serão capazes de ficar parados, apáticos, sonhando doces sonhos, e aí eles serão abandonados para morrer, ou inclusive terão sua morte facilitada. Eles não herdarão o reino no qual acreditam. Estranhas religiões estão sendo deliberadamente apresentadas a eles. Os deuses dos tempos antigos disfarçados.

– E o sexo desregrado também desempenha sua parte, eu suponho?

– O sexo pode se autodestruir. Nos velhos tempos romanos os homens que se afundavam no vício, que abusavam do sexo, que dedicavam todos os minutos ao sexo até ficar entediados e cansados de tanto sexo, por vezes fugiam dele e partiam para o deserto e se tornavam anacoretas ao modo de são Simeão Estilita. O sexo acaba se exaurindo. Ele funciona por certo tempo, mas não consegue controlar a sua vida como as drogas conseguem. As drogas e o sadismo e o amor pelo poder e pelo ódio. Um desejo de sentir dor pelo apego à dor. Os prazeres de infligir a dor. Eles estão ensinando a si mesmos os prazeres do mal. Uma vez que os prazeres do mal tomam conta de você, você não consegue voltar atrás.

– Meu caro chanceler... eu realmente não posso acreditar no senhor... quero dizer, bem... se existem essas tendências, elas precisam ser eliminadas com adoção de medidas incisivas. Quero dizer, não podemos... de fato não podemos lavar as mãos diante desse tipo de coisa. É preciso assumir uma posição firme... uma posição firme.

– Cale a boca, George.

O sr. Lazenby tirou seu cachimbo do bolso, observou-o e voltou a guardá-lo.

– O melhor plano, eu creio – ele prosseguiu, sua *idée fixe* reafirmando-se –, seria eu pegar um voo para a Rússia. Entendo que... bem, que esses fatos são conhecidos pelos russos.

– Eles sabem o bastante – disse Herr Spiess. – O quanto eles admitirão que sabem – ele encolheu os ombros –, isso é difícil dizer. Nunca é fácil fazer com que os russos falem às claras. Eles têm os seus próprios problemas na fronteira chinesa. Talvez acreditem menos do que nós no estado bastante avançado ao qual chegou o movimento.

– Eu faria dessa uma missão especial.

– Eu ficaria aqui se fosse você, Cedric.

A voz calma de Lord Altamount vinha da cadeira onde, fatigado, ele se recostava.

– Nós precisamos de você aqui, Cedric – ele disse, com um traço de suave autoridade em sua voz. – Você encabeça o nosso governo... Precisa permanecer aqui. Temos agentes treinados... os nossos próprios emissários que são qualificados para missões no exterior.

– Agentes? – Sir George Packham questionou, em dúvida. – O que podem os agentes fazer a essa altura? Precisamos de um relatório de... Ah, Horsham, aí está você, eu não tinha percebido a sua presença. Diga-nos, quais são os agentes que nós temos? E até que ponto eles podem contribuir?

– Temos alguns agentes ótimos – Henry Horsham disse com tranquilidade. – Eles nos trazem informações. Herr Spiess também nos trouxe informações. Informações que os agentes *dele* obtiveram para *ele*. O problema é... sempre foi (basta ler sobre a última guerra)... que *ninguém quer acreditar nas notícias que os agentes trazem.*

– Por certo o serviço de inteligência...

– Ninguém quer aceitar que os agentes *são* inteligentes! Mas eles são, ora. Eles são altamente treinados e os seus relatórios, em nove de cada dez vezes, são *verdadeiros.* O que acontece então? Os altos escalões se recusam a acreditar, não querem acreditar, vão além e se recusam a tomar qualquer tipo de medida.

– Realmente, meu caro Horsham, eu não consigo...

Horsham se virou para o alemão.

– Mesmo no seu país, senhor, por acaso isso não aconteceu? Relatórios verdadeiros foram apresentados mas nem sempre geraram alguma medida. *As pessoas não querem saber... quando a verdade é impalatável.*

– Sou obrigado a concordar... isso pode acontecer por vezes... não com muita frequência, eu garanto. Mas sim, às vezes...

O sr. Lazenby mexia de novo em seu cachimbo.

– Não vamos ficar discutindo sobre informações. É uma questão de lidar... de agir a partir das informações de que dispomos. Essa não é uma mera crise nacional. É uma crise internacional. Decisões precisam ser tomadas no nível mais alto... precisamos agir. Munro, a polícia precisa ser reforçada com o exército... ações militares devem ser empregadas. Herr Spiess, o senhor sempre teve uma grande nação militar; as rebeliões devem ser esmagadas pelas forças armadas antes que fiquem fora de controle. O senhor concordaria com essa política, tenho certeza...

– Com a política, sim. Mas as insurreições já estão nesse estágio que o senhor classifica como "fora de controle". Eles têm ferramentas, rifles, metralhadoras, explosivos, granadas, bombas, materiais químicos e gases...

– Mas com as nossas armas nucleares... uma mera ameaça de guerra nuclear e...

– Não estamos lidando com escolares descontentes. Com esse Exército da Juventude colaboram cientistas... jovens biólogos, químicos, físicos. Começar... ou provocar uma guerra nuclear na Europa... – Herr Spiess balançou a cabeça. – Nós já tivemos uma tentativa de envenenar o fornecimento de água em Colônia... tifoide.

– A situação como um todo é inacreditável – Cedric Lazenby olhou em volta, esperançoso. – Chetwynd? Munro? Blunt?

Para certo espanto de Lazenby, o almirante Blunt foi o único a responder.

– Não sei onde entra o almirantado... Essa não é bem a nossa praia. Eu lhe dou um conselho, Cedric: se você quer fazer a melhor coisa por si mesmo, pegue o seu cachimbo e um grande estoque de tabaco e se afaste tanto quanto possível do alcance de qualquer guerra nuclear em que você esteja pensando. Vá acampar na Antártida ou em algum lugar onde a radioatividade levará um longo tempo para alcançá-lo. O professor Eckstein nos advertiu, não é mesmo? E ele sabe do que está falando.

Capítulo 18

O pós-escrito de Pikeaway

A reunião se desfez nesse ponto. Dividiu-se num rearranjo definido.

O chanceler alemão, o primeiro-ministro, Sir George Packham, Gordon Chetwynd e o dr. Reichardt saíram para almoçar na Downing Street.

O almirante Blunt, o coronel Munro, o coronel Pikeaway e Henry Horsham permaneceram para fazer seus comentários com mais liberdade de expressão do que teriam permitido a si mesmos caso tivessem permanecido os VIPs.

As primeiras observações foram um tanto desconexas.

– Graças a Deus levaram George Packham com eles – disse o coronel Pikeaway. – Preocupação, inquietação, espanto, conjeturas... isso me deixa abatido às vezes.

– Você deveria ter ido com eles, almirante – disse o coronel Munro. – Não consigo ver Gordon Chetwynd ou George Packham sendo capazes de impedir o nosso Cedric de ir fazer uma conferência de alto nível com os russos, os chineses, os etíopes, os argentinos, ou em qualquer outro lugar para onde ele se deixe levar por sua fantasia.

– Tenho mais o que fazer – disse o almirante, ríspido. – Tenho que ir para o interior, vou ver uma velha amiga minha.

Ele olhou com alguma curiosidade para o coronel Pikeaway.

– Esse negócio sobre Hitler foi realmente uma surpresa para você, Pikeaway?

O coronel Pikeaway sacudiu a cabeça.

– Não foi, na verdade. Nós tomamos conhecimento de tudo sobre os rumores do nosso Adolf aparecendo na América do Sul e mantendo a suástica ativa por anos. Uma história com cinquenta por cento de chance de ser verdadeira. Quem quer que fosse o camarada, um louco, um impostor com dons teatrais ou o homem mesmo, ele bateu as botas bem depressa. Histórias sórdidas nesse aspecto também... ele não era um grande trunfo para os seus apoiadores.

– *De quem era o corpo no bunker?* Essa é ainda uma boa discussão – falou Blunt. – Nunca houve nenhuma identificação definida. Os russos cuidaram disso.

Ele se levantou, cumprimentou os demais com a cabeça e foi até a porta.

Munro afirmou, pensativo:

– Suponho que o dr. Reichardt saiba da verdade... mas ele quis bancar o desconfiado.

– E quanto ao chanceler? – perguntou Horsham.

– Um homem sensato – grunhiu o almirante, virando a cabeça de onde estava, no vão da porta. – Ele estava organizando o seu país do jeito que queria quando esse negócio da juventude começou a brincar com o mundo civilizado. Uma pena!

Ele olhou com astúcia para o coronel Munro.

– E quanto ao Prodígio dos Cabelos Dourados? O filho de Hitler. Sabe tudo sobre ele?

– Não precisamos nos preocupar – disse de forma inesperada o coronel Pikeaway.

O almirante soltou a maçaneta da porta, voltou e se sentou.

– Só acredito vendo – disse o coronel Pikeaway. – Hitler nunca teve um filho.

– Você não pode ter certeza disso.

– Nós *temos* certeza. Franz Joseph, o jovem Siegfried, o Líder idolatrado, é uma fraude das mais ordinárias, um impostor asqueroso. É filho de um carpinteiro argentino e de uma loura bonita, uma cantora de ópera com ínfima origem alemã; herdou a beleza e a voz sonora de sua mãe. Foi cuidadosamente escolhido para o papel que deveria interpretar, preparado para o estrelato. Tinha sido ator na adolescência... marcaram seu pé com a suástica... uma história inventada para ele, cheia de detalhes românticos. Foi tratado como um dedicado Dalai Lama.

– E você tem prova disso?

– Documentação completa – sorriu o coronel Pikeaway. – Uma das minhas melhores agentes conseguiu tudo. Depoimentos juramentados, cópias fotostáticas, declaração assinada, incluindo uma da mãe, evidência médica quanto à data da cicatriz, cópia da certidão de nascimento original de Karl Aguileros... evidência assinada de sua identidade com o dito Franz Joseph. Os truques todos. A minha agente se safou com a documentação bem a tempo. Estavam atrás dela; ela por pouco não foi apanhada, mas teve um lance de sorte em Frankfurt.

– E onde estão esses documentos agora?

– Num lugar seguro. Esperando pelo momento certo para um espetacular desmascaramento de um impostor de primeira...

– O governo sabe disso? O primeiro-ministro?

– Eu nunca conto tudo que sei aos políticos... não até que eu não possa mais evitar, ou até que eu tenha certeza de que eles farão a coisa certa.

– Você *é* um demônio, Pikeaway – disse o coronel Munro.

– Alguém precisa ser – falou com tristeza o coronel Pikeaway.

Capítulo 19

Sir Stafford Nye recebe visitas

Sir Stafford Nye estava entretendo convidados. Eram convidados que ele nunca encontrara antes, exceto no caso de um, que ele conhecia de vista bastante bem. Eram homens jovens e bonitos, sérios e inteligentes; foi o que ele julgou. Os cabelos eram arrumados num estilo meticuloso, as roupas eram bem cortadas mas não antiquadas em demasia. Olhando para os jovens, Stafford Nye não tinha como negar que gostava da aparência deles. Ao mesmo tempo, tentava imaginar o que queriam dele. Um dos jovens, ele sabia, era o filho de um rei do petróleo. Outro, desde que saíra da universidade, havia se interessado por política; seu tio possuía uma rede de restaurantes. O terceiro convidado era um jovem de sobrancelhas grossas que se mantinha de cenho franzido e em quem uma perpétua suspeita parecia ser a segunda natureza.

– É muita bondade de sua parte nos permitir visitá-lo, Sir Stafford – disse o rapaz que parecia ser o líder louro dos três.

Sua voz era muito agradável. Seu nome era Clifford Bent.

– Este é Roderick Ketelly e este é Jim Brewster. Estamos todos ansiosos em relação ao futuro. Posso dizer assim?

– Acho que a resposta para isso seria: não estamos todos? – falou Stafford Nye.

– Não gostamos do rumo que as coisas estão tomando – disse Clifford Bent. – Rebelião, anarquia, tudo isso. Ora, enquanto filosofia tudo bem. Para ser franco, dá para dizer que todos nós, ao que parece, sempre passamos por uma fase assim, mas de fato acabamos saindo do outro lado. Queremos que as pessoas sejam capazes de seguir carreiras acadêmicas sem que estas sejam interrompidas. Queremos uma boa quantidade de manifestações, mas não manifestações de vandalismo e violência. Queremos manifestações inteligentes. E o que nós queremos, bem francamente, ou assim eu penso, é um novo partido político. Jim Brewster, aqui, tem dedicado todas as suas atenções para planos e ideias inteiramente novos a respeito de organizações sindicais. Tentaram silenciá-lo e fazê-lo desistir, mas ele prosseguiu com as discussões, não foi, Jim?

– Uns idiotas desnorteados, quase todos eles – disse Jim Brewster.

– Nós queremos uma política séria e sensata para a juventude, um método de governo mais econômico. Queremos ideias diferentes na educação, mas nada fantástico ou pretensioso demais. E vamos querer, se ganharmos assentos, e se afinal formos capazes de formar um governo (e não vejo por que não seríamos), colocar essas ideias em ação. Há muita gente no nosso movimento. Representamos a juventude tanto quanto a facção violenta. Defendemos a moderação e pretendemos ter um governo sensato, com uma redução no número de membros do Parlamento, e nós estamos anotando, estamos procurando por homens que já estejam na política não importando quais sejam suas específicas inclinações, contanto que sejam, na nossa avaliação, homens de bom senso. Viemos aqui para ver se conseguimos fazer o senhor se interessar por nossas metas. No momento elas ainda estão em estágio de formação, mas já sabemos quais são os homens que queremos. Posso dizer que não queremos os que temos atualmente e que não queremos os que poderiam ser colocados no lugar. Quanto ao terceiro partido, ele parece ter perdido suas forças na corrida, embora existam bem poucas boas pessoas ali que sofram agora na condição de minoria, mas creio que elas adotariam o nosso modo de pensar. Queremos despertar o interesse do senhor. Queremos, um dia desses, talvez não tão distante quanto o senhor poderia pensar... queremos alguém que entenda e estabeleça uma política externa adequada e exitosa. O resto do mundo está afundando numa bagunça pior do que a nossa. Washington está arrasada. A Europa tem contínuas ações militares, manifestações, destruição de aeroportos. Bem, eu não preciso lhe passar um noticiário dos últimos seis meses, mas a nossa meta não é tanto colocar o mundo de pé outra vez quanto colocar a Inglaterra de pé outra vez. Com os homens certos para fazer isso. Queremos homens jovens, inúmeros jovens, e nós temos inúmeros jovens que não são revolucionários, que não são anarquistas, que estarão dispostos a tentar fazer com que o país progrida de maneira proveitosa. E queremos alguns dos homens mais velhos... não me refiro a homens de sessenta e poucos anos, eu me refiro a homens de quarenta ou cinquenta... e viemos procurar o senhor porque, bem, ouvimos coisas a seu respeito. Conhecemos as suas qualidades e o senhor é o tipo de homem que nós queremos.

– Vocês se julgam sensatos? – perguntou Stafford Nye.

– Bem, nós pensamos que sim.

O segundo jovem soltou um pequeno riso.

– Esperamos que o senhor concorde conosco nesse ponto.

– Não sei se concordo. Vocês estão falando aqui nesta sala com bastante liberdade.

– É a sua sala de estar.

– Sim, sim, é o meu apartamento, é a minha sala de estar. Mas isso que vocês estão dizendo, e de fato o que vocês podem estar prestes a dizer, poderia não ser muito sensato. Tanto para vocês quanto para mim.

– Ah! Creio que entendo aonde o senhor quer chegar.

– Vocês estão me oferecendo alguma coisa. Um modo de vida, uma nova carreira, e vocês estão sugerindo um rompimento de certos laços. Vocês estão sugerindo uma forma de deslealdade.

– Nós não estamos sugerindo que o senhor se torne um desertor para qualquer outro país, se é isso o que o senhor quer dizer.

– Não, não, este não é um convite à Rússia ou um convite à China ou um convite para qualquer outro lugar mencionado no passado, mas creio que seja um convite relacionado a certos interesses estrangeiros. – Ele prosseguiu: – Voltei recentemente do exterior. Uma viagem muito interessante. Passei as últimas três semanas na América do Sul. Há algo que eu gostaria de lhes contar. Notei, desde que voltei à Inglaterra, que tenha sido seguido.

– Seguido? Não pode ter imaginado isso?

– Não, não acho que eu tenha imaginado. Esse é o tipo de coisa que eu aprendi a perceber no decorrer da minha carreira. Já estive em certos lugares bem longínquos e, digamos assim, interessantes no mundo. Vocês optaram por me visitar para me sondar quanto a uma proposta. Poderia ter sido mais seguro, porém, se tivéssemos nos encontrado em outro lugar.

Ele se levantou, abriu a porta do banheiro e abriu a torneira.

– Dos filmes que eu costumava ver anos atrás... – ele disse. – Se você quisesse disfarçar a sua conversa quando uma sala tinha escutas, você abria torneiras. Não tenho dúvida de que eu sou um tanto antiquado e de que existem métodos mais eficazes para lidar com essas coisas agora. De todo modo, porém, talvez nós possamos falar um pouco mais claramente agora, embora eu considere ainda que deveríamos ter cuidado. A América do Sul – ele continuou – é uma parte muito interessante do mundo. A Federação dos Países Sul-Americanos (eles já tiveram o nome de Ouro Espanhol), composta agora por Cuba, Argentina, Brasil, Peru, um ou dois outros que ainda não estão definidos e firmados, mas que estão nesse caminho. Sim. Muito interessante.

– E qual é o seu ponto de vista nessa questão? – perguntou o desconfiado Jim Brewster. – O que o senhor tem a dizer sobre isso tudo?

– Continuarei sendo cauteloso – disse Sir Stafford. – Vocês poderão confiar mais em mim se eu não falar de modo imprudente. Mas acho que isso poderá ser feito com bastante proveito depois que eu fechar a torneira do banheiro.

– Feche a torneira, Jim – disse Cliff Bent.

Jim arreganhou os dentes de súbito e obedeceu.

Stafford Nye abriu uma gaveta da mesa e tirou dali uma flauta doce.

– Não tenho muita prática no instrumento ainda – ele disse.

Ele levou a flauta aos lábios e começou a tocar uma melodia. Jim Brewster voltou, carrancudo.

– O que é isso? Um maldito concerto que nós vamos apresentar?

– Cale a boca – falou Cliff Bent. – Você não passa de um ignorante, não sabe nada sobre música.

Stafford Nye sorriu.

– Vocês compartilham do meu gosto pela música de Wagner, eu vejo – ele disse. – Estive no Festival da Juventude este ano e os concertos me agradaram muito.

Mais uma vez ele repetiu a melodia.

– Não é uma melodia que eu conheça – disse Jim Brewster. – Poderia ser a Internacional ou a *Bandeira vermelha* ou *Deus salve o rei* ou a *Yankee Doodle* ou *A bandeira estrelada.* Que diabos é isso?

– É um motivo de uma ópera – disse Ketelly. – E cale a boca. Nós sabemos tudo que queremos saber.

– O chamado da trompa de um jovem Herói – disse Stafford Nye.

Ele ergueu a mão num gesto rápido, o gesto do passado que significava "*Heil* Hitler". Ele murmurou com suavidade:

– O novo Siegfried.

Os três se levantaram.

– O senhor tem toda a razão – disse Clifford Bent. – Todos nós precisamos, eu creio, ser muito cautelosos.

Eles apertaram as mãos.

– Ficamos contentes por saber que o senhor estará conosco. Uma das coisas de que este país vai precisar em seu futuro... no seu grande futuro, eu espero... é um ministro das Relações Exteriores de primeira categoria.

Eles saíram da sala. Stafford Nye os observou pela porta ligeiramente aberta enquanto eles entravam no elevador e desciam.

Stafford esboçou um sorriso curioso, fechou a porta, passou os olhos pelo relógio na parede e se sentou numa poltrona – para esperar...

Sua mente recuou até o dia (fazia uma semana) no qual ele e Mary Ann haviam se separado no Aeroporto Kennedy. Eles tinham parado por um momento, os dois com dificuldade para falar. Stafford Nye rompera o silêncio.

– Você acha que algum dia nós vamos nos encontrar de novo? Fico imaginando...

– Existe alguma razão para isso não acontecer?

– Todas as razões, eu diria.

Ela olhou para Stafford e logo desviou o olhar.

– Essas despedidas precisam acontecer. Faz... faz parte do trabalho.

– O trabalho! É sempre o trabalho com você, não é?

– Tem que ser.

– Você é uma profissional. Eu sou só um amador. Você é... – ele parou de súbito. – Você é o quê? Quem é você? Eu realmente não sei... ou sei?

– Não.

Stafford olhou para ela naquele momento. Pensou ver tristeza em seu rosto. Algo que era quase dor.

– Então eu só posso... tentar imaginar. Você acha que eu deveria confiar em você?

– Não, isso não. Isso é uma das coisas que eu aprendi, que a vida me ensinou. Não há ninguém em quem você possa confiar. Lembre-se disso... sempre.

– Então esse é o seu mundo? Um mundo de desconfiança, de medo, de perigo.

– Quero ficar viva. Eu estou viva.

– Eu sei.

– E quero que *você* fique vivo.

– Eu acreditei em você... em Frankfurt...

– Você assumiu um risco.

– Era um risco que valia a pena correr. Você sabe disso tão bem quanto eu.

– Você quer dizer porque...

– Porque nós ficamos juntos. E agora... esse é o meu voo sendo chamado. Esse companheirismo nosso, que começou num aeroporto, vai terminar aqui, em outro aeroporto? Para onde você vai? Vai fazer o quê?

– Fazer o que eu preciso fazer. Vou para Baltimore, para Washington, para o Texas. Para fazer o que me pediram.

– E eu? Não me pediram nada. Devo voltar para Londres, ficar lá... e fazer o quê?

– Esperar.

– Esperar o quê?

– As propostas que quase certamente serão feitas para você.

– E o que eu devo fazer em relação a elas?

Mary Ann sorriu para ele, o sorriso repentino e alegre que ele conhecia tão bem.

– Aí você toca de ouvido. Você vai saber como proceder melhor do que ninguém. Você gostará das pessoas que vão se aproximar de você. Elas serão bem selecionadas. É importante, muito importante, que saibamos quem são elas.

– Preciso ir. Adeus, Mary Ann.

– *Auf Wiedersehen.*

No apartamento de Londres o telefone tocou. Num momento singularmente apropriado, Stafford Nye pensou, sendo despertado de suas memórias bem naquele momento da despedida. "*Auf Wiedersehen*", ele murmurou enquanto levantava para ir pegar o telefone, "que assim seja".

Falou uma voz cujo tom enferrujado era de todo inconfundível.

– Stafford Nye?

Ele deu a resposta requerida:

– Não há fumaça sem fogo.

– O meu médico diz que deveria parar de fumar. Pobre coitado – disse o coronel Pikeaway –, ele é que deveria parar com essa esperança. Alguma novidade?

– Sem dúvida. Trinta moedas de prata. Isto é: prometidas.

– Malditos imundos!

– Sim, sim, fique calmo.

– E o que foi que você disse?

– Toquei uma melodia para eles. O motivo da trompa de Siegfried. Segui o conselho de uma tia idosa. O efeito foi muito bom.

– Parece loucura para mim!

– Você conhece uma canção chamada *Juanita*? Preciso aprender essa também, para o caso de precisar.

– Você sabe quem é Juanita?

– Acho que sim.

– Hmm, fico pensando... soubemos dela pela última vez em Baltimore.

– E a sua garota grega, Daphne Theodofanous? Por onde ela deve andar agora?

– Sentada num aeroporto em algum ponto da Europa esperando por você, provavelmente – disse o coronel Pikeaway.

– Os aeroportos europeus parecem estar quase todos fechados porque foram explodidos ou mais ou menos danificados. Fogo, inferno, diabruras.

Meninos e meninas, venham brincar;
O dia findou, mas brilha o luar.
Saiam de casa, não durmam agora,
Matem as outras crianças lá fora.

– A Cruzada das Crianças *à la mode*.

– Não que eu saiba realmente muito a respeito. Só conheço a cruzada da qual Ricardo Coração de Leão participou. Mas de certo modo esse negócio todo é bem parecido com a Cruzada das Crianças. Começando com idealismo, começando com ideias sobre o mundo cristão libertando a cidade sagrada dos pagãos, e terminando com morte, morte e mais morte. Praticamente todas as crianças morreram. Ou foram vendidas como escravas. Isso vai terminar da mesma maneira, a menos que consigamos achar um jeito de salvá-las...

Capítulo 20

O almirante visita uma velha amiga

– Pensei que vocês estivessem mortas aqui – disse o almirante Blunt, indignado.

Sua observação era dirigida não ao mordomo que ele gostaria de ter visto abrindo aquela porta da frente, mas à jovem mulher cujo sobrenome ele nunca conseguia lembrar e cujo primeiro nome era Amy.

– Telefonei para vocês no mínimo quatro vezes na semana passada. Tinham ido para o exterior, é o que me disseram.

– Nós estávamos no exterior. Acabamos de voltar.

– Matilda não deveria sair fazendo estripulias no exterior. Não com a idade que ela tem. Ela vai acabar morrendo de pressão alta ou de insuficiência cardíaca ou de algo parecido num desses aviões modernos. Dando piruetas, cheios de explosivos colocados neles por árabes ou israelenses ou sabe-se lá quem. Nem um pouco seguro hoje em dia.

– O médico dela recomendou a viagem.

– Ora, todos nós sabemos como são os médicos.

– E ela realmente voltou com os ânimos em alta.

– Por onde ela andou, então?

– Ah, passando por uma Cura. Na Alemanha ou... nunca consigo lembrar direito se é Alemanha ou Áustria. Aquele estabelecimento novo, Golden Gasthaus.

– Ah, sim, eu sei qual é. Custa os olhos da cara, não?

– Bem, dizem que produz resultados notáveis.

– Provavelmente é só uma maneira diferente de matar a pessoa mais rápido – disse o almirante Blunt. – E a senhorita, gostou do lugar?

– Bem, na verdade não gostei tanto assim. A paisagem era muito bonita, mas...

Uma voz imperiosa soou do andar de cima.

– Amy. Amy! O que é que você está fazendo, conversando aí na entrada esse tempo todo? Traga o almirante Blunt aqui para cima. Estou esperando por ele.

– Andando à toa pelo mundo – disse o almirante Blunt, depois de ter cumprimentado sua velha amiga. – É assim que você vai se matar um dia desses. Anote o que eu estou dizendo...

– Não, não vou, não. Não há dificuldade alguma em viajar nos tempos atuais.

– Correndo por todos esses aeroportos, rampas, escadas, ônibus.

– Nada disso. Eu tinha uma cadeira de rodas.

– Um ou dois anos atrás, quando a encontrei, você disse que não queria nem ouvir falar numa coisa dessas. Você disse que era orgulhosa demais para admitir que precisava de uma.

– Bem, eu tive que deixar o meu orgulho de lado de uns tempos para cá, Philip. Venha, sente-se aqui, me diga por que você quis me visitar com tanta insistência de uma hora para a outra. Você me abandonou completamente no ano passado.

– Ora, eu não andei muito bem. Além disso, andei tratando de algumas coisas. Você sabe como é. Quando eles pedem o seu conselho e não têm a menor intenção de segui-lo. Não conseguem deixar a Marinha em paz. Estão sempre querendo nos fazer perder tempo, os desgraçados.

– Você me parece estar bastante bem – disse Lady Matilda.

– Você também não está nada mal, minha querida. Tem um belo brilho nos olhos.

– Estou mais surda desde o nosso último encontro. Você vai ter que falar mais alto.

– Certo. Vou falar mais alto.

– O que você quer, gim-tônica, uísque ou rum?

– Você parece ter uma grande coleção de bebidas fortes. Se tanto faz para você, vou querer um gim-tônica.

Amy se levantou e saiu da sala.

– E quando ela trouxer a bebida – disse o almirante –, livre-se dela de novo, pode ser? Quero conversar com você. Isto é, conversar com você em particular.

Drinques trazidos, Lady Matilda fez um gesto de dispensa com a mão e Amy se foi com um ar de quem está procedendo por sua própria vontade, não pela vontade de sua empregadora. Ela era uma jovem de muito tato.

– Boa garota – disse o almirante. – Ótima garota.

– Foi por isso que você pediu que eu me livrasse dela e a mandasse fechar a porta? Para Amy não ouvir você dizendo algo simpático sobre ela?

– Não. Eu queria consultar você.

– Sobre o quê? A sua saúde, ou onde conseguir bons criados, ou o que plantar no seu jardim?

– Quero fazer uma consulta muito séria com você. Pensei que você talvez conseguisse se lembrar de algo para mim.

– Querido Philip, é tocante que você chegue a pensar que eu possa me lembrar de *alguma coisa.* Todo ano a minha memória piora. Cheguei à conclusão de que a gente só se lembra do que chamamos de "amigos da juventude". Somos capazes de recordar até mesmo horrendas garotas com as quais frequentamos a escola, por mais que não queiramos. Foi onde eu estive agora, na verdade.

– Onde você esteve? Visitando escolas?

– Não, não, não, fui ver uma velha colega de escola que eu não vira por trinta... quarenta... cinquenta... esse tipo de tempo.

– Como ela estava?

– Imensamente gorda e ainda mais sórdida e horrenda do que a garota da qual eu me lembrava.

– Você tem gostos muito esquisitos, devo dizer, Matilda.

– Bem, vá em frente, me diga. Diga o que você quer que eu lembre.

– Estive pensando se você se lembrava de outro amigo seu. Robert Shoreham.

– Robbie Shoreham? Claro que eu lembro.

– O cientista. Cientista de primeira.

– Lógico. Ele não era o tipo de homem que a gente consegue esquecer. Mas como ele foi parar na sua cabeça?

– Necessidade pública.

– Engraçado você dizer isso – falou Lady Matilda. – Eu também pensei a mesma coisa outro dia.

– Você pensou o quê?

– Que o mundo precisava dele. Ou de alguém como ele... se é que existe alguém como ele.

– Não existe. Agora ouça, Matilda. As pessoas conversam bastante com você. Contam coisas para você. Eu mesmo lhe contei coisas.

– Nunca entendi por quê. Você não acredita que eu seja capaz de compreender ou de descrever o que você me conta. E esse foi o caso ainda mais com Robbie do que com você.

– Eu não lhe conto segredos navais.

– Bem, ele não me contou segredos científicos. Ou melhor: somente de uma forma superficial.

– Sim, mas ele costumava conversar com você sobre esses segredos, não?

– Bem, ele gostava de dizer coisas que me assombravam às vezes.

– Muito bem, então aqui vai: eu quero saber se ele alguma vez falou a você, nos tempos em que conseguia falar ainda, pobre coitado, sobre algo chamado Projeto B.

– Projeto B – Matilda Cleckheaton considerou, pensativa. – Isso me soa vagamente familiar – ela disse. – Ele costumava falar sobre um Projeto Isso ou Aquilo às vezes, ou Operação Isso ou Aquilo. Mas você precisa entender que nada daquilo jamais teve qualquer *sentido* para mim, e ele sabia que não tinha. Mas ele gostava... ah, como dizer?... gostava de me assombrar mesmo, sabe? Meio que descrevendo algo como um mágico poderia descrever seu ato de tirar três coelhos de uma cartola sem que você saiba como ele fez isso. Projeto B? Sim, isso foi muito tempo atrás... Ele ficou excitadíssimo durante um tempo. Eu costumava falar para ele às vezes: "Como anda o Projeto B?".

– Eu sei, seu sei, você sempre foi uma mulher de tato. Sempre consegue lembrar o que as pessoas estão fazendo ou quais seus interesses. E mesmo que não entendesse coisa alguma você demonstraria interesse. Eu lhe descrevi um novo tipo de armamento naval certa vez e você deve ter ficado morta de tédio. Mas você ficou ouvindo com grande atenção, como se aquilo fosse algo que você tivesse esperado ouvir a vida inteira.

– Você me diz que eu sempre fui uma mulher de tato e uma boa ouvinte como se eu não tivesse um cérebro muito privilegiado.

– Bem, eu quero ouvir um pouco mais o que Robbie disse sobre o Projeto B.

– Ele disse... bem, é muito difícil lembrar agora. Ele o mencionou depois de falar sobre certa operação que costumavam fazer no cérebro das pessoas. Nas pessoas que eram terrivelmente melancólicas e que ficavam pensando em suicídio, pessoas tão inquietas e neurastênicas que acabavam tendo pavorosos complexos de ansiedade. Coisas desse gênero, o tipo de coisa que as pessoas costumavam comentar fazendo relação com Freud. E Robbie disse que os efeitos colaterais eram impraticáveis. Isto é, as pessoas ficavam muito felizes e meigas e dóceis e não se preocupavam mais com nada, não queriam mais se matar, mas elas... bem, elas não se preocupavam o *bastante* e por isso acabavam sendo atropeladas e milhares de coisas parecidas porque não se davam conta de nenhum perigo e não percebiam nada. Estou fazendo uma explicação ruim, mas você me entende. E de todo modo, Robbie disse, esse seria o problema, ele pensava, com o Projeto B.

– Por acaso ele fez uma descrição um pouco mais detalhada do que isso?

– Robbie disse que eu tinha colocado a ideia na cabeça dele – falou Matilda Cleckheaton, de modo inesperado.

– O quê? Você está querendo dizer que um cientista, um cientista do mais alto nível como Robbie, de fato lhe disse que você tinha colocado algo em sua mente? Você não sabe coisa alguma sobre ciência.

– É claro que não. Mas eu costumava tentar colocar um pouco de bom senso na mente das pessoas. Quero dizer, falando sério, as pessoas que importam são as pessoas que pensaram em coisas simples como as perfurações nos selos postais, ou alguém como Adam, ou qualquer que fosse o nome dele... não... MacAdam, na América, que colocou aquele troço preto nas estradas de modo que os fazendeiros conseguissem transportar todas as suas colheitas das fazendas até a costa e obter mais lucro. Quero dizer, eles fazem mais bem dos que todos os cientistas ultrapoderosos. Os cientistas só sabem pensar em coisas para destruir a gente. Bem, esse era o tipo de coisa que eu dizia para Robbie. De uma maneira afável, é claro, como uma espécie de brincadeira. Ele estava justamente me contando que alguns feitos esplêndidos tinham sido realizados no mundo científico em termos de guerra bacteriológica e experimentos com biologia e o que se pode fazer com bebês em gestação se atuar logo no início. E também alguns gases peculiarmente sórdidos e desagradáveis, e dizendo como as pessoas eram tolas por protestar contra bombas nucleares porque elas eram na verdade uma caridade quando comparadas a certas outras coisas que tinham sido inventadas desde então. E então eu falei que seria muito mais produtivo se Robbie, ou alguém esperto como Robbie, conseguisse pensar em algo realmente sensato. E ele olhou para mim com aquela sua típica cintilação nos olhos e disse: "Bem, o que seria, na sua opinião, algo sensato?". E eu falei: "Bem, em vez de inventar todas essas guerras bacteriológicas e esses gases sórdidos e tudo mais, por que você não inventa simplesmente algo que torne as pessoas felizes?". Eu disse que não poderia ser uma invenção tão mais difícil. Eu falei: "Você mencionou essa operação na qual, acho que você disse, eles tiravam um pouco da frente do cérebro ou talvez a parte de trás do cérebro. De qualquer maneira, resultava uma grande diferença no temperamento das pessoas. Elas ficavam bem diferentes. Não se inquietavam mais e não queriam mais cometer suicídio". "Mas", eu disse, "bem, se você consegue mudar as pessoas assim apenas tirando um pouco de osso ou músculo ou nervo ou consertando uma glândula ou inserindo uma glândula", eu disse, "se você consegue fazer toda essa diferença nos temperamentos das pessoas, por que não poderia inventar algo que torne as pessoas agradáveis ou somente sonolentas, talvez? Digamos que você tivesse algo, não um remédio para dormir, mas só algo que deixasse a pessoa sentar numa poltrona para ter um belo sonho. Vinte e quatro horas ou algo assim e só ser acordada para comer de vez em quando." Eu disse que essa seria uma ideia muito melhor.

– E isso é o que era o Projeto B?

– Bem, é claro que ele nunca me contou o que era exatamente. Mas estava empolgado com uma ideia e disse que eu tinha colocado essa ideia na cabeça dele, então devia ser algo muito agradável que eu colocara na cabeça dele, não? Quero dizer, eu não tinha sugerido nada sobre maneiras mais sórdidas de matar pessoas e eu não queria que as pessoas nem mesmo... ora... nem mesmo chorassem, como no caso do gás lacrimogêneo ou algo parecido. Talvez que rissem... sim, eu acredito ter mencionado um gás hilariante. Eu disse, ora, quando você vai extrair um dente eles lhe dão três cheiradas daquilo e você ri, ora, certamente, certamente você poderia inventar algo que fosse tão útil quanto isso mas que durasse um pouco mais. Porque eu creio que o gás hilariante só dure uns quinze segundos, não é mesmo? Sei que o meu irmão foi extrair um dente uma vez. A cadeira do dentista ficava bem perto da janela e o meu irmão riu tanto, quando estava inconsciente, que ele esticou a perna e a enfiou pela janela do dentista e o vidro todo caiu na rua, o dentista ficou bastante aborrecido.

– As suas histórias sempre têm umas ilustrações malucas – disse o almirante. – De qualquer maneira, foi nisso que Robbie Shoreham escolheu investir com base no seu conselho.

– Bem, eu não sei exatamente o que foi. Quero dizer, não acho que tenha sido algo para dormir ou rir. De todo modo, foi algo. Não era de fato Projeto B. Tinha outro nome.

– Que tipo de nome?

– Bem, acho que ele chegou a mencioná-lo uma ou duas vezes. O nome que ele tinha dado. Bem parecido com Benger's Food* – disse tia Matilda, considerando a questão com um ar pensativo.

– Algum auxiliar para a digestão?

– Não acho que tivesse qualquer coisa que ver com digestão. Na verdade, acho que era algo que você cheirava ou algo assim, talvez fosse uma glândula. Nós conversávamos sobre tantas coisas que você nunca sabia direito qual era o tema dele num determinado momento. Benger's Food. Ben... Ben... começava com Ben. E havia uma palavra agradável associada.

– Isso é tudo que você consegue lembrar?

– Acho que sim. Quero dizer, essa foi só uma conversa que nós tivemos uma vez, e então, um longo tempo depois, ele me disse que eu tinha colocado algo em sua cabeça para o Projeto Ben alguma coisa. E depois disso, ocasionalmente, se eu me lembrasse, eu perguntava se ele ainda estava trabalhando no Projeto Ben, e então às vezes ele ficava muito exasperado e dizia que não, ele tinha topado com um empecilho e estava deixando tudo de lado agora porque o negócio estava em... em... bem, as oito palavras seguintes eram puro jargão e eu não conseguiria me lembrar delas e você não as entenderia se eu as repetisse. Mas no fim, eu acho... minha nossa, já se passaram uns oito ou nove anos... no fim ele veio um dia e falou: "Você se lembra do Projeto Ben?". Eu disse: "É claro que eu me lembro. Você ainda está trabalhando nele?". E Robbie disse que não, ele estava determinado a deixar tudo de lado. Eu falei que lamentava. Lamentava que ele tivesse desistido, e ele disse: "Bem, não é que eu não esteja conseguindo o que eu quero. Eu sei agora que seria *possível* conseguir. Sei onde eu errei. Sei precisamente o que era o empecilho, sei precisamente como desfazer esse empecilho. Lisa está trabalhando nisso comigo. Sim, poderia dar certo. Exigiria experimentos

* Um suplemento alimentar. (N.T.)

com certas coisas, mas poderia dar certo." "Bem", eu lhe disse, "qual é a sua inquietação?" E ele falou: "É que eu não sei o que isso realmente faria com as pessoas". Eu disse algo sobre ele estar com medo de que aquilo matasse pessoas ou as mutilasse para sempre ou algo do tipo. "Não", ele disse, "não é isso". Ele disse que era... ah, claro, agora eu me lembro. O nome que ele tinha dado era Projeto Benvo. Sim. E era porque tinha algo a ver com a *benevolência.*

– Benevolência! – repetiu o almirante, com enorme surpresa. – Benevolência? Você quer dizer caridade?

– Não, não, não. Acho que ele simplesmente queria dizer que você poderia tornar as pessoas benevolentes. Fazer com que se *sentissem* benevolentes.

– Paz e boa vontade entre os homens?

– Bem, ele não chegou a usar esses termos.

– Não, isso é reservado aos líderes religiosos. Eles pregam isso e se nós agíssemos de acordo com suas pregações o mundo seria muito feliz. Mas Robbie, eu deduzo, não estava pregando. Ele propunha fazer algo em seu laboratório para produzir esse resultado através de meios puramente físicos.

– Era por aí. E ele disse que nunca se pode saber quando as coisas *serão* benéficas para as pessoas e quando não serão. Elas serão de uma certa maneira e não serão de outra. E ele falou umas coisas sobre... ah, penicilina e sulfonamidas e transplantes de coração e coisas como pílulas para mulheres, embora não tivéssemos "A Pílula" ainda. Mas, você sabe, coisas que parecem boas, e elas são remédios prodigiosos ou gases prodigiosos ou qualquer outro prodígio, e aí algo faz com que elas tanto possam dar errado quanto certo, e aí você deseja que elas não tivessem sido sequer consideradas. Bem, esse era o tipo de coisa que ele estava querendo sugerir. Era tudo bastante difícil de entender. Eu falei: "Você quer dizer que não quer correr o risco?". E ele disse: "Você está totalmente certa. Eu não quero correr o risco. E esse é o problema, porque, veja bem, eu não tenho a menor ideia de qual será o risco. Isso é o que acontece com os cientistas, pobres coitados que somos. Assumimos riscos e os riscos não estão naquilo que descobrimos, estão no que será feito com a nossa descoberta pelas pessoas às quais teremos que contar tudo". Eu disse: "Agora você está falando de novo sobre armamentos nucleares e bombas atômicas". E ele falou: "Ah, o diabo que leve as armas nucleares e as bombas atômicas. Nós fomos muito além". "Mas se você vai fazer com que as pessoas fiquem simpáticas e benevolentes", eu disse, "está preocupado com o quê?" E ele disse: "Você não *entende*, Matilda. Você nunca vai entender. Os meus colegas cientistas, segundo todas as probabilidades, não entenderiam também. E nenhum político jamais entenderia. E assim eu tenho um risco grande demais para correr. De qualquer modo, seria preciso pensar por um longo tempo". "Mas", eu falei, "você conseguiria trazer as pessoas de volta, bem como ocorre com o gás hilariante, não é mesmo? Quero dizer, você poderia tornar as pessoas benevolentes apenas por um breve período e depois elas ficariam boas de novo... ou ruins de novo... depende do seu ponto de vista, eu diria." E ele disse: "Não. Isso será permanente. Mais do que permanente, porque afeta o..."; e ele começou a usar jargão de novo. Longas palavras e números, você sabe. Fórmulas, ou transformações moleculares... algo assim. Devia, eu imagino, ser algo semelhante ao que fazem com quem tem cretinismo. Você sabe, para que deixem de ter cretinismo, como que lhes dando ou tirando a tireoide. Esqueci como é. Algo do gênero. Bem, imagino que exista uma bela glândula escondida em algum canto, e, se você tirá-la ou sufocá-la ou fizer algo drástico com ela... mas aí as pessoas ficam permanentemente...

– *Benevolentes* em definitivo? Você tem certeza de que essa é a palavra certa? Benevolência?

– Sim. É por isso que o projeto se chamava *Benvo.*

– Mas o que foi que os colegas de Robbie pensaram sobre o recuo dele?

– Não creio que muitos estivessem por dentro. Lisa Não Sei Quem, a garota austríaca, ela trabalhava com Robbie no projeto. E havia um jovem chamado Leadenthal ou outro nome parecido, mas ele morreu de tuberculose. E Robbie inclusive falava como se as outras pessoas que trabalhavam com ele fossem meros assistentes que não sabiam exatamente o que ele estava fazendo ou tentando fazer. Estou vendo aonde você quer chegar – disse Matilda de súbito. – Não acho que ele tenha jamais contado a alguém, de fato. Quero dizer, acho que ele destruiu suas fórmulas ou anotações ou seja lá o que fossem e desistiu da ideia toda. E então ele teve o derrame, ficou doente, e agora, pobre coitado, não consegue falar direito. Está paralisado num dos lados. Mas consegue ouvir bem. Ouve música. Essa é toda a vida dele agora.

– A vida dele está acabada, você acha?

– Ele não vê nem mesmo os amigos. Acho que vê-los é doloroso para ele. Ele sempre inventa alguma desculpa.

– Mas ele está vivo – disse o almirante Blunt. – Ele ainda está vivo. Você tem o endereço dele?

– Sim, no meu caderno de endereços, em algum canto. Ele ainda está no mesmo lugar. Algum ponto do norte da Escócia. Mas... ah, entenda, por favor... Robbie foi um homem tão maravilhoso. Ele não é mais. Está quase morto. Para todos os propósitos.

– Sempre há uma esperança – disse o almirante Blunt. – E uma crença. Fé.

– E benevolência, eu suponho – disse Lady Matilda.

Capítulo 21

Projeto Benvo

O professor John Gottlieb, sentado em sua cadeira, encarava de modo bastante fixo a bela jovem sentada à sua frente. Ele coçou a orelha com um gesto de macaco que era característico de sua postura. Ele se parecia muito com um macaco, de qualquer forma. Um queixo prógnato, uma comprida cabeça de linhas exatas para contrastar e um corpo pequeno e encarquilhado.

– Não é todos os dias – disse o professor Gottlieb – que uma jovem dama me traz uma carta do presidente dos Estados Unidos. Entretanto – ele disse com jovialidade –, os presidentes nem sempre sabem ao certo o que estão fazendo. Qual é o propósito disso tudo? Deduzo que a senhorita esteja investida da mais alta autoridade.

– Vim lhe perguntar o que o senhor sabe ou pode me contar sobre algo chamado Projeto Benvo.

– A senhorita é realmente a condessa Renata Zerkowski?

– Tecnicamente, possivelmente, eu sou. Costumo ser mais chamada de Mary Ann.

– Sim, foi o que me disseram. E a senhorita quer saber sobre o Projeto Benvo. Bem, existe algo com esse nome, mas já está morto e enterrado, e o homem que o criou também, eu imagino.

– O senhor se refere ao professor Shoreham.

– Isso mesmo. Robert Shoreham. Um dos grandes gênios do nosso tempo. Einstein, Niels Bohr e alguns outros. Mas Robert Shoreham não durou tanto quanto deveria ter durado. Uma grande perda para a ciência.

O que é mesmo que Shakespeare diz de Lady Macbeth? "*Ela deveria ter morrido doravante.*"

– Ele não está morto – disse Mary Ann.

– Ah. Tem certeza disso? Não temos notícias dele faz muito tempo.

– Ele é inválido. Vive no norte da Escócia. Está paralítico, não consegue falar direito, não consegue caminhar direito. Fica sentado na maior parte do tempo, ouvindo música.

– Sim, posso imaginar. Bem, fico contente. Se ele consegue fazer isso, não estará triste demais. Em todos os outros sentidos, isso é um inferno e tanto para um homem brilhante que não é mais brilhante. Que está, por assim dizer, morto numa cadeira de rodas.

– *Houve* algo chamado Projeto Benvo?

– Sim, ele estava muito entusiasmado.

– Ele conversou com o senhor a respeito?

– Ele conversava com alguns de nós nos primeiros tempos. A senhorita não é cientista, eu suponho.

– Não, eu...

– A senhorita é só uma agente, eu suponho. Espero que esteja do lado certo. Ainda temos uma esperança por milagres hoje em dia, mas não acho que a senhorita possa obter alguma coisa com o Projeto Benvo.

– Por que não? O senhor disse que ele trabalhou no projeto. Teria sido uma grande invenção, não teria? Ou descoberta, ou seja lá como vocês chamam essas coisas.

– Sim, teria sido uma das maiores descobertas do nosso tempo. Simplesmente não sei o que deu errado. Já aconteceu antes. Algo avança com boas perspectivas mas nos últimos estágios, de alguma forma, a equação não fecha. A coisa desmorona. Não gera o resultado esperado e você desiste de tudo, em desespero. Ou então faz o mesmo que Shoreham.

– Ele fez o quê?

– Ele destruiu tudo. Cada pedacinho. Me disse isso pessoalmente. Queimou todas as fórmulas, todos os documentos, todos os dados. Três semanas depois ele teve o derrame. Sinto muito. Ou seja, não posso ajudá-la. Eu nunca soube de quaisquer detalhes do projeto, nada exceto a ideia geral. Não me lembro nem mesmo da ideia, a não ser por uma coisa. Benvo significava "benevolência".

Capítulo 22

Juanita

Lord Altamount estava ditando.

A voz que antes tinha sido forte e dominante agora estava reduzida a uma suavidade que ainda possuía um inesperado apelo especial. Parecia vir delicadamente das sombras do passado para ser comovente num nível emocional que um tom mais dominante não teria sido.

James Kleek anotava as palavras à medida que eram ditas, fazendo pausas aqui e ali quando surgia um momento de hesitação, tolerando a demora e esperando com gentileza.

– O idealismo – disse Lord Altamount – pode assomar e de fato geralmente assoma quando instigado por um natural antagonismo à injustiça. Trata-se de uma natural repulsa ao crasso materialismo. O natural idealismo da juventude é alimentado cada vez mais por um desejo de destruir essas duas fases da vida moderna, a injustiça e o crasso materialismo. O desejo de destruir o que é maligno por vezes acarreta o amor à destruição apenas em nome da destruição. Pode levar ao prazer da violência e à inflição da dor. Tudo isso pode ser nutrido e fortalecido de fora por pessoas dotadas de uma natural capacidade de liderança. O idealismo original surge num estágio pré-adulto. Ele deveria e poderia levar a um desejo por um novo mundo. Deveria também levar a um amor por todos os seres humanos, à boa vontade em relação aos outros. Mas aqueles que aprenderam a amar a violência pela violência jamais se tornarão adultos. Ficarão fixados em seu próprio desenvolvimento retardado e assim permanecerão durante a vida toda.

O interfone tocou. Lord Altamount fez um gesto e James Kleek atendeu.

– O sr. Robinson está aqui.

– Ah, sim. Ele pode entrar. Podemos continuar com isso mais tarde.

James Kleek se levantou, deixando de lado o caderno de anotações e o lápis.

O sr. Robinson entrou. James Kleek aproximou dele uma cadeira que tivesse proporções suficientes para receber suas formas sem desconforto. O sr. Robinson sorriu seu agradecimento e acomodou-se ao lado de Lord Altamount.

– Pois bem – falou Lord Altamount. – Tem algo novo para nós. Diagramas? Círculos? Bolhas?

Ele parecia estar levemente bem-humorado.

– Não exatamente – disse o sr. Robinson, imperturbável –, é mais como delinear o curso de um rio...

– Um rio? – repetiu Lord Altamount. – Que tipo de rio?

– Um rio de dinheiro – disse o sr. Robinson, na voz ligeiramente apologética que ele costumava usar quando lidava com a sua especialidade. – Na verdade é bem como um rio, o dinheiro... saindo de algum lugar e definitivamente indo para determinado lugar. De fato muito interessante... isto é, se você tiver interesse por essas coisas... Perceba, o dinheiro conta a sua própria história...

James Kleek exibiu uma expressão de quem parecia não perceber, mas Altamount disse:

– Eu entendo. Prossiga...

– O dinheiro está jorrando da Escandinávia... da Bavária... dos Estados Unidos... do sudeste da Ásia... alimentado por tributários menores no caminho...

– E vai para onde?

– Principalmente para a América do Sul... atendendo às demandas do agora seguramente bem estabelecido Quartel-General da Juventude Militante...

– E representando quatro ou cinco dos círculos entrelaçados que você nos mostrou... Armamentos, Drogas, Mísseis de Guerra Científica e Química, bem como Finanças?

– Sim, acreditamos saber agora, de um modo bastante preciso, quem controla esses vários grupos...

– E quanto ao círculo J, Juanita? – perguntou James Kleek.

– Por enquanto não podemos ter certeza.

– James tem certas ideias em relação a isso – disse Lord Altamount. – Espero que ele esteja errado... sim, tenho essa esperança. A letra J inicial é interessante. Ela representa o quê? Justiça? Julgamento?

– Uma dedicada assassina – disse James Kleek. – A fêmea da espécie é mais mortal do que o macho.

– Existem precedentes históricos – admitiu Altamount. – Jael servindo manteiga num prato senhorial para Sísera... e depois cravando o prego em sua cabeça. Judite executando Holofernes e sendo aplaudida por seus conterrâneos. Sim, pode haver algo aí.

– Então você acha que sabe quem é Juanita, é isso? – falou o sr. Robinson. – Interessante.

– Bem, talvez eu esteja errado, senhor, mas ocorreram coisas que me fizeram pensar...

– Sim – disse o sr. Robinson. – Todos nós tivemos de pensar, não é mesmo? Melhor dizer quem você pensa que é, James.

– A condessa Renata Zerkowski.

– O que faz com que você coloque o alvo nela?

– Os lugares pelos quais ela andou, as pessoas com as quais manteve contato. Têm ocorrido coincidências demais no jeito em que ela andou aparecendo em diferentes lugares e tudo mais. Ela esteve na Bavária. Andou visitando a Grande Charlotte por lá. E o que é mais: levou Stafford Nye junto. Acho que isso é significativo...

– Você acha que os dois estão nisso juntos? – perguntou Altamount.

– Não gostaria de dizer isso. Não sei o bastante sobre ele, mas... – James fez uma pausa.

– Sim – disse Lord Altamount –, surgiram dúvidas a respeito dele. Suspeitaram dele desde o começo.

– Henry Horsham?

– Henry Horsham é um, talvez. O coronel Pikeaway não tem certeza, eu imagino. Ele esteve sob observação. Provavelmente sabe também. Ele não é nenhum idiota.

– Mais um deles – disse James Kleek, exasperado. – Extraordinário como nós conseguimos criar essa gente, como confiamos neles, lhes contamos os nossos segredos, permitimos que saibam o que estamos fazendo, ficamos dizendo: "Se há uma pessoa na qual eu tenho total confiança é... ah, McLean, ou Burgess, ou Philby, ou qualquer um da turma". E agora... Stafford Nye.

– Stafford Nye, doutrinado por Renata, codinome Juanita – disse o sr. Robinson.

– Houve aquele negócio curioso no aeroporto de Frankfurt – disse Kleek –, e houve a visita a Charlotte. Stafford Nye, pelo que eu sei, desde então esteve na América do Sul com ela. E quanto a Renata... nós sabemos onde ela está agora?

– Ouso dizer que o sr. Robinson sabe – disse Lord Altamount. – Sabe, sr. Robinson?

– Ela está nos Estados Unidos. Eu soube que, depois de permanecer com amigos em Washington ou nas proximidades, ela esteve em Chicago, depois na Califórnia, e que ela saiu de Austin para visitar um cientista importante. Foi o que eu soube por último.

– O que ela está fazendo lá?

– Presumimos – disse o sr. Robinson, com sua voz calma – que ela está tentando obter informações.

– Que informações?

O sr. Robinson suspirou.

– É o que qualquer um gostaria de saber. Presumimos que é a mesma informação que *nós* estamos ansiosos por obter, e que ela está fazendo essa investigação em nosso benefício. Mas a gente nunca sabe... pode ser que seja para o outro lado.

Ele se virou e encarou Lord Altamount.

– Hoje à noite, ao que parece, o senhor está indo para a Escócia. É isso mesmo?

– Exato.

– Não concordo que ele vá, senhor – disse James Kleek, depois virando um rosto ansioso para o seu empregador. – O senhor não andou muito bem nos últimos tempos. Será uma viagem muito cansativa, qualquer que seja o meio. Pelo ar ou por trem. O senhor não pode deixar para Munro e Horsham?

– Na minha idade, é perda de tempo tomar cuidado – disse Lord Altamount. – Se eu puder ser útil, gostarei de morrer gastando a sola do meu sapato, como diz o ditado.

Ele sorriu para o sr. Robinson.

– Será bom você ir conosco, Robinson.

Capítulo 23

Viagem à Escócia

I

O líder de esquadra tentava imaginar qual era o motivo daquilo. Ele estava acostumado a ser parcialmente deixado à margem. Era coisa da Segurança, ele supunha. Para não correr riscos. Ele já tinha feito aquele tipo de ação mais de uma vez. Levar um avião com pessoas para um lugar incomum, com passageiros incomuns, tomando cuidado para não fazer nenhuma pergunta exceto as que fossem de uma natureza inteiramente factual. Ele conhecia alguns dos passageiros naquele voo, mas não todos. Lord Altamount ele reconhecia. Um homem doente, um homem muito doente, ele pensou, um homem que, julgava ele, mantinha-se vivo por pura força de vontade. O homem de olhar vivo e vigilante com ele era o seu cão de guarda especial, presumivelmente. Cuidando não tanto de sua segurança quanto de seu bem-estar. Um cão fiel que ficava o tempo todo a seu lado. Ele tinha consigo fortificantes, estimulantes, todos os truques da medicina. O líder de esquadra especulou por que não havia também um médico em companhia do velho. Teria sido uma precaução a mais. O velho parecia uma caveira. Uma caveira nobre. Algo feito de mármore num museu. Henry Horsham o líder de esquadra conhecia bem. Ele conhecia vários da turma da Segurança. E o coronel Munro, parecendo ligeiramente menos feroz do que de costume, um tanto mais preocupado. Não muito feliz de um modo geral. Havia também um homem enorme de rosto amarelado. Poderia ser estrangeiro. Asiático?

O que ele estava fazendo, indo de avião para o norte da Escócia? O líder de esquadra se dirigiu com deferência para o coronel Munro:

– Tudo pronto, senhor? O carro está aqui esperando.

– Qual é a distância exata?

– Vinte e sete quilômetros, senhor, estrada acidentada mas não tão ruim assim. Há mantas de viagem no carro.

– Você sabe as ordens? Repita, por favor, se puder, Andrews.

O líder de esquadra repetiu as ordens e o coronel assentiu com satisfação. Quando o carro finalmente se afastou, o líder de esquadra o observou à distância, perguntando a si mesmo por que raios aquelas pessoas específicas estavam ali naquela viagem pelos morros desertos rumo a um venerável e antigo castelo onde um homem doente vivia em reclusão sem amigos ou visitantes no correr dos dias. Horsham sabia, ele supunha. Horsham devia saber um monte de coisas estranhas. Ah, ora, por certo Horsham não lhe contaria nada.

O carro foi conduzido com cautela e competência. Entrou afinal num caminho de cascalho e parou diante do pórtico. Era um edifício com torres de pedra maciça. Luzes pendiam de ambos os lados da grande porta. A porta se abriu antes que houvesse qualquer necessidade de tocar uma campainha ou solicitar admissão.

Uma mulher escocesa com mais de sessenta anos, dotada de um rosto severo e azedo, ficou parada no vão da porta. O chofer ajudou os ocupantes do carro a descer.

James Kleek e Horsham ajudaram Lord Altamount a sair e o apoiaram na subida dos degraus. A escocesa deu um passo para o lado e lhe fez uma respeitosa mesura. Ela disse:

– Boa noite, vossa senhoria. O patrão está esperando. Ele sabe que os senhores chegaram. Temos quartos preparados e fogos acesos para os senhores em todos.

Outra figura tinha surgido no saguão. Uma mulher alta e esguia com entre cinquenta e sessenta anos, ainda bonita. Seu cabelo preto era partido no meio; ela tinha testa alta, nariz aquilino e pele bronzeada.

– Eis aqui a srta. Neumann, que vai acompanhá--los – disse a mulher escocesa.

– Obrigada, Janet – disse a srta. Neumann. – Certifique-se de que as lareiras sejam mantidas acesas nos quartos.

– Farei isso.

Lord Altamount apertou-lhe a mão.

– Boa noite, srta. Neumann.

– Boa noite, Lord Altamount. Espero que o senhor não esteja cansado demais por causa da viagem.

– Tivemos um voo muito bom. Este é o coronel Munro, srta. Neumann. Estes são o sr. Robinson, Sir James Kleek e o sr. Horsham, do Departamento de Segurança.

– Eu me recordo do sr. Horsham de alguns anos atrás, eu creio.

– Eu não tinha esquecido – disse Henry Horsham. – Foi na Fundação Leveson. A senhorita já era, eu creio, secretária do professor Shoreham naquela época...

– Primeiro eu fui assistente dele no laboratório, e depois sua secretária. Ainda sou, até onde ele precisa, sua secretária. Ele também precisa ter uma enfermeira morando aqui de modo mais ou menos permanente. É preciso haver mudanças de tempos em tempos... a srta. Ellis, que está conosco agora, substituiu a srta. Bude apenas dois dias atrás. Sugeri que ela ficasse bem próxima da sala na qual nós mesmos estaremos. Pensei que os senhores fossem preferir privacidade, mas que ela não deveria estar longe do nosso alcance caso precisássemos dela.

– A saúde do professor está muito mal? – perguntou o coronel Munro.

– Ele não sofre de fato – disse a srta. Neumann –, mas os senhores precisam estar preparados, isto é, caso não tenham visto o professor por um longo tempo. Ele é só o vestígio de um homem.

– Apenas mais um momento, antes que a senhorita nos leve até ele. Seus processos mentais não estão esgotados demais? Ele consegue entender o que lhe dizem?

– Sem dúvida, ele consegue entender perfeitamente, mas, visto que está semiparalisado, ele não consegue falar com grande clareza, embora isso possa variar, e é incapaz de andar sem ajuda. Seu cérebro, na minha opinião, está ótimo como sempre esteve. A única diferença é que ele se cansa com muita facilidade agora. Bem, os senhores vão querer beber alguma coisa primeiro?

– Não – disse Lord Altamount. – Não, não quero esperar. O assunto que nos trouxe aqui é muito urgente, então se a senhorita puder nos levar até ele agora... ele está nos esperando?

– Está, sim – disse Lisa Neumann.

Ela tomou a frente subindo um lance de escadas, seguindo por um corredor e abrindo a porta para uma sala de tamanho mediano. Havia tapeçarias na parede, e cabeças de cervos olhavam do alto para eles; o lugar tinha sido um pavilhão de caça. Pouco havia mudado na mobília e na decoração. Havia um grande toca-discos num dos cantos do aposento.

O homem alto estava sentado numa poltrona junto ao fogo. Sua cabeça tremia um pouco, bem como a sua mão esquerda. A pele do rosto estava decaída num dos lados. Sem fazer rodeios, só seria possível descrevê-lo de uma maneira: uma ruína. Um homem que já tinha sido alto, vigoroso, forte. Ele tinha a fronte esbelta, olhos profundos e queixo rugoso e determinado. Os olhos, por baixo das sobrancelhas grossas, eram inteligentes. Ele disse algo. Sua voz não era fraca, produzia sons bastante claros mas nem sempre reconhecíveis. A faculdade da fala lhe fugira só em parte; ele era ainda inteligível.

Lisa Neumann parou ao lado dele, observando seus lábios, para que pudesse interpretar o que ele dizia caso fosse necessário.

– O professor Shoreham os saúda. Ele está muito contente por vê-los aqui, Lord Altamount, coronel Munro, Sir James Kleek, sr. Robinson e sr. Horsham. Ele me pede que eu lhes diga que sua audição está razoavelmente boa. Qualquer coisa que os senhores lhe disserem ele terá condições de ouvir. Se houver alguma dificuldade eu poderei ajudar. O que ele quiser lhes dizer ele terá condições de transmitir por mim. Se ele ficar cansado demais para articular palavras, eu consigo ler seus lábios, e nós também conversamos numa linguagem de sinais aperfeiçoada se houver qualquer dificuldade.

– Eu tentarei – disse o coronel Munro – não desperdiçar o seu tempo, para que se canse tão pouco quanto possível, professor Shoreham.

O homem na poltrona curvou sua cabeça em reconhecimento às palavras.

– Algumas perguntas eu posso fazer à srta. Neumann.

A mão de Shoreham foi estendida num gesto débil em direção à mulher a seu lado. Sons saíram de seus lábios, mais uma vez não entendidos pelos demais, mas ela os traduziu rapidamente.

– Ele diz que confia em mim para transcrever qualquer coisa que os senhores queiram dizer para ele, ou eu para os senhores.

– O senhor, creio eu, já recebeu uma carta minha – disse o coronel Munro.

– Correto – disse a srta. Neumann. – O professor Shoreham recebeu a sua carta e tem conhecimento do conteúdo.

A enfermeira abriu a porta numa pequena fresta – mas não entrou. Ela falou num sussurro baixo:

– Tem algo que eu possa fazer ou arranjar, srta. Neumann? Para algum dos hóspedes ou para o professor Shoreham?

– Acho que não há nada, obrigada, srta. Ellis. Eu ficaria contente, no entanto, se a senhorita pudesse permanecer na sala de estar logo ali no corredor, para o caso de precisarmos de algo.

– Certamente, eu entendo.

Ela se afastou, fechando a porta devagar.

– Não queremos perder tempo – disse o coronel Munro. – Sem dúvida o professor Shoreham se mantém inteirado dos acontecimentos recentes.

– Completamente inteirado – disse a srta. Neumann –, até onde vai seu interesse.

– Ele acompanha os avanços científicos e coisas do tipo?

Robert Shoreham balançou a cabeça de um lado ao outro. Ele mesmo respondeu:

– Tudo isso acabou para mim.

– Mas o senhor tem noção, por cima, do estado no qual se encontra o mundo? O sucesso daquilo que chamam de Revolução da Juventude. A tomada do poder por forças jovens altamente aparelhadas.

A srta. Neumann disse:

– Ele se mantém inteirado de tudo o que está acontecendo... isto é, no sentido político.

– O mundo de hoje está entregue à violência, à dor, a dogmas revolucionários, a uma estranha e inacreditável filosofia do controle por uma minoria anárquica.

Uma leve expressão de impaciência passou pelo rosto macilento.

– Ele sabe disso tudo – disse o sr. Robinson, manifestando-se de modo inesperado. – Não é preciso repassar tudo isso mais uma vez. Ele é um homem que sabe de tudo.

Ele perguntou:

– O senhor se lembra do almirante Blunt?

Outra vez a cabeça foi curvada. Algo semelhante a um sorriso se mostrou nos lábios retorcidos.

– O almirante Blunt se lembra de um certo trabalho científico que o senhor fez num determinado projeto... o senhor chama de "projetos" essas coisas? Projeto Benvo.

Eles notaram a expressão alarmada que surgiu nos olhos do professor.

– Projeto Benvo – disse a srta. Neumann. – O senhor está recuando bastante, sr. Robinson, para recordar isso.

– Foi um projeto *seu*, não foi? – perguntou o sr. Robinson.

– Sim, foi um projeto dele.

A srta. Neumann agora falava por ele com maior facilidade, de maneira natural.

– Não podemos usar armas nucleares, não podemos usar explosivos ou gás ou química, mas o *seu* projeto, o Projeto Benvo, nós *poderíamos* usar.

Houve um silêncio e ninguém falou nada. E então mais uma vez os sons esquisitos e distorcidos saíram dos lábios do professor Shoreham.

– Ele diz, é claro – falou a srta. Neumann –, que o Benvo *poderia* ser usado com sucesso nas circunstâncias em que nos encontramos...

O homem na poltrona tinha se virado para ela e lhe dizia alguma coisa.

– Ele quer que eu lhes explique – disse a srta. Neumann. – O Projeto B, depois chamado de Projeto Benvo, foi algo em que ele trabalhou por muitos anos, mas que afinal deixou de lado por razões pessoais.

– Foi porque ele fracassou em fazer com que o projeto se materializasse?

– Não, ele não fracassou – disse Lisa Neumann. – Nós não fracassamos. Eu trabalhei com ele nesse projeto. Ele o deixou de lado por certas razões, mas não fracassou. Ele obteve sucesso. Estava no caminho certo, fez desenvolvimentos e testes em várias experiências de laboratório, e o experimento funcionou.

Ela se virou de novo para o professor Shoreham, fez alguns gestos com a mão, tocando os lábios, a orelha e a boca numa estranha espécie de código de sinais.

– Perguntei se ele quer que eu explique o que faz exatamente o Projeto Benvo.

– Gostaríamos muito que a senhorita explicasse.

– E ele quer saber como foi que os senhores ficaram sabendo do projeto.

– Nós ficamos sabendo – disse o coronel Munro – através de uma velha amiga sua, professor Shoreham. Não foi com o almirante Blunt, ele não conseguia se lembrar de grande coisa, mas com a outra pessoa com quem o senhor tinha falado a respeito, Lady Matilda Cleckheaton.

De novo a srta. Neumann se virou para o professor e observou seus lábios. Ela sorriu de leve.

– Ele diz que achava que Matilda tivesse morrido muito tempo atrás.

– Ela está vivíssima. Foi ela quem quis que nós soubéssemos sobre essa descoberta do professor Shoreham.

– O professor Shoreham vai lhes falar sobre os pontos principais do que os senhores quiserem saber, mas faz questão de adverti-los de que esse conhecimento será um tanto inútil. Documentos, fórmulas, cálculos e provas dessa descoberta foram todos destruídos. Mas, visto que a única maneira de satisfazer as suas perguntas é lhes explicar o esboço geral do Projeto Benvo, eu posso lhes dizer com bastante clareza no que ele consiste. Os senhores conhecem os usos e os propósitos do gás lacrimogêneo usado pela polícia no controle de multidões em tumultos, manifestações violentas e assim por diante. O gás induz um acesso de choro, lágrimas dolorosas e inflamação dos seios paranasais.

– E se trata de algo do mesmo tipo?

– Não, não é nem um pouco do mesmo tipo, mas pode ter o mesmo propósito. Veio à mente dos cientistas que seria possível transformar não apenas as principais reações e sensações de um homem, mas também suas características mentais. Você pode transformar o caráter de um homem. As qualidades de um afrodisíaco são bem conhecidas. Ele leva a um aumento do desejo sexual, e existem vários medicamentos ou gases ou operações glandulares... Qualquer uma dessas coisas pode levar a uma mudança no seu vigor mental, a um acréscimo de energia, como por alterações na glândula tireoide, e o professor Shoreham quer lhes dizer que existe um certo processo... Ele não vai lhes dizer se é glandular ou um gás que pode ser fabricado, mas existe algo que pode transformar um homem em sua perspectiva perante a vida, em sua reação às pessoas e à vida em geral. Ele pode estar num estado de fúria homicida, ele pode ser patologicamente violento, e no entanto, por influência do Projeto Benvo, ele se transforma em algo, ou melhor, em *alguém* muito diferente. Ele se torna... e só existe uma palavra para isso, eu creio, uma palavra incorporada no nome... ele se torna *benevolente*. Ele quer beneficiar os outros. Transpira bondade. Tem horror de causar dor ou infligir violência. O Benvo pode ser aplicado numa grande área, pode afetar centenas, milhares de pessoas caso seja fabricado em quantidades grandes o suficiente e distribuído com sucesso.

– Quanto tempo ele dura? – perguntou o coronel Munro. – Vinte e quatro horas? Mais?

– O senhor não compreendeu – disse a srta. Neumann. – Ele é *permanente*.

– Permanente? Você mudou a natureza de um homem, você alterou um componente, um componente físico, é claro, de seu ser, produzindo o efeito de uma mudança permanente em sua natureza. Não pode voltar atrás? Você não pode fazê-lo voltar a ser o que era. Isso tem de ser aceito como uma mudança permanente?

– Sim. Foi, talvez, antes de tudo uma descoberta de interesse médico no início, mas o professor Shoreham concebera o projeto como um repressor para ser usado em guerras, em revoltas em massa, distúrbios, revoluções, anarquia. Não pensou nele em termos meramente médicos. O invento não produz felicidade no sujeito, apenas um grande desejo de que os outros sejam felizes. É um efeito, ele diz, que todas as pessoas sentem em suas vidas num determinado momento. Elas sentem um grande desejo de fazer alguém, uma pessoa ou muitas pessoas... de deixá-las confortáveis, felizes, com boa saúde, todas essas coisas. E uma vez que as pessoas podem e de fato sentem essas coisas, existe, nós acreditamos, um componente que controla esse desejo em seus corpos, e se você colocar esse componente em operação ele poderá continuar operando de forma perpétua.

– Maravilhoso – disse o sr. Robinson.

Ele falou num tom mais pensativo do que entusiasmado.

– Maravilhoso. Que coisa para se descobrir. Que coisa para conseguir colocar em ação... mas por quê?

A cabeça recostada no espaldar da poltrona se virou lentamente na direção do sr. Robinson. A srta. Neumann disse:

– Ele diz que o senhor entende melhor do que os outros.

– Mas é a resposta! – falou James Kleek. – É a *exata* resposta! É maravilhoso.

Seu rosto estava cheio de excitação entusiasmada.

A srta. Neumann estava balançando a cabeça.

– O Projeto Benvo – ela disse – não está à venda e não é um presente. Ele foi abandonado.

– A senhorita está nos dizendo que a resposta é não? – perguntou o coronel Munro, incrédulo.

– Sim. O professor Shoreham diz que a resposta é não. Ele decidiu que o projeto era contrário...

Ela fez uma pausa e se voltou para o homem na poltrona. Ele fez gestos pitorescos com a cabeça, com uma das mãos, e alguns sons guturais saíram de sua boca. Ela esperou e então falou:

– O próprio professor lhes dirá, ele ficou com medo. Medo do que a ciência fez em seus tempos de triunfo. As coisas que ela descobriu e soube, as coisas que ela inventou e deu para o mundo. Os medicamentos prodigiosos que nem sempre foram prodigiosos, a penicilina que salvou vidas e a penicilina que tirou vidas, os transplantes de coração que trouxeram desilusões e o desapontamento de uma morte que não era esperada. Ele viveu no período da fissão nuclear; novas armas que massacraram. As tragédias da radioatividade; as poluições que as novas descobertas industriais trouxeram.

Ele ficou com medo do que a ciência poderia fazer, caso fosse usada indiscriminadamente.

– Mas isso é um benefício. Um benefício para todos – exclamou Munro.

– Muitas coisas já foram benéficas. Sempre saudadas como grandes benefícios para a humanidade, como grandes prodígios. E aí surgem os efeitos colaterais, e, pior do que isso, o fato de que por vezes elas traziam não benefícios, mas desastres. E assim ele decidiu que desistiria. Ele afirma – a srta. Neumann começou a ler um papel que tinha nas mãos enquanto, a seu lado, o professor Shoreham assentia sua concordância na poltrona – o seguinte:

> *Estou satisfeito por ter feito aquilo que me propus a fazer, por ter realizado a minha descoberta. Mas decidi não colocá-la em circulação. Ela precisava ser destruída. E portanto ela foi destruída. E portanto a resposta aos senhores é não. Não há benevolência em estoque. Poderia ter havido no passado, mas agora todas as fórmulas, todo o conhecimento técnico, as minhas anotações e o meu registro dos procedimentos necessários desapareceram – reduzidos a cinzas – eu destruí a minha criação.*

II

Robert Shoreham fez um grande esforço para enunciar uma fala rouca e difícil.

– Eu destruí a minha criação e ninguém neste mundo sabe como eu cheguei a ela. Um homem me ajudou, mas ele está morto. Ele morreu de tuberculose um ano após o nosso sucesso. Os senhores precisam ir embora. Não posso ajudá-los.

– Mas esse seu conhecimento significa que o senhor poderia ter salvado o mundo!

O homem na poltrona fez um ruído curioso. Era uma risada. A risada de um homem aleijado.

– Salvar o mundo. Salvar o mundo! Que frase! Isso é o que os seus jovens pensam que estão fazendo! Avançam com violência e ódio para salvar o mundo. Mas não sabem como! Terão de fazer *por si mesmos*, com seus próprios corações, com suas próprias mentes. Não podemos lhes fornecer um modo artificial de fazê-lo. Não. Uma bondade artificial? Nada disso. Não seria *real*. Não *significaria* nada. Seria contrário à natureza. – Shoreham disse lentamente: – *Contra* Deus.

As duas últimas palavras saíram de forma inesperada, enunciadas com clareza.

Ele olhou em volta para os seus ouvintes. Era como se lhes implorasse compreensão e ao mesmo tempo não tivesse nenhuma esperança efetiva disso.

– Eu tinha o direito de destruir o que criara...

– Duvido muito – disse o sr. Robinson. – Conhecimento é conhecimento. Aquilo que o senhor fez nascer, dando-lhe vida, não deveria destruir.

– O senhor tem o direito de opinar... mas os fatos o senhor terá de aceitar.

– Não – o sr. Robinson emitiu a palavra com força.

Lisa Neumann se virou para ele com raiva.

– O que o senhor quer dizer com "Não"?

Os olhos dela soltavam faíscas. Uma mulher bonita, pensou o sr. Robinson. Uma mulher que amara Robert Shoreham a vida toda, provavelmente. Ela o amara, havia trabalhado com ele e agora estava vivendo a seu lado, prestando serviços a ele com seu intelecto, dando-lhe devoção em sua forma mais pura, sem piedade.

– Há coisas que aprendemos no decorrer de uma vida – disse o sr. Robinson. – Não creio que a minha vida será longa. Eu carrego um peso grande demais, só para começar. – Ele suspirou ao olhar para o seu corpanzil. – Mas de fato sei algumas coisas. Estou com a razão, Shoreham. O senhor também terá de admitir que eu estou com a razão. O senhor é um homem honesto. Não teria destruído o seu trabalho. Não teria conseguido se forçar a fazer isso. Ainda deve tê-lo em algum lugar, trancado, escondido, não nesta casa, provavelmente. Aposto, e eu estou apenas tentando adivinhar, que está guardado em algum lugar num cofre ou num banco. Ela também sabe disso. O senhor confia nela. A srta. Neumann é a única pessoa no mundo em quem o senhor confia.

Shoreham disse, e dessa vez sua voz era quase perfeitamente compreensível:

– Quem é *o senhor*? Quem diabos é o senhor?

– Sou apenas um homem que entende de dinheiro – disse o sr. Robinson – e das coisas que se ramificam a partir do dinheiro. Pessoas e suas idiossincrasias e suas práticas na vida. Se o senhor quisesse, poderia colocar as mãos novamente no trabalho que deixou de lado. Não estou dizendo que o senhor poderia fazer o mesmo trabalho agora, mas acho que ele está todo lá, em algum lugar. O senhor nos disse quais são os seus pontos de vista, e eu não diria que eles são todos errados – falou o sr. Robinson. – Possivelmente o senhor está certo. Benefícios à humanidade são coisas traiçoeiras com as quais lidar. O pobre Beveridge, liberdade em relação à necessidade, liberdade em relação ao medo, liberdade em relação a fosse o que fosse, ele pensou que estava fazendo um paraíso na terra dizendo aquilo e planejando e executando. Mas não resultou um paraíso na terra, e eu não acredito que o seu Benvo ou qualquer que seja o nome que o senhor lhe deu (parece uma comida industrializada) tampouco vá criar um paraíso na terra.

A benevolência tem os seus perigos como tudo mais. O que ela fará é nos poupar de muito sofrimento, dor, anarquia, violência, escravidão às drogas. Sim, ela pode impedir um monte de coisas ruins, e *poderia* impedir algo importante. Poderia... apenas *poderia*... fazer uma diferença na vida das pessoas. Jovens. Esse seu Benvolo... agora eu o fiz parecer um produto de limpeza... irá tornar as pessoas benevolentes, e eu admito que talvez elas se tornem também condescendentes, acomodadas e satisfeitas consigo mesmas, mas há uma pequena chance também de que, se você mudar a natureza das pessoas à força e elas tiverem de continuar tendo essa natureza até que morram, uma ou duas delas... não muitas... poderão descobrir que possuíam uma vocação natural, na humildade e não no orgulho, para aquilo que estavam sendo forçadas a fazer. Realmente mudá-las, eu quero dizer, antes que morram. Que não sejam capazes de perder um hábito que adquiriram.

O coronel Munro disse:

– Não entendo um pingo do que você está falando!

A srta. Neumann disse:

– Ele está falando bobagem. Os senhores precisam aceitar a resposta do professor Shoreham. Ele faz o que quiser com suas descobertas. Os senhores não podem coagi-lo.

– Não – disse Lord Altamount. – Nós não vamos coagi-lo ou torturá-lo, Robert, ou forçá-lo a revelar os seus esconderijos. Você fará o que considera correto. Todos estão de acordo.

– Edward? – falou Robert Shoreham.

Sua voz falhou ligeiramente de novo, suas mãos se movimentaram numa gesticulação, e a srta. Neumann traduziu de pronto.

– Edward? Ele diz que o senhor é Edward Altamount...

Shoreham falou mais uma vez e ela pegou as palavras.

– Ele lhe pergunta, Lord Altamount, se o senhor definitivamente, com a sua inteligência e do fundo do coração, está lhe pedindo para passar o Projeto Benvo à sua responsabilidade. Ele afirma... – ela fez uma pausa, observando, escutando – ele afirma que o senhor é o único homem na vida pública no qual sempre confiou. Se for o *seu* desejo...

James Kleek se pôs de pé num movimento repentino. Ansioso, veloz como um raio, ele parou ao lado da cadeira de Lord Altamount.

– Deixe-me ajudá-lo, senhor. O senhor está passando mal. Não está bem. Por favor, afaste-se um pouco, srta. Neumann. Eu... eu preciso cuidar dele. Eu... eu tenho os remédios dele comigo. Eu sei o que fazer...

James Kleek colocou a mão no bolso e sacou uma seringa hipodérmica.

– A menos que ele tome isto logo, será tarde demais...

Ele pegara o braço de Lord Altamount, enrolando a sua manga, apertando a carne entre os dedos, e estava prestes a inserir a agulha.

Mas alguém mais se mexeu. Horsham estava do outro lado da sala e empurrou o coronel Munro de lado; sua mão segurou a mão de James Kleek e arrancou a seringa hipodérmica. Kleek lutou o mais que pôde, mas Horsham era forte demais para ele. E Munro também já estava ao lado deles.

– Então foi *você*, James Kleek – ele disse. – Foi você o traidor, o discípulo fiel que não era um discípulo fiel.

A srta. Neumann tinha corrido até a porta, escancarando-a e chamando:

– Enfermeira! Venha depressa. Venha.

A enfermeira apareceu. Lançou um rápido olhar na direção do professor Shoreham, mas ele fez um gesto de contestação e apontou para o outro lado da sala, onde Horsham e Munro ainda seguravam Kleek, que se debatia. A mão da enfermeira desceu até o bolso de seu uniforme.

Shoreham balbuciou:

– É Altamount. Um ataque cardíaco.

– Ataque cardíaco uma ova – rugiu Munro. – Tentativa de homicídio.

Ele parou.

– Segure o camarada – ele disse para Horsham, voando para o outro lado da sala. – Sra. Cortman? Desde quando ingressou na profissão de enfermeira? Nós a perdemos bastante de vista desde que a senhora escapuliu em Baltimore.

Milly Jean ainda tentava tirar algo do bolso. Então sua mão retornou com uma pequena pistola automática. Ela olhou de relance para Shoreham, mas Munro bloqueou sua visão, e Lisa Neumann ficou parada na frente da poltrona de Shoreham.

James Kleek gritou:

– Pegue Altamount, Juanita, rápido, pegue Altamount!

O braço de Milly Jean se ergueu num átimo e ela disparou.

James Kleek disse:

– Que belo tiro!

Lord Altamount tivera uma educação clássica. Ele murmurou com voz fraca, olhando para James Kleek:

– Jamie? *Et tu Brute*? – e desfaleceu contra o espaldar de sua cadeira.

III

O dr. McCulloch olhou em volta, um pouco incerto quanto ao que diria ou faria em seguida. A noite tinha sido uma experiência um tanto incomum para ele.

Lisa Neumann se aproximou do doutor e pôs um copo a seu lado.

– Um grogue quente – ela disse.

– Eu sempre soube que você era uma mulher entre mil, Lisa – ele deu um gole no grogue com prazer. – Preciso dizer que eu gostaria de saber o que houve... mas deduzo que tudo seja tão sigiloso que ninguém vai me contar nada.

– O professor... ele está bem, não está?

– O professor? – ele olhou com gentileza para o rosto ansioso de Lisa. – Ele está ótimo. Se você quer saber, isso fez maravilhas para ele.

– Eu pensei que talvez o choque...

– Eu estou bastante bem – disse Shoreham. – Era de um tratamento de choque que eu estava precisando. Eu me sinto... como dizer?... *vivo* outra vez.

Ele parecia estar surpreso. McCulloch disse para Lisa:

– Notou como a voz dele está bem mais forte? A apatia é o pior inimigo nesses casos... o que ele quer é trabalhar novamente... o estímulo de um trabalho mental. A música é excelente... manteve o professor apaziguado e o ensinou a apreciar a vida de uma maneira branda. Mas ele é de fato um homem de grande potência intelectual... está sentindo falta da atividade mental que era a essência da vida para ele. Faça com que ele comece tudo de novo, se você puder.

Ele fez um gesto encorajador com a cabeça enquanto Lisa o olhava com um ar desconfiado.

– Eu acho, dr. McCulloch – disse o coronel Munro –, que nós lhe devemos algumas explicações sobre o que aconteceu nesta noite, muito embora, como supõe o senhor, os poderes constituídos por certo exigirão uma política de sigilo. A morte de Lord Altamount... – ele hesitou.

– A bala não o matou realmente – disse o médico. – A morte se deveu ao choque. Aquela injeção hipodérmica teria surtido o efeito... estricnina. O jovem...

– Eu tirei a injeção dele bem a tempo – disse Horsham.

– Ele foi a raposa no galinheiro o tempo todo? – perguntou o médico.

– Sim... visto com confiança e afeição por mais de sete anos. O filho de um dos mais antigos amigos de Lord Altamount...

– Acontece. E a dama... cúmplice dele, estou correto?

– Sim. Ela conseguiu o posto aqui com credenciais falsas. Também é procurada pela polícia por assassinato.

– Assassinato?

– Sim. Pelo assassinato de seu marido, Sam Cortman, o embaixador americano. Ela atirou nele nos degraus da embaixada e depois contou uma bela história sobre certos jovens, mascarados, atacando Cortman.

– Por que foi que a mulher acabou com ele? Razões políticas ou pessoais?

– Ele descobriu algumas das atividades dela, nós pensamos.

– Eu diria que ele suspeitou de infidelidade – disse Horsham – e em vez disso descobriu um vespeiro de espionagem e conspiração, com a mulher dele comandando o espetáculo. Não soube como lidar com a situação. Um camarada simpático, mas meio lento nas ideias... e ela teve o bom senso de agir depressa. Incrível como ela demonstrou pesar na cerimônia em memória dele...

– Memória... – disse o professor Shoreham.

Todos, ligeiramente sobressaltados, voltaram-se para ele.

– É uma palavra difícil de dizer, memória... mas é o que eu quero. Lisa, nós dois teremos de voltar ao trabalho.

– Mas, Robert...

– Eu estou vivo de novo. Pergunte ao doutor se eu deveria viver os meus dias sossegado.

Lisa dirigiu um olhar interrogativo para o dr. McCulloch.

– Se o senhor procurar o sossego, vai encurtar a sua vida e afundar de novo na apatia...

– Viu só? – falou Shoreham. – Está na mo-moda... nos círculos médicos hoje em dia. Fazer o sujeito... mesmo que ele esteja... às... portas da morte... continuar trabalhando...

O sr. McCulloch riu e se levantou.

– Isso não chega a estar errado. Vou mandar algumas pílulas para ajudar.

– Não vou tomar pílula nenhuma.

– Claro que vai.

Diante da porta o médico parou.

– Eu só gostaria de saber... como foi que a polícia apareceu tão depressa?

– O líder de esquadra Andrews – disse Munro – cuidou de tudo. Chegou na hora certa. Nós sabíamos que a mulher estava por perto em algum lugar, mas não tínhamos ideia de que ela já estava na casa.

– Bem... estou indo. Tudo isso que me contaram é verdade? Parece que eu vou acordar a qualquer minuto, tendo pegado no sono no meio do filme de ação mais recente. Espiões, assassinatos, traidores, espionagem, cientistas...

Ele saiu.

Houve um silêncio.

O professor Shoreham disse lenta e cuidadosamente:

– De volta ao trabalho...

Lisa disse, como as mulheres sempre disseram:

– Você precisa ter *cuidado*, Robert...

– Não... não preciso ter cuidado. O tempo pode ser curto.

Shoreham falou de novo:

– Memória...

– O *que* você quer dizer? Você já disse isso antes.

– Em memória. Sim. De Edward. O memorial dele! Eu sempre pensei que ele tinha um rosto de mártir.

Shoreham parecia estar perdido em seus pensamentos.

– Eu gostaria de encontrar Gottlieb. Talvez ele esteja morto. Bom homem com quem trabalhar. Com ele e com você, Lisa... tire o negócio do banco...

– O professor Gottlieb está vivo... na Fundação Baker, em Austin, Texas – disse o sr. Robinson.

– Você está pensando em fazer o quê? – perguntou Lisa.

– O Benvo, é claro! Um memorial para Edward Altamount. Ele morreu por isso, não foi? Ninguém deveria morrer em vão.

Epílogo

Sir Stafford Nye escreveu uma mensagem telegráfica pela terceira vez.

ZP 354XB 91 DEP S.Y.
TOMEI PROVIDÊNCIAS PARA CERIMÔNIA DE CASAMENTO SER REALIZADA QUINTA-FEIRA SEMANA QUE VEM EM ST CHRISTOPHERS IN THE VALE STAUNTON SUL 2.30 PM PONTO SERVIÇO NORMAL IGREJA ANGLICANA SE DESEJAR C.R. OU GREGO ORTODOXO FAVOR TELEGRAFAR INSTRUÇÕES PONTO ONDE VOCÊ ESTÁ E QUE NOME QUER USAR PARA CERIMÔNIA DE CASAMENTO PONTO MINHA SOBRINHA TRAVESSA CINCO ANOS DE IDADE MUITO DESOBEDIENTE QUER SER DAMA DE HONRA UMA DOCE MENINA DE FATO NOME SYBIL PONTO LUA DE MEL LOCAL POIS ACHO QUE JÁ VIAJAMOS BASTANTE ULTIMAMENTE PONTO ASSINADO PASSAGEIRO PARA FRANKFURT.

PARA STAFFORD NYE BXY42698
ACEITO SYBIL COMO DAMA DE HONRA SUGIRO TIA AVÓ MATILDA COMO MATRONA DE HONRA PONTO TAMBÉM ACEITO PROPOSTA DE CASAMENTO EMBORA NÃO OFICIALMENTE FEITA PONTO I. A. ESTÁ ÓTIMO TAMBÉM PREPARATIVOS LUA DE MEL PONTO INSISTO PANDA DEVERÁ TAMBÉM

ESTAR PRESENTE PONTO NÃO ADIANTA DIZER ONDE ESTOU POIS NÃO ESTAREI QUANDO ISTO LHE CHEGAR PONTO ASSINADO MARY ANN.

– Estou bem? – perguntou Stafford Nye, nervoso, virando a cabeça para olhar no espelho.

Ele estava experimentando o seu traje de casamento.

– Não está pior do que qualquer outro noivo – disse Lady Matilda. – Eles ficam sempre nervosos. Bem ao contrário das noivas, que costumam ficar exultantes de uma maneira bastante espalhafatosa.

– E se ela não aparecer?

– Ela vai aparecer.

– Eu me sinto... eu me sinto... um tanto esquisito no íntimo.

– É porque você insistiu em repetir aquele patê de foie gras. É somente o típico nervosismo dos noivos. Não se preocupe tanto, Staffy. Você estará ótimo na noite... Isto é, você estará ótimo quando chegar na igreja...

– Isso me faz lembrar...

– Não diga que esqueceu de comprar o anel...

– Não, não, é só que eu esqueci de lhe dizer que tenho um presente para a senhora, tia Matilda.

– É muito gentil de sua parte, meu menino.

– A senhora disse que o organista tinha saído...

– Sim, graças a Deus.

– Eu lhe trouxe um novo organista.

– Ora, Staffy, que ideia extraordinária! Onde você o arranjou?

– Na Bavária... ele canta como um anjo.

– Não precisamos que ele cante. Ele vai ter que tocar órgão.

– Ele toca órgão também, é um músico muito talentoso.

– Por que ele quis sair da Bavária e vir à Inglaterra?

– A mãe dele morreu.

– Minha nossa, foi o que aconteceu com o nosso organista. Parece que as mães dos organistas têm uma saúde muito delicada. Ele vai precisar de cuidados maternos? Eu não sou muito boa nisso.

– Eu me atrevo a dizer que alguns cuidados de vó ou bisavó serão suficientes.

A porta foi aberta de repente; uma criança angelical, num pijama cor-de-rosa pontilhado com botões de rosa, fez uma entrada dramática – e disse em tons melodiosos, como quem espera uma saudação arrebatada:

– Sou eu.

– Sybil, por que você não está na cama?

– As coisas não estão muito agradáveis no meu quarto...

– Isso significa que você foi uma menina travessa e que a babá não está contente com você. O que foi que você fez?

Sybil olhou para o teto e começou a dar risadinhas.

– Foi uma lagarta, daquelas peludas. Eu coloquei a lagarta em cima dela e ela desceu por *aqui.*

O dedo de Sybil indicou um ponto no meio de seu peito que o linguajar da costura chama de "decote".

– Não me admira que a babá tenha ficado zangada... argh! – disse Lady Matilda.

A babá entrou naquele momento e falou que a srta. Sybil estava agitada demais, que ela não queria fazer a sua oração e tampouco se deitar.

Sybil se esgueirou para junto de Lady Matilda.

– Eu quero fazer a minha oração com você, Tilda...

– Muito bem... mas depois você vai direto para a cama.

– Sim, Tilda!

Sybil ficou de joelhos, juntou as mãos e proferiu vários ruídos peculiares que pareciam ser uma necessária preliminar de abordagem ao Todo-poderoso em oração. Ela suspirou, gemeu, resmungou, emitiu um resfôlego encatarrado final e se lançou:

– Por favor, Deus, abençoe papai e mamãe em Singapura, e tia Tilda, e tio Staffy, e Amy e a cozinheira e Ellen, e Thomas, e todos os cachorros, e o meu pônei Grizzle, e Margaret e Diana, minhas melhores amigas, e Joan, a última das minhas amigas, e faça de mim uma boa menina em nome de Jesus, amém. E por favor, Deus, faça da babá uma pessoa legal.

Sybil se levantou, trocou olhares com a babá na certeza de ter obtido uma vitória, deu boa-noite e desapareceu.

– Alguém deve ter falado com ela sobre o Benvo.– disse Lady Matilda. – A propósito, Staffy, quem vai ser o seu padrinho?

– Eu tinha esquecido completamente... Eu preciso ter um padrinho?

– É de praxe.

Sir Stafford Nye pegou um pequeno animal peludo.

– O panda será o meu padrinho. Sybil vai gostar, Mary Ann vai gostar... E por que não? O panda esteve envolvido desde o começo... desde Frankfurt...

Livros de Agatha Christie publicados pela **L&PM** EDITORES

O homem do terno marrom
O segredo de Chimneys
O mistério dos sete relógios
O misterioso sr. Quin
O mistério Sittaford
O cão da morte
Por que não pediram a Evans?
O detetive Parker Pyne
É fácil matar
Hora Zero
E no final a morte
Um brinde de cianureto
Testemunha de acusação e outras histórias
A Casa Torta
Aventura em Bagdá
Um destino ignorado
A teia da aranha (com Charles Osborne)
Punição para a inocência
O Cavalo Amarelo
Noite sem fim
Passageiro para Frankfurt
A mina de ouro e outras histórias

MEMÓRIAS

Autobiografia

MISTÉRIOS DE HERCULE POIROT

Os Quatro Grandes
O mistério do Trem Azul
A Casa do Penhasco
Treze à mesa
Assassinato no Expresso Oriente
Tragédia em três atos
Morte nas nuvens
Os crimes ABC
Morte na Mesopotâmia
Cartas na mesa
Assassinato no beco
Poirot perde uma cliente
Morte no Nilo
Encontro com a morte
O Natal de Poirot
Cipreste triste
Uma dose mortal
Morte na praia
A Mansão Hollow
Os trabalhos de Hércules
Seguindo a correnteza
A morte da sra. McGinty
Depois do funeral
Morte na rua Hickory
A extravagância do morto
Um gato entre os pombos
A aventura do pudim de Natal
A terceira moça
A noite das bruxas
Os elefantes não esquecem
Os primeiros casos de Poirot
Cai o pano: o último caso de Poirot
Poirot e o mistério da arca espanhola e outras histórias
Poirot sempre espera e outras histórias

MISTÉRIOS DE MISS MARPLE

Assassinato na casa do pastor
Os treze problemas

Um corpo na biblioteca
A mão misteriosa
Convite para um homicídio
Um passe de mágica
Um punhado de centeio
Testemunha ocular do crime
A maldição do espelho
Mistério no Caribe
O caso do Hotel Bertram
Nêmesis
Um crime adormecido
Os últimos casos de Miss Marple

MISTÉRIOS DE TOMMY & TUPPENCE

O adversário secreto
Sócios no crime
M ou N?
Um pressentimento funesto
Portal do destino

ROMANCES DE MARY WESTMACOTT

Entre dois amores
Retrato inacabado
Ausência na primavera
O conflito
Filha é filha
O fardo

TEATRO

Akhenaton
Testemunha de acusação e outras peças
E não sobrou nenhum e outras peças

ANTOLOGIAS DE ROMANCES E CONTOS

Mistérios dos anos 20
Mistérios dos anos 30
Mistérios dos anos 40
Mistérios dos anos 50
Mistérios dos anos 60
Miss Marple: todos os romances v. 1
Poirot: Os crimes perfeitos
Poirot: Quatro casos clássicos

GRAPHIC NOVEL

O adversário secreto
Assassinato no Expresso Oriente
Um corpo na biblioteca
Morte no Nilo

Poirot

Agatha Christie®

L&PMPOCKET

Agatha Christie®
CINCO DÉCADAS DE MISTÉRIOS
EM FORMATO 16x23 CM
AGATHA CHRISTIE
MISTÉRIOS DOS ANOS 20
O adversário secreto
O homem do terno marrom
O segredo de Chimneys
O mistério dos sete relógios
L&PM
AGATHA CHRISTIE
MISTÉRIOS DOS ANOS 30
O mistério Sittaford
Por que não pediram a Evans?
É fácil matar
L&PM
AGATHA CHRISTIE
MISTÉRIOS DOS ANOS 40
M ou N?
Hora Zero
Um brinde de cianureto
A Casa Torta
L&PM
AGATHA CHRISTIE
MISTÉRIOS DOS ANOS 50
Aventura em Bagdá
Um destino ignorado
Punição para a inocência
O Cavalo Amarelo
L&PM
AGATHA CHRISTIE
MISTÉRIOS DOS ANOS 60
Noite sem fim
Um pressentimento funesto
Passageiro para Frankfurt
Portal do destino
L&PM
L&PM EDITORES

lepmeditores

www.lpm.com.br
o site que conta tudo

IMPRESSÃO:

PALLOTTI
GRÁFICA

Santa Maria - RS | Fone: (55) 3220.4500
www.graficapallotti.com.br